现代饭店经营实务丛书

现代饭店主管领班实务

彭青 林力源 马洁 著

广东旅游出版社

图书在版编目（CIP）数据

现代饭店主管领班实务/彭青，林力源，马洁著.—2版.—广州：广东旅游出版社，2009.4
（饭店管理知识丛书）
ISBN 978-7-80521-775-8

Ⅰ.现… Ⅱ.①彭…②林…③马… Ⅲ.饭店—商业管理 Ⅳ.F719.2

中国版本图书馆 CIP 数据核字（2009）第 042832 号

广东旅游出版社出版发行
（广州市中山一路 30 号之一　邮编：510600）
广东省农垦总局印刷厂印刷
（广州市棠东村横岭三横路 7 号大院）
广东旅游出版社图书网
www.tourpress.cn
邮购地址：广州市中山一路 30 号之一
联系电话：020-87347994　邮编：510600
850 毫米×1168 毫米　32 开　15.75 印张　350 千字
2009 年第 1 版第 12 次印刷
印数：56300—58300 册
定价：27.00 元
［版权所有　侵权必究］

本书如有错页倒装等质量问题，请直接与印刷厂联系换书。

目 录

前言

第一章 酒店基层管理概论 …………………………… (1)

第一节 酒店的基层组织 ……………………………… (1)
一、酒店基层组织及其职责 …………………………… (1)
二、酒店基层组织的地位和作用 ……………………… (2)
三、酒店基层组织的特点 ……………………………… (3)
四、酒店基层组织设置原则、标准和方法 …………… (4)

第二节 酒店基层组织管理 …………………………… (12)
一、酒店基层组织管理及其历史沿革 ………………… (12)
二、酒店基层管理的特征和特点 ……………………… (14)
三、酒店基层管理的主要内容 ………………………… (15)
四、酒店基层管理在酒店中的地位和作用 …………… (16)

第三节 酒店基层管理者 ……………………………… (19)
一、酒店基层管理者 …………………………………… (19)
二、酒店基层管理者的权限 …………………………… (21)
三、酒店基层管理人员的职责和素质 ………………… (22)

第二章 酒店基层管理职能 ……………… (24)

第一节 酒店基层组织的计划管理 ……………… (24)
一、酒店计划管理 ……………………………… (24)
二、酒店基层组织的计划及其特点 …………… (26)
三、酒店基层组织计划管理 …………………… (27)
  1. 酒店基层组织计划管理的任务 ………… (27)
  2. 编制酒店基层组织计划必须遵守的原则 …… (28)
  3. 酒店基层组织计划编制方法和内容 ……… (28)
  4. 酒店基层组织计划的执行 ……………… (34)
  5. 酒店基层管理计划的检查与分析 ……… (35)

第二节 酒店基层组织管理 ………………… (36)
一、酒店组织与组织管理 ……………………… (36)
二、酒店基层中的组织管理 …………………… (44)
三、酒店基层劳动纪律管理 …………………… (66)
四、职工奖励、惩罚管理 ……………………… (72)

第三节 酒店基层控制、指挥管理 …………… (73)
一、控制管理概述 ……………………………… (74)
二、基层控制管理 ……………………………… (83)
三、基层指挥管理 ……………………………… (125)

第三章 酒店基层培训 ………………………… (132)

第一节 酒店培训体制 ………………………… (132)
第二节 酒店基层培训的意义 ………………… (134)
  1、基层培训是酒店得以生存与发展

2

的基础………………………………………(134)
　2、基层培训为职工自身发展创造了条件………(137)
第三节　酒店基层组织培训原则……………………(138)
　一、学习动力原则……………………………………(139)
　二、学习理论原则……………………………………(140)
　三、因材施教原则……………………………………(147)
　四、循序渐进原则……………………………………(147)
　五、标准培训原则……………………………………(148)
第四节　酒店基层组织培训计划……………………(149)
　一、酒店培训计划……………………………………(149)
　二、酒店基层组织培训计划的特点和内容………(158)
第五节　酒店基层组织培训的形式与内容…………(160)
　一、基层培训的形式…………………………………(160)
　二、基层培训的内容…………………………………(163)
第六节　酒店基层组织培训的方法与技巧…………(167)
　一、酒店基层组织培训方法…………………………(167)
　二、酒店基层组织培训的技巧………………………(170)
第七节　酒店基层组织培训的评估…………………(175)
　一、酒店基层组织培训评估的意义…………………(175)
　二、评估的过程与指标体系…………………………(176)
　三、学员学习评估……………………………………(177)
　四、培训教学评估……………………………………(178)
　五、培训管理评估……………………………………(180)

第四章　酒店基层组织质量管理………(182)

第一节　酒店服务质量与服务质量管理……………(182)

一、酒店服务质量管理概述……………………（182）
　　二、酒店服务质量保证——承诺制的建立………（213）
第二节　酒店基层组织质量管理……………………（223）
　　一、酒店基层组织质量管理的主要内容…………（223）
　　二、不断完善和严格执行质量指标………………（245）
　　三、搞好服务现场管理，实现文明生产…………（247）
　　四、建立质量管理点和进行服务过程控制………（249）
第三节　酒店基层组织质量管理的基本方法………（250）
　　一、PDCA 循环法……………………………（251）
　　二、质量管理分类处理法（ABC 方法）…………（256）
　　三、因果分析图法…………………………………（257）
　　四、排列图法………………………………………（260）
第四节　酒店QC小组的建立与运行………………（261）
　　一、QC小组概述…………………………………（261）
　　二、QC小组的组建………………………………（264）
　　三、QC小组活动的步骤…………………………（266）

第五章　酒店基层管理方法与艺术……………（270）

第一节　基层管理中的投诉处理艺术………………（270）
　　一、正确认识宾客投诉行为………………………（271）
　　二、基层管理中的投诉类型………………………（274）
　　三、投诉处理的原则与程序………………………（277）
　　四、设计案例分析…………………………………（280）
第二节　酒店基层管理中的人际交流………………（297）
　　一、人际关系在酒店基层管理中的地位和作用
　　　　………………………………………………（297）

二、什么是人际关系…………………………（300）
　　三、影响酒店人际关系的因素………………（304）
　　四、建立酒店良好人际关系的原则…………（306）
　　五、酒店基层管理人员的人际沟通…………（309）
第三节　基层管理的领导艺术和技巧…………（323）
　　一、心存感谢之心……………………………（324）
　　二、做教练不出风头…………………………（325）
　　三、走动管理最有效…………………………（326）
　　四、让员工劳心又劳力………………………（327）
　　五、抱怨并不可怕……………………………（329）
　　六、掌握批评的艺术…………………………（330）

第六章　酒店基层管理实务……………………（333）

第一节　前台部基层管理实务…………………（333）
　　一、前台部基层管理分类……………………（334）
　　二、前台部基层管理人员的要求……………（335）
　　三、前台部基层管理者的职责………………（336）
　　四、工作协调…………………………………（342）
　　附录一：大堂气氛检查项目…………………（345）
　　　　　　预订工作检查项目…………………（346）
　　　　　　前台接待工作检查项目……………（347）
　　附录二：希尔顿酒店订房员效绩考核表……（347）
第二节　客房部基层管理实务…………………（349）
　　一、客房部基层管理分类……………………（350）
　　二、客房部基层管理人员要求………………（350）
　　三、客房部基层管理职责……………………（351）

四、工作协调 …………………………………………（354）
　　附录一、假日酒店客房部领班（主管）查房
　　　　　　标准 …………………………………………（356）
　　附录二、厅堂组、洗手间卫生检查记分表………（358）
第三节　餐饮部基层管理实务………………………（360）
　　一、餐饮部基层管理分类……………………………（360）
　　二、餐饮部基层管理人员要求………………………（361）
　　三、餐饮部基层管理人员职责………………………（362）
　　四、工作协调…………………………………………（366）
第四节　保安部基层管理实务………………………（368）
　　一、保安部基层管理人员的要求……………………（368）
　　二、保安部基层管理人员职责………………………（369）
　　三、工作协调…………………………………………（370）
第五节　工程部基层管理实务………………………（371）
　　一、工程部基层管理分类……………………………（371）
　　二、工程部基层管理人员的要求……………………（375）
　　三、工程部基层管理者的职责………………………（379）
　　四、工作协调…………………………………………（406）
　　附录：质量管理和质量体系要素……………………（409）

前　言

　　几乎与改革开放同时降临中国大地的现代化酒店业，在九百六十万平方公里的土地上经历了十多年的风风雨雨。今天，它已经以超速发展度过了它的幼年时期，走向成熟。面对四处耸立的酒店，不少人在思考：中国酒店业的辉煌是已经逝去？还是尚未到来？从事酒店工作的实业家们更多的是留恋从前的辉煌：高比率的住房率，源源不断的客流。面对当今客源缺乏，开房率下降，削价竞争，不少人企盼着政府部门出面加强宏观调控，用那只强有力的手制止住不断涌现的新酒店，达到酒店市场的供求平衡。可是，时至今日，新的酒店仍然再建，削价竞争愈演愈烈。不少有识之士认为，市场应该由市场规律去自行调节，供大于求的状态，正是行业内加强管理，提高质量极好机会，经过残酷的竞争，优胜劣汰，最后将是全行业整体素质的提高。我们赞成这一观点。

　　本书的写作宗旨，就是为了提高整体管理水平而著。酒店管理的理论源于美国，在一个多世纪的实践和探索中，它已经发育成熟。相比较之下，在我国酒店管理，无论是在实践还是在理论上，还是那样的年青，它是八十年代初才开始引进。十多年来，有识之士一方面向西方学习，另一方面立足于我国的政治、经济、文化特点进行研究，致力于建立具有中国特色的酒店管理理论。辛勤的耕耘，带来了丰收的喜悦，短短十多年的历史，酒店管理理论在中国，已从简单的接受国外的服务规范，走向了深层次的探讨。一个具有中国特点的酒店管理模式架构正在建立。在这全力以赴的探讨与研究中，尚存一些薄弱环节，酒店基层管理为其中的一部分。

酒店基层管理是酒店管理的一部分，它是酒店管理一般理论运用在酒店基层管理运作中，而形成的特殊规律与方法，所以有别于酒店中、高层管理而独树一帜。它同样以追求效率与质量为目的，但立足于更细致和更具体的管理活动。在酒店管理中，建立一支稳定的、精悍的基层队伍，是维持酒店高效率和具有持久生命力的有效保证，是酒店提高服务质量、降低成本的关键。为此，我们写作了这本书，希望对酒店基层管理有所促进，希望有助于提高酒店行业的整体水平。

本书作者为广州大学管理系副教授彭青，管理系副教授林力源和讲师马洁同志。

本书的第一章、第二章的第一节、第四章和第五章的第二、三节由彭青撰写；第二章的第二、三节，第三章和第六章的第四节由林力源撰写；第五章的第一节和第六章的第一、二、三节由马洁撰写；全书由彭青统稿。

由于目前对基层管理的研究尚处于"潜在"阶段，有关新著不多，老的基层管理理论虽有一定参考价值但毕竟不能与现代基层管理的全新观念同日而语，这就给我们写作上造成了一定的难度，加上作者孤陋寡闻，谬误之处，挂一漏万之处在所难免，我们斗胆作为引玉之砖，诚请专家们及酒店业的实际管理者，特别是那些长期在基层领导岗位上工作的同仁们提出宝贵意见，以求不断完善之。

本书后附录有酒店管理的国家标准（GB/T19004.2，世界国际标准ISO9004—2的有关章节）供参考。

本书可作为大专院校旅游酒店专业的教科书，职业教育培训的教科书及酒店管理人员的参考书。

作者于广州麓湖畔
1997.1

第一章 酒店基层管理概论

酒店主管、领班管理，指的是酒店管理中哪种管理？在本书十分明确指出，就是酒店基层管理。主管、领班是酒店基层管理者在中国一种比较普遍的称谓。

基层管理，是任何管理活动地方都存在的一种必不可少的管理。在工矿企业有称之为班组管理，在其它一些行业有称之为一线管理。酒店基层管理有与其它基层有共同的地方，也由于其自身的特点而相异与其它基层管理。

本章将从酒店基层组织、酒店基层组织管理和酒店基层组织管理者三个方向去论述酒店基层管理的特点、职责及其作用。

第一节 酒店的基层组织

1. 酒店基层组织及其职责

什么是酒店的基层？它与工矿企业的班组有什么同异？首先我们看看工矿企业的班组，工矿企业的组织划分，原则上是分为厂、车间、工段和班组四个层次。班组是企业的细胞，是企业生产经营活动的最基层单位。它是根据工业企业生产的工艺流程、产品类型、不同岗位的要求，由若干相同或不相同的工种的工人组成的。而酒店基层即有同工矿企业班组相一致的地方,即它是酒店经营活动的最基层的单位,是酒店经营的细胞。然而它的组成与结构却有异于工矿企业的班组。首先酒店的基层组织是依据提供的不同服务产品分为部门,然后根据不同的工作场所或服务的不同流程再分为更小的部门,在小部门中依据工作时间的差异和工作内容的不同分为部或者是班、组。我们通常把部和班、组看成基层。之所以部也被看成基层组织,就在于不少酒店其基层管理只到部而无班组。本身酒店的部就是基本作业单位。酒店基层组织,是根据酒店服务的分工和协作需要而产生的,按照提供的不同服务内容和不同的工艺要求而划分出的基本作业单位。酒店的基层组织分为服务性基层组织,辅助性基层组织和职能性基层组织三类。基层组织的主要职责是:

(1)根据上级下达的任务,具体完成本部门的服务程序,并且保证质量和按期完成服务工作。

(2)合理调整劳动组织,认真贯彻执行各项规章制度、维护劳动纪律和职业道德。

(3)对所属区域的设施、设备负保养之责。

(4)不断降低成本,努力提高经济效益。

(5)准确、完整、及时地做好各项原始记录,及时为上级职能部门提供准确、完整的资料和数据。

(6)做好员工的思想工作,激励员工的工作积极性。

2. 酒店基层组织的地位和作用

酒店的基层组织的地位指的是酒店基层在酒店中所处的位置。它的重要地位和作用主要表现在以下几方面:

(1)酒店的基层组织,是酒店服务、生产、经营、管理的主要基本环节。在社会化大生产条件下,共同劳动,分工协作,必须象链条一样一环扣一环地紧密相结合,班组就是这根链条上最基本、最重要的环节。

（2）酒店基层组织是增强企业活力的源头。酒店基层组织是员工从事服务、创造财富的主要场所。只有基层组织的员工的主动性，积极性充分发挥出来，酒店才有可能充满生机，否则酒店就"活"不了。

（3）酒店基层组织，是酒店质量管理的重点部分，酒店质量体现在为宾客服务的一点一滴的服务规程和服务技巧方面。这些全靠员工通过举手投足，礼貌礼仪等去体现。因而，全面质量管理关键部分是酒店基层组织。

（4）酒店基层组织是酒店成本控制的主要力量。酒店成本控制是酒店管理中的重大问题之一，直接关系到酒店经济效益。酒店成本控制最主要的力量就是酒店基层组织。基层组织的整个服务、经营过程，也就是成本控制的过程。

（5）酒店基层是酒店精神文明建设的前沿阵地，教育员工树立远大理想，发扬社会主义的道德风尚，加强纪律、提高科学文化水平，建立"四有"队伍，必须从班组做起，酒店基层组织精神文明搞好了，企业精神文明建设也就落到了实处。

（6）酒店基层组织是实行民主管理的基础，酒店的各项管理工程都是要落实到酒店基层组织。从基层组织实行民主管理，不仅可以使酒店方针目标的实施和各项业务的执行成为每个员工的自觉行为，而且使酒店的民主管理具有最广泛、最经常、最直接的群众基础。

3. 酒店基层组织的特点

酒店基层组织的特点概括起来可为三个字："小"、"全"、"细"

（1）"小"是基层组织的特点，主要表现在群体规模小，酒店的基层组织少则几人到十几个人,多则也就是二三十人,在酒店中属于小型的群体。

(2)"全"是酒店基层组织任务的特点,首先酒店基层组织最根本的任务是完成各项服务指标,争取较好的经济效益。因而从资源方面:人、财、物都在一定范围内存于基层组织中。而酒店的服务中的各方面任务,政治思想工作、企业文化和员工生活都最后落实到基层组织,由基层组织具体完成。毫无疑问这决定了基层工作的全方位性。

(3)"细"是班组工作的特点,班组工作必须细分到每个员工身上,才能落到实处,才能完成各项计划。工作抓细了,才能达到细中求真、细中求实的目的。

4. 酒店基层组织设置原则、标准和方法

酒店整体组织结构一般采用直线职能制,所谓"直线——职能",在旅游酒店也称"业务区域制"。这一组织形式的特点是把酒店所有机构和部门分为两大类:一类称业务部门,业务部门的特点是可以独立存在并有自身特点的业务内容。业务部门按直线形式组织,结构简单、责权分明、效率较高,实行直线指挥,因而称之为直线制。酒店中的前厅部、客房部、餐饮部、娱乐部、商品部等均属于业务部门。另一类称之为职能部门,职能部门最显著的特点是不能独立存在,而是为业务部门服务,执行自身某种管理职能的部门,职能部门是按分工和专业化的原则执行某一项管理职能。这种形式称之为职能制。职能部门执行专业管理职能,发挥职能机构的专业管理作用及专业管理人员的专长。酒店人力资源部、保安部、财务部等均属于职能部门。酒店组织形式是这两种形式相结合,各扬其长,互补其短。

由于酒店是以"直线——职能制"的组织形式出现,因

此班组组建也依据不同的标准。

首先基层组织中的一部分,采用按时间划分基层组织的方法。根据时间来组织业务活动是最古老的划分部门的方法之一,通常适用于基层组织的建立。在酒店业中,人们要求得到服务并不是在统一时间中,有的部门会分散在一天24小时内。因而酒店的不少部门,特别是直线制的部门,有的24小时提供服务,有的是16小时提供服务。为此酒店中通常采用轮班制的方法。例如前台部的通常要分为早、中、晚三班,客房部也是如此。而餐饮部由于用餐时间不同以及流量问题,其划分的班次甚至更多一些,有的分两头班(即上早班和晚班)有的上中间班,有的上正常班不等。

其次按企业职能划分部门的方法。按酒店的部分职能组织业务活动是广泛应用于基层组织划分的一种方法,它具体表明了酒店业务活动的内容。财务部内部基层组织的划分,公关部内部基层组织划分及其工程部组织内部基层单位的划分基本上遵循这一原则。例如有的酒店公关部就按照摄影、接待、广告、内部刊物等班组。按职能划分的最大优点在于,它是合乎逻辑并经过时间考验的方法,是酒店部门主管维护他们对酒店基本活动的权力和威信的最好办法,也是最容易发挥人的专长的方法。

第三按提供的不同服务产品划分部门,在酒店的部分部门,由于经营的服务项目太多,基层组织的划分按照服务产品划分已显得日趋重要,例如康乐部,通常按照服务项目划分部门,下面请看广东省中山市富华大酒店娱乐部体制:

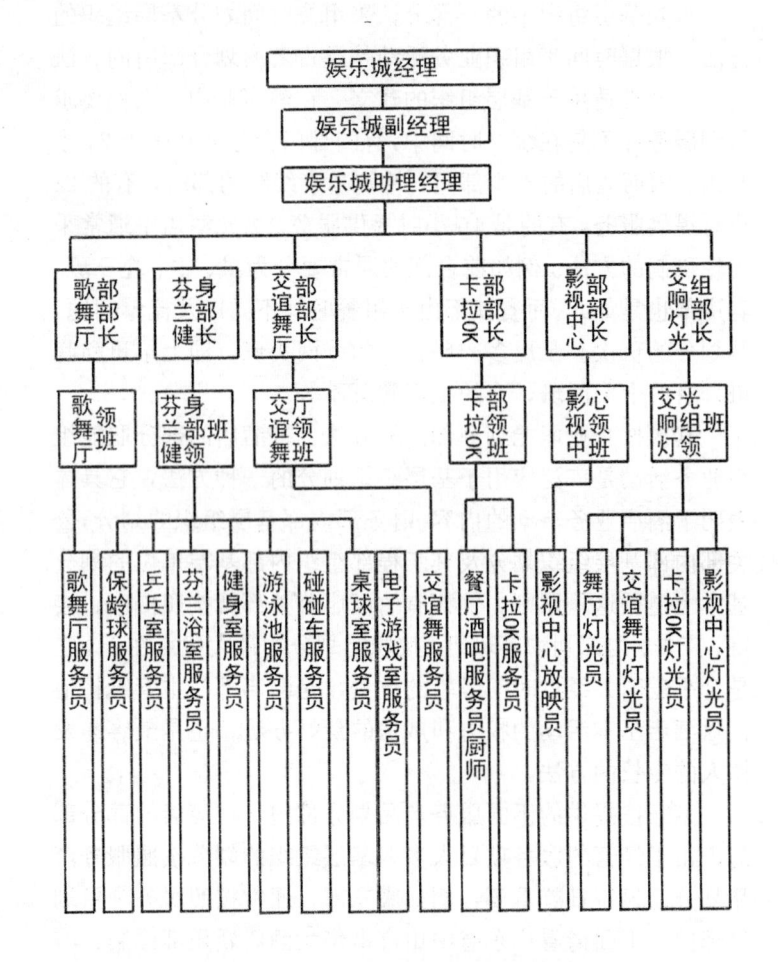

图 1-1　中山市富华大酒店娱乐新体制

按服务项目去划分基层组织的优点是：有利于采用专业化设备，使某种协调工作比较容易，并能使个人的专业化知识和技术得到最大限度的发挥。

第四按顾客划分基层班组。酒店少数部门会按顾客划分班组。例如在酒店美发美容部会按照男宾、女宾去划分基层班组。而客房部会把部分楼层重新装修，增加服务功能做出专门接待商务客人的商务楼层。一个酒店把一些有特殊需求顾客专门交给一些基层班组去服务，顾客就成了划分业务活动的关键。在工业、商业企业中这种方法多用于最高层部门以下的中层管理层次中，很少用于基层。但酒店组织中，它们会使用于基层组织的划分中。这种划分的理由：主要是为迎合不同客人的需要。像广东国际大酒店，在其客房中就区分了标准房、公寓房和长包房等不同区域，各区域提供的服务是有所区别的，以适应不同客人各异的需求。在酒店基层组织中按照顾客的特点和需求提供专业化的服务，可以使客人得到最大的满足。例如广州的花园酒店，在他的商务楼层中就提供客人常用的电传、打字、复印等业务，同时在楼层专门开辟了供客人洽谈的小酒吧间。房间的布置也适应客人谈生意和其他业务的需求。

最后酒店基层部门的划分，还会以区域和简单的人数去划分和建立基层组织。例如酒店的公共卫生部通常以大堂、楼梯、洗手间等不同的区域去划分班组。而保安部则有时以人数划分基层班组。

在特殊的情况下，一些酒店还会组织"项目型"的基层组织，又称"项目结构"，通常在酒店中"项目结构"，其形式是在同一个组织机构内将按职能划分的部门的方法和按产品划分部门的方法结合起来。例如酒店要对某一项工程进行重新装修或改建的话则会出现"项目结构"。

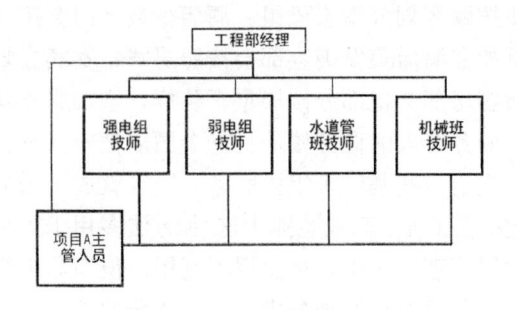

图 1-2 "项目结构"

组成"项目结构"的原因很多，主要是因为项目任务是短暂的而不是长期的，而所需要的人员通常又涉及到不同职能部门。所以使用"项目结构"，集中一段时间调动起各方的人士和设备去完成共同的任务，是十分必要。

基层组织建立的方法直接关系到管理效率和指挥，关系到员工的积极性和主动性。

虽然各种基层组织是以不同标准和尺度划出的。但是在划分时都必须遵循一定的组织划分原则：

(1)、劳动专业化原则

古典管理学派对组织设计的研究中，最重要一个原则大概是劳动专业化。古典管理学派认为：把工作分的更细小时，可以提高劳动生产率。事实也说明了这一点，劳动专业化分工是现代化大工业的必然，也是现代化酒店发展的必然，它有利于技术的提高和劳动成本的下降。然而任何事情都是既有优点，又有缺点。劳动专业化分工同样如此。劳动专业化分工达到一定程度就会走向它的反面：必须投入更多的人力和资本来完成细小任务。也就是说：专业化的开支（劳力和资本）开始超出了专业化所提高的效率。

此外，行为科学认为，把工作分成越来越小的单元，把部门分成许多小部门，容易造成工作效率不高和工作枯燥无味。而那些以基层组织去完成整体任务时，则容易产生高效率和积极性。因为班组齐心合力完成整体任务时，更能够体现出它的价值和拥有一份成功的喜悦，同时减少单调工作造成的精神疲劳。

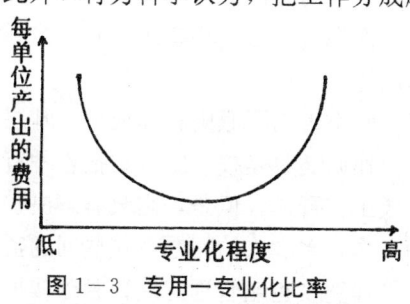

图1-3 专用－专业化比率

因而，我们在按照劳动专业化分工时，必须寻找最佳的专业化分工的"广度"。

二、目标一致原则：任何部门在进行组织划分时，都必须遵循工作与目标一致的原则。无论如何划分，都应该以完成目标为首要原则。违反这一原则则会造成人员越来越多，人浮于事，效率降低。

三、效率原则：在对部门工作进行划分时，必须遵循效率原则。一个组织在进行组织划分时，如果能使其成员以最少的费用去实现目标，就是有效率的。讲究效率是管理的核心问题，在基层组织建立时，就应于高度重视。特别是今天酒店竞争之时，更应该引人注意。作者曾在某五星酒店调查，发现其前台工作划分欠合理，至使有些接待与问询的工作重复，空闲与繁忙不均，致使客人办理入住时间长达15分钟之久。而广州珠海特区大酒店，客房部工作划分，原来参照一些大酒店模式，楼层有台班、清洁班和公共区域服务员。导致劳动力成本加大，工作效率不高。酒店最高管理层根据中、小酒店的特点，把公共卫生划分给了台班，并提高了员工工资。试行的结果表明无论是员工心理状态还是成本控制、劳动生产率都呈现良好趋势。

在工作划分和工作归类确立了原则和标准后，基层组织建立工作远未完成。工作归类只是按一定方式把各种有关的工作结合在一起，形成工作群体，但是，它没有解决一个基层组织应该包括多少工作，多少人的问题，这些问题需要通过管理宽度来解决。管理宽度也叫管理跨度、管理幅度。管理的宽度主要是表明一个管理者能管理的人数。管理宽度与管理层次是成反比的。管理宽度越长则管理层次越少，反之则导致管理层次加多。管理理论和实践反复向人们阐述一个真理，那就是管理一个层次都是信息的过虑器，层次越多指挥越困难，管理效率越不高，所以我们应该在可能的条件下减少管理层次。什么是可能条件，这就是管理跨度的问题，管理跨度要回答的问题是，一个管理者能直接地，有效地管理多少人。对此的答复可以用众说纷纭来形容，这并非是人们思维的混乱，而恰恰说明在管理实践中，制约管理跨度的因素太多了，每一因素的变化就会演绎出一种新的管理跨度的答案。当然在纷争中也有一些最基本的，共同的因素在起作用，这首先是上下级之间可能存在的工作关系，管理人员的管理跨度很大程度上取决于他的工作量，而班组管理的工作量，并不是完成任务来作为主要参数，而是以上下级之间的工作关系数量为主要依据。在上下级关系式中工作关系是以几何级数增长，例如管理两个人，可能的工作关系有六种，而管理三个人时，可能的工作关系却有18种。

其次，以下一些实际因素也会影响管理的宽度。

工作性质，工作性质具体指向工作的难易程度，复杂与简单程度。复杂的工作中出现的许多问题属于非程序化的决策，需要领导与下属较多接触，共同商讨，以保证正确处理各种问题，在这种情况下管理跨度不可能太宽。而简单工作，重复性较大，不少工作已经形成固定的工作规范、标准与程序，上下级接触较少，管理宽度可以较大些，在酒店中通常客房部的管理跨度略宽一些。而工程部、财务部、人事部相对而言管理跨度则窄一些。

上下级的素质，上下级的素质是制约管理宽度的重要因素，上级领导素质高、能力强、处理问题速度快，这样管理者就可以加大管理幅度。反之，上级管理素质较差，一个问题拖拖拉拉都解决不了，其管理幅度就窄。除了上级素质，下级素质也是不可忽视的因素。下级素质表现在理解能力，完成任务的能力和处理问题能力等几个方面。下级能力强则较少需要领导具体的指导，这时管理就可以扩大管理宽度。相反，下级素质差，事事要请示汇报，并要予以大量具体的指导，这种情况下管理者的管理宽度就无法扩大。由此可见上下级素质与管理宽度是按同一方向变化的，即前者越好，后者越大。

管理者的工作内容，管理者，特别是基层管理者，通常会出现既承担一部分管理工作，又承担一部分非管理性工作。例如：客房的领班（班长）在部分酒店中，他（她）既要从事本班的质量检查，分派任务，处理日常事务等工作，又要自己亲自清扫部分客房，凡是需要做许多非管理性工作的管理者，管理宽度都不可能太大。

地理位置，地理位置也常常会制约着基层组织的管理跨度。例如酒店中的工程部，如果其设备都在一个较集中的地方，其管理人员就有可能管理较多的人。相反，工程部的设备分置于酒店不同区域,其基层管理跨度就会受到影响。

第二节 酒店基层组织管理

1. 酒店基层组织管理及其历史沿革

酒店基层管理是在酒店整个服务经营管理活动中,由基层组织自身运用计划、组织、指挥、协调、控制、激励等管理职能,对基层组织中的人、财、物合理组织,有效利用,以达到酒店和部门所规定的目标和要求。

基层管理是社会生产力恢复和发展时期,随社会化大生产和协作分工的发展而发展起来。基层组织的管理也就由初级阶段到高级阶段得到了很大发展,基层管理在内容和形式也得到了不断丰富和发展。回顾我国班组管理,大致分为3个阶级:

①50年代初创阶段——工人成为企业的主人,确立了主人翁地位,劳动热情空前高涨。当时马恒昌小组一马当先,首先掀起了竞赛热潮,在竞赛中创造了群众管理班组的经验以及建华机械厂创造的工人参加管理的"八大员"经验等,使机械工业的班组管理初具雏型。

②60年代发展阶段——以学大庆岗位责任制,健全管理制度和提高产品质量为主要内容。开展了学大庆"三老四严"、"四个一样"的岗位责任制;学机械工业战线英雄集体马恒昌小组的先进事迹和班组管理经验;学洛阳轴承厂研磨小组产品质量"信得过"等活动。建立起以岗位责任制为中心的一整套管理制度。班组管理水平有进一步提高。不足之处是责权利设有很好的结合;科学管理水平还不高。

③70年代提高阶段——十一届三中全会后,经过了两个

整顿,特别是1983年9月机械部企管司,机械工会在二汽召开班组座谈会交流经验,制定了机械工业企业班组工作条例,出版了《机械工业班组建设经验选编》,理论研究也逐步深入,相继出版了一些管理专著和培训教材。1986年全国班组工作会议后,机械工业班组管理又跃上了一个新的发展阶段。近年,随着"企业上等级"活动的开展,作为企业管理基础的班组管理正在进入新的、更大的发展和提高的阶级。上述历史是我国工业企业中班组管理发展的足迹,然它是我们工业企业管理在中国文化土地上,不断吸收阳光雨露而成长起来的花朵。我国服务行业,特别是现代化酒店行业管理的兴起比起工业企业,晚了十多年。早在文化大革命之前,我国能称得上酒店的不多,而称上现代化酒店几乎是零。绝大多数是招待所。招待所一方面不是对大众开放,另一方面,更重要的是:这种招待所不是经营型的,而是接待型的。酒店资金来源于国家拨款,物资属统购统销。在管理上分有大的部门,而基层组织管理十分薄弱。当时任何涉外工作,都是政治工作(旅游团也较少)"外事无小事"。一有接待任务就全馆动员:"革命加拼命",一起突击完成。这种状况直到1978年才开始有所改变。1978年改革开放以后,旅游行业首先受到冲击,多年来一直徘徊于国门之外外国人,蜂涌而至,进入中国大陆,试图揭开五千年来蒙着的神秘面纱。对此首先面临的难题是宾馆酒店设备陈旧、服务质量差。当时建于六十年代的广州东方宾馆(原名羊城宾馆)率先举起了改革大旗,他们在全面改造酒店设施、设备的同时,派人到珠海石景山度假中心(中国第一间中外合资酒店)学习岗位责任制,学习基层组织的划分、组建。同时又走出国门向外学习。国营酒店中东方宾馆第一个走出困境,创造了当年还清货款当年赢利的奇迹，同时，服务开始走上规范化。在今后的几年中，中国这块土地上涌现了"建国经验"、"白天鹅模式"，酒店行业开始出现了勃勃生机。基层组织的建设与管理在实践中大迈步地前进。酒店行业一方面立足于实践，另一方面向外方管理公司学习。在短短的十多年中建立了较完善的基层组织管理系统。然而美中不足的是，关于酒店基层组织建设的理论讨论，远远落后于实践活动。

2. 酒店基层管理的特征和特点

基层管理的特征是：系统管理是基本要求，基础管理是基本内容，民主管理是基本形式，实行行政管理与民主管理相结合，专业管理与群众管理相结合，集中管理与自主管理相结合。

基层组织虽小但五脏俱全，虽然在酒店大系统中它只是最小的子系统，但它包含了酒店管理中的种种要素，是一个无法忽视的小系统。为此作为管理理论的基本思想——系统管理是基层组织管理中的基本要求。基层组织管理又是从酒店最基础开始，是一切计划、控制、指挥等等的具体实施，因而基础管理是它的主要内容。民主管理调动起全体员工的积极性，让员工当家做主，这是管理中的最基本形式，也是班组管理中不可避免的。行政管理是民主管理的辅助形式，是实现高效率的必然。在基层管理中不少管理是由群众自己管理的，因而专业管理应与群众管理相结合。自主与集中是相对立而存在的，是一对矛盾的两个方面；自主管理要求每个员工自己坚守自己岗位，更好的完成本职工作；而集中管理则体现了管理中的协调、整体、互助等方面，因而基层管理更多体现了集中管理与自主管理的结合。

基层管理的特点：

(1) 群众性。班组的管理是工人自主的管理，是群众集体的管理。特别是酒店行业，每天面对着是一个个有着不同文化背景，来自不同区域，从事不同职业的真实的人，"太阳每天都是新的"，酒店服务的对象千变万化，他们的需求存在着差异，这种状态就更需要调动起员工的积极性和主动性，更好的完成每一次服务内容和处理每件事。管理要充分发挥群众的积极性，在服务行业，以手工劳动为主的行业尤其如此。

(2) 直接性。基层组织是酒店从事服务活动招待客人的最后组织，基层管理人员也是管理层中最后一个层次，他们面对的不再是管理者，而是员工，是被管理者，因此而划分了管理者与被管理者的界线，这是一种面对面的直接管理。

(3) 多元性。多元性是指酒店基层管理涉及多方面管理工作。"上边千条线，下面一根针"，各项管理活动最终都要落实到基层组织，要由基层组织去具体实现，而基层组织又没有脱产的专业管理人员，因此，基层管理人员是很重要的，要有较好的领导素质，善于把基层组织中各项管理工作落实到个人，共同做好各项管理工作。

3. 酒店基层管理的主要内容

基层管理的内容是指在基层管理活动中应做到的具体工作。其内容是十分广泛的。主要内容有以下几个方面：

(1) 建立建全以岗位责任制为主要内容的各项管理制度，做到工作有内容，考核有标准。

(2) 任务分解到每个员工，实行经济责任制，认真考核每个员工，坚持按劳计酬。

(3) 研究服务行业质量体系，根据自己酒店的特点编制服务规程和服务标准，开展全面质量管理，保持优质服务。

(4) 对本部门，本班组使用的设备，设施搞好日常保养与维护工作。

（5）培训员工，学习服务技能、服务知识、提高员工素质，人人达到本岗位应知应会的要求。

（6）认真填写原始记录和各种凭证，做到及时、齐全、清晰、准确、经得起检查。

（7）做好安全保卫工作，注意防火，防盗和各种不安全因素的产生。

（8）进行成本控制和成本核算。基层组织即是一个消费单位又是一个服务单位。许多成本控制都要求基层管理去完成。

（9）做好思想工作，关心职工生活，增加基层组织的向心力和凝聚力。

（10）做好内部促销，树立酒店良好的形象。酒店与一般工业企业不同，他最显著特点之一，就是服务与销售的同时性，酒店中许多业务部门都有一个面对顾客，服务即是销售的过程。因而搞好内部促销，树立良好形象，是基层管理工作的主要内容。

4．酒店基层管理在酒店中的地位和作用

（1）现实状况

也许每个管理者都意识到，基层管理，在酒店管理中有着举足轻重的地位，不少酒店既强调基层管理的重要性，又抓紧培养基层管理人员。然而现实并不容人们乐观，基层管理在现实中，存在着种种不尽人意的状况。

基层管理在酒店中的地位和作用，关键点不是基层管理人员自己，而在于中、高层管理者是如何要求基层管理者的，认识了这一点我们就能认识基层管理工作的现实地位和作用，理解基层管理拥有多少权威。

目前，在酒店现实中，首先基层管理存在的一种状况是

"处于中间位置"的基层管理，这是一种较多存在的现象。基层管理在组织之中是一个承受多方面压力的焦点。当中、高层管理的要求与一般员工的要求发生冲突时，基层管理现状并不一定是积极代表上层旨意去压员工，而是处于"左右为难"的困境。

```
┌──────────┐
│ 中级管理 │
└──────────┘
    ↓ ↓
┌──────────┐
│ 基层管理 │
└──────────┘
    ↑ ↑
┌──────────┐
│ 职    工 │
└──────────┘
```

图1-4 处于中间位置的基层管理

一方面，管理者希望基层管理代表中、上层的意志，另一方面员工又希望基层管理应该代表他们的利益。例如中、高层管理希望基层管理严格考勤，严把质量关，而员工则希望基层管理更具有人情味，能够更灵活去处理一些问题。基层管理过于严格，会被员工相对的孤立起来，而基层管理过于松驰，则会被上级认为放任自流，不称职。这种尴尬的处境，是我们今天许多基层管理者经常面对的现实。

其次表现出来的状态是基层管理是"关键性人物"。一间酒店，无论你如何划分其组织结构；最直接领导员工仍然是那些基层管理者。此时此地，基层管理犹如一根管子，上面的指示、政策、方针由基层管理者解释、指挥、执行、而下级员工存在的问题，也从这根管子中向上反馈。这时基层管理者是领导的关键人员人物，他们的存在，才使工作得以进行。

```
┌──────────────┐
│  中级管理阶层  │
└──────────────┘
      ↓ ↓
┌──────────┐
│  基层管理  │
└──────────┘
      ↑ ↑
  ┌────────┐
  │  职 工  │
  └────────┘
```

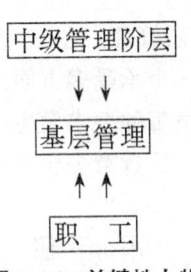

图 1-5 关键性人物

第三,"工人一员",这也是我们酒店管理中普遍存在的一种现象,我们在任何酒店几乎都可以不同程度上发现这些问题和现状。所谓"工人的一员"关键问题是基层管理者不了解自己工作的管理性质,因而在基层管理中他仅是基层组织中的一名勤勤恳恳的员工。某酒店饮食部就出现这种问题,一名餐厅服务员,在其本职工作上干的相当出色,于是被提拔餐厅服务班班长。上级布置的任务是她主动自己完成,重活、累活自己主动去承担,而从来不会带领一班人共同工作。"工人一员"的状态,有的是基层管理者自己造成的,对授予基层的权力和责任,不会或者不具备使用权力的能力,因而事必躬亲,自己去干了算了。还有时候是因为上一级管理层,只授予职责而不授予权力,结果是基层管理形同虚设,干的与员工一样是具体工作。

```
┌──────────────┐
│  中级管理阶层  │
└──────────────┘
     ↓ ↑   ↑ ↓
┌──────────┐ ┌──────┐
│  基层管理  │⇄│ 员工 │
└──────────┘ └──────┘
```

图 1-6 工人一员

酒店的基层组织目前在酒店管理的地位状况基本如此。从目前三种状态看,当然第二种状态,关键性人物 状态是比较理想的状态,也是基层管理正常发挥作用的时候。但是当我们更深入研究基层管理的作用与地位,我们认为它还有缺陷。基层管理如果只是一个管子上传下达的话,它缺乏的是自身的结构和实体,可以想象管子在基层管理中作用是极有限的,它自己管理的主动性和必要性并没有体现出来。

(2) 理想状态

拱顶石式的结构是基层管理在酒店组织结构中应当充当的角色和所处的地位与作用,同时也是我们基层管理奋斗与努力的目标。

拱顶石式的结构,它的含义是:基层组织其本身有着自己的结构,拥有自己的功能它与拱顶石的双肩紧密联在一起,吸收来自于双肩的压力,经过自身的转化,消化成为新压力再分散于双肩。它既是联结中、下层的通道,又拥有自己的作用,而不简单的只是传声管道。拱顶石式的结构是20多

图 1-7 拱顶石式的结构

年前,基恩·戴维斯教授头一次提出这一观点。很快在国际基层管理中就得以发展。它主要的精华在于,必须开发各个层次员工的能力,发挥他们的作用。

第三节 酒店基层管理者

1. 酒店基层管理者

基层管理者是从事基层管理的人,在酒店中通常称为"主管"和"部长"、"领班"和"班长"。他(她)们拥有许多与中、高层管理人员区别的地方。

首先基层管理者直接负责服务、销售。在酒店如果说保持正常接待是员工的任务的话，那么对完成这一任务直接责任人就是基层管理人员。

其次，比起其他管理者来，基层管理者从事的工作更富于操作性和技术性，酒店大多数中、高层管理几乎不从事技术性的工作，但基层管理他（她）不仅要从事许多技术工作，而且还必须成为技术方面的尖子、行家里手，否则他（她）就不能当好基层管理者，他们的权威也就无法树立。作者的一位大学毕业学生，关于酒店管理的理论知识很丰富，外语水平也很好，达到了国家规定的六级标准。应聘于一家五星级酒店，一去就担任中餐部的餐厅副经理，由于他的服务技术不行，动手能力差一些，常常被服务员刁难，难以树立权威，最后只好调到另一中餐厅从基层做起。酒店的功夫虽说技术性不是太高，但也需要经常训练、使用，才能掌握。一般在宴会厅，一些高级宴会常常会要求基层管理人员亲自动手服务，以表现高水准。

第三，突出的特点在于基层管理者处于管理阶层和非管理者中间的位置。基层管理者仅仅是管理非管理者的管理者，相对而言非管理者与管理者有较大的区别：这些人并不十分了解酒店整体目标和酒店整体情况，他们也不太想弄明白这些问题，他们最关心的是自己的工作和工资、福利问题。我们曾对一家四星级酒店客房部进行了抽样问卷调查。调查结果表明：65％的员工不关心酒店整体目标，他们每天上班时候最为关心的事有四项：(1)要清洁的房间不会太多，(2)受到客人赞扬，(3)出色完成任务，(4)如期下班。它们分别占全体抽查人员的：23.8％。而这种现象构成了基层管理者独特角色特征，又构成了基层管理的富有挑战性的一面。同时反映了基层管理者应具备的素质特点和管理特点。

"好的基层管理者是这样一种人，他能站在你的脚尖之上，却又不能挡住你的光辉。"

2. 酒店基层管理者的权限

基层管理者的权限，通常在酒店规章制度比较完善的情况下，在岗位责任制中都有所规定。然而，当我们查阅了部分酒店的管理大纲时发现：基层管理者的权限在一些酒店中或者是没有充分落实，或者是权限不足。在此，我们借录1986年12月中华全国总工会和国家经委联合发出的《关于加强企业班组建设的意见》中，对班组长的权限做出的明确规定：

（1）有权组织指挥和管理本班组的生产经营活动。

（2）有权根据生产经营活动的需要调整本班组的劳动组织。

（3）有权根据本厂规章制度制订班组的实施细则。

（4）有权拒绝违章指挥和制止违章作业。

（5）有权向上级提出对本班组职工的奖惩建议。

（6）有权按照企业内部经济责任制的规定，对本班组奖金进行分配。

（7）有权推荐本班组优秀职工学习深造、提拔和晋级。

（8）有权维护班组职工的合法权益。

此外也可参考发达国家在这方面的规定。

美国则在《全国劳动关系法案》和《公平劳动标准法案》规定了基层管理者首先作为管理阶层的一员，不再受联邦工资额和小时标准的限制，不再具有成为《全国劳动关系委员会》（NLRB）成员的资格；同时，她还必须遵守劳资间的共同协定。而在1947后美国基层管理者又失去了劳资间共同协定的保护，因而从法律的角度对基层管理者做出了如下规定：

基层管理者是任何一位具有如下特征的个人，他代表雇主的利益，有权对雇员进行雇用、调配、停职、暂退、退还、提升、解雇、分配、奖励或惩罚，并有责任去指导他们，平息他们的不满，或者是有效地建议去采取这种行动。而且，前述这些权力的行使必须不仅仅是一种例外公事，或带有某种办公室工作的性质，而是需要作出独立的判断。

结合上述规定，给予基层管理者以必要的权限是搞好基层管理的关键。

3. 酒店基层管理人员的职责与素质

①、在部门经理领导下，全面做好基层管理工作。

②、做好思想政治工作。

③、按排好本班组的服务，解决服务的难点，抓好服务质量。

④、抓好班组各项管理工作，检查、督促班组成员严格执行各项规章制度和规定。

⑤、开好班前、班后会，开好经济效益、质量、安全、成本控制分析会。

⑥、检查、抓紧设备保养和维修工作。

⑦、对于影响服务质量、危及设备及人身安全的违章指挥，有权拒绝执行并向上级汇报。

⑧、负责培养教育员工，提高他们的素质、技能和应变能力。

目前，我国基层管理者的素质不高，文化水平不高，多数没有受过系统的专业训练。据我们抽样调查结果表明：珠江三角洲一带在五星级酒店中，基层管理人员拥有中等专业知识水平的不到17%。拥有高等专业知识水平的不到5%。三星级酒店中拥有高中文化水平的仅占50%,并且绝大多数没有受过系统的专业训练。

为此,一个合格基层管理者应该具备如下条件与素质:

1. 基层管理人员,最少应该是具有高中文化程度,具有较系统的旅游知识和掌握酒店管理知识,受过严格的操作训练,掌握熟练的服务技巧。

2. 能坚持原则,敢于负责,作风正派,办事公道。

3. 具有一定的组织指挥能力,能够充分利用基层的人、财、物等资源,带领全体员工共同完成各项任务,实现预定目标,取得最佳效益。

4. 善于处理人际关系,会做思想工作,并能以身作则,关心本班组员工的合理要求和切身利益。

5. 具有销售意识,能够积极、主动的完成本班组的销售任务。

第二章 酒店基层管理职能

管理职能，在酒店基层管理中仍然发挥着巨大作用。然而，由于基层组织的特殊性，各种管理职能起作用的范围、在管理中的地点和作用、各种管理职能的特点都发生了变化，而具有自己的特征。

第一节 酒店基层组织的计划管理

一、酒店计划管理

1. 酒店计划与酒店全面计划管理

酒店计划，就是指酒店管理者事先规划做什么，如何去做，和谁去做。在计划中，必须确定目标和任务，同时将选择和评介实现目标或任务的不同行动方案。

酒店全面计划管理，是指在酒店总目标指引下，根据酒店现代化服务的客观规律要求，对酒店的服务、经营活动制订计划目标，实现有计划的组织、指挥、协调和检查、控制的管理工作。

全面计划管理的特点是：全面的、全过程的、全员的综合性管理，它要求企业各个部门，各个环节的各项工作都要计划化，对酒店服务、经营全过程实行计划管理，使酒店的全体员工都关心和参与计划的制订及执行。

全面计划管理包括 P、D、C、A 四个阶段，即制订计划（Plan）、执行计划（Do）、检查计划（Check）和分析（Action）计划（拟定改进措施等），在内容上还包括了：服务、技术、质量、设备、劳动工资、职工培训、物资供应、销售、财务成本控制及其酒店维修改造等基建计划。因而，我们可以看出，酒店的全面计划管理的对象是酒店服务经营活动全过程，追求的目标是酒店综合经济效益，采用的手段是全程序的控制。

2. **酒店计划种类：**

酒店也是企业，其计划种类和形式比较多。从时间上划分有长期计划、年度计划、季度计划、月度计划、具体接待计划、特定任务接待计划等。

从具体内容上看，有酒店战略计划，酒店各部门计划、酒店基层组织的业务计划以及酒店采购计划,酒店培训计划、酒店营销计划、酒店基建计划,乃至每一次宴会,每一位 VIP 客人的接待计划等等。

酒店的计划管理正是围绕这些计划去研究管理问题。因而酒店全面计划管理的主要内容也就包括了：作为酒店计划管理指导思想的目标管理理论;计划的指标体系和计划体系;各具体计划内容、各计划制定、计划实施。

3. **计划的作用**

现代管理一个重要方面，就是制定计划，进行全面计划管理。没有计划，就不是现代化的酒店，就意味着失败。当然逆定理是不能成立，也就是说，当你有了完整的计划时，并不意味着你就一定成功。因为在计划的实施中还存在着各种障碍，某些主客观因素控制不了时，就可能导致优秀计划实现不了。

计划之所以在现代管理中地位重要，主要是因为计划有以下优点和作用：

计划会迫使管理者作全面思考，实现目标所需要做的什么？在未来的发展中会遇到什么问题，未来的发展趋势是什么？这种思考和计划，帮助更好的去预测未来并在一定程度上减少未来的不确定因素。虽然始终有一些不能预见事件会出现，但计划会帮助人们事先确立如何妥善处理它们的原则。

计划是一个整体，它将帮助管理者更加全面的制定经营管理及服务方案。从整体上去提高服务质量，从各方面控制成本。而不是头痛医头、脚疼医脚，采取零碎、杂乱无章的经营管理方法。

计划是控制中的一部分，计划是控制的参照系统和指标。同时计划还是评价下属工作状况的标准。

在酒店管理中，放弃计划管理，就等于实行危机管理，让突发事件牵着鼻子走，让管理人员成天应付突发事件，成为"消防队员"式的管理人员，管理从而杂乱无章，没有程序，结果只有一个，混乱→失败。

酒店计划管理主要包含了四个方面的内容：计划编制、计划执行、计划控制和计划调整。

二、酒店基层组织的计划及其特点

首先，我们必须讨论一个问题，酒店的基层组织，要不要有计划？有人认为，基层组织就是服从上级指示，上面叫干什么，就干什么，用什么计划呢。事实上全面计划管理告诉我们即使一个小小的班组，其工作都一定要前后有序，有轻重缓急，有自己的计划。

其次我们必须认识到酒店基层计划与酒店计划、部门计划不同，通常具有以下特点：第一，基层组织计划是酒店战略计划的具体化，它必须与酒店大政方针及部门的计划保持一致，而且计划十分具体，计划的种类较多，有具体实现酒店目标的基层目标管理计划，也有具体的员工培训计划、申报物资计划、具体实施酒店规章制度的计划等。第二，酒店基层组织的计划通常属于短期计划。最长的也不超出一年。第三，酒店基层组织计划以作业计划为主。作业计划是把各部门的计划分解，具体化到每个季度，每个月，甚至更短。它是酒店整体计划体系中的一部分。

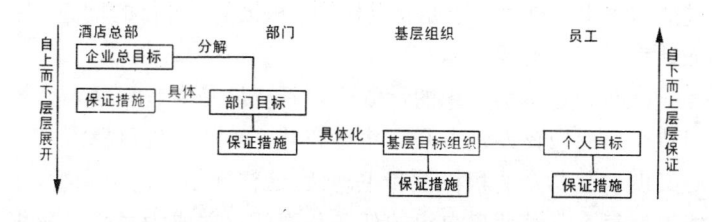

图 2-1 酒店目标管理体系

三、酒店基层组织计划管理

酒店基层组织计划是全面计划管理的基础和落脚点，因而必须做好基层组织计划管理工作。

1. 酒店基层组织计划管理任务

酒店基层组织的主要任务是：①根据酒店和本部门已经制定的管理计划，通过编制和执行基层组织的计划，把基层组织的服务，经营活动纳入部门统一计划之中；②组织基层组织接待服务中的各种平衡，使各生产环节和各方向的活动在部门的统一计划下协调地配合进行；③充分利用基层组织的人力、物力取得最大的经济效益。

2. 编制酒店基层组织计划必须遵守的原则

①要有全局统一的认识，基层组织在编制计划中，必须认识和理解本部门的总体计划并且在总体计划下，将总体计划分解、具体化而形成基层组织计划，并接排好计划。

②班组计划的编制中，必须考虑和达到各方面的平衡与协调，然而这是一种动态的平衡，积极的平衡，为此充分利用基层组织现存的条件，即服务员、设备能力等，积极地消除各种不利因素，把指标制定在既符合宏观实际情况又较先进的水平上，同时一定要有具体的、积极的、可行的措施，保证计划目标的实现。

③在制定基层组织的计划时，不应该是少数管理人员闭门造车，而应该发动群众，集思广益，即使计划目标深入人心又调动起群众的积极性和主动性，这样计划制定出来后，才能够使每个人都明确自己的任务和责任，并成为每个人的积极行动。

④在制定计划时，万不可把计划当成可有可无的东西，在制定时马马虎虎，在执行中丢在一旁，成为挂在墙上或是上级检查的展品。因而制定计划时，必须严肃认真，计划就是"法令"、"法规"，既然制定出来了，就是我们的目标和工作的尺度。因而制定计划要严肃认真，执行计划要坚决，要一丝不苟。

3、酒店基层组织计划编制方法和内容

制定基层组织计划时必须依据：①部门下达给基层组织

的任务，这些任务是酒店基层组织计划中的目标或指标。对酒店基层来说，目标（指标）不一定只是一个，而常常是以目标体系展现在基层组织面前。例如客房部中的基层组织中的楼层服务的任务，除了有需要清扫客房的数量外，还有成本指标，质量指标等等。②本基层组织的实际状况：例如本基层组织的设备、设施完好程度；服务人员状况；以及对市场的预测情况。因为部门下达的任务有时是全年总任务，但是总任务到了基层组织必须分解为上半年任务、下半年任务，每季、每月甚至每天的任务，酒店面对的市场淡旺季节的变化是很明显的，因而基层组织在制定计划时，必须对市场变化有充分了解，根据淡、旺季节，以及节假日的变化去调整人员，配备设备，安排计划。

不少酒店基层组织编制的计划，常常有不合格的地方，首先反映出来的是计划包含的内容不充分。通常计划中有目标，然而有时目标不够明确或无法考核。又有些计划中有具体措施，又缺少了实施时间，或者漏了负责人以及预算或评估控制人。

在下面我们出示的一家三星级酒店饮食部快餐班的《节能计划》：全文如下：

为了响应宾馆"开源节流"的活动的开展，落实"饮食部"节能管理措施。根据快餐日常实际工作的需要，现拟定节能计划如下：

①通过班组会议，学习《员工手册》，本部节能管理措施，加强对员工的思想教育，检查、督促、使全体员工意识统一，认识到"开源节流"活动的重要性。

②根据生意情况，收集采购部的信息，主动与厨房沟通信息，做好每天计划表，杜绝不必要的浪费现象。

③对企业的各种设备，快餐厅日常用具、快餐盒、碗筷加以爱护、保养、轻拿、轻放、避免损耗，发现问题及时报修。

④企业每多用一度电，一吨水直接就是我们的利润，因而要求每天上、下班，注意空调，水电、煤气的使用。杜绝长明灯、长流水，发现违者按章处罚。

快餐班　年　月　日

这是一份十分常见的基层组织制定的计划。制定者是十分认真了，然而他并不是一份合格计划的内容，因为这是一份无法实施，也无法考核的计划。在计划中节能的目标既不清楚也无法考核，目前我们用了多少电？多少水？成本率是多少？不知道。而我们要达到多少成本率才是我们的目标？也不知道。其次措施不具体，操作性不强。例如罚款处理，怎么罚？罚多少？不明确。在计划中还缺少了执行人，该计划每项措施由谁负责，还是一个未知数。而且没有预算，没有对计划的评估人。

综上所述，使我们认识到一项好的计划应该包括下列内容：目标、措施、措施实施的时间、负责人、预算与评估等方面内容。

目标是一份计划中，最重的一项，没有目标的计划，就不成其为计划。通常部门的使命书、分配的任务为计划目标确立提供了指导。这时基层组织是根据上级组织的目标来制定自己的目标。任何一个目标必须满足两个最基本的条件，一是清楚明确，二是必须可以考核的目标。例如我们把酒店全年的目标定为：提高经济效益。就不符合上述条件，这个目标根本无法考核。而如果我们说：今年的目标是营业额比去年提高15%，共计1亿元。那就是一个具体而又可考核的目标。基层组织的目标不允许有与上级目标不一致的情况。例如威斯订旅游公司的宗旨是在其酒店中提供高质量的旅游产品和服务，因此餐饮部和客房服务，就不能以快餐经营来取代美食餐厅，也不能为了降低成本而取消门僮、行李服务和叫醒服务。

因而要求，基层管理人员不仅手上要有他们自己的目标说明，而且还应有本部门和酒店方面的整个经营目标说明。

计划中间除了有实际目标外，还应有实现目标的措施，实施措施的时间和负责人组成的行动计划，如果没有行动计划相伴随的话，目标在事实上是无用的，目标说明的问题仅是："什么时间要完成什么"，而行动计划则要进一步说明："谁去完成以及如何完成它"。

此外，在计划中还应有预算。预算是用数字描述计划，对计划活动所将产生的收入与支出的损益估计。预算的目标必须现实可行，一种不实际的预算意味着计划已经失败。现实可行的决窍是找到一种可行的中等标准，从而使预算成为计划管理中一项有用的工具，成为计划实施中的具体控制尺度。在计算预算时，我们必须了解到，具体基层组织的预算不是强加的，它应是在基层管理人员参与下制定出来的。它既是基层组织沟通的渠道之一，又是一种激励的工具。

计划中最后一项内容是评估控制，评估控制存在于计划编制、计划实施和计划完成后的不同时期和阶段，这样做的目的，一是可以使计划本身得到优选；二是计划可以在不断变化的环境得到及时的反馈而进行动态调整；三是计划评估总结了经验教训，为下一个计划提供宝贵的经验。

下面是一份较标准的销售工作计划：

表2−1 宴会销售计划

目标	措施	实施时间	负责人	预算（元）	评估控制
使12月份的方会收入比去年同期提高12%，即21.6万元。	1. 从电话号码簿上找出有关大公司、大机构和商会的名单和联系地址。	6月1日到6月15日	销售部经理	收入：12桌/天×600元/桌×30天/月 216 000	总经理
	2. 从历年地方报纸和上述公司、机构、商会的资料中了解它们举行商务、公务宴会的规律与计划，并做成档案。	6月1日到6月15日	宴会部经理	支出：	总经理
	3. 设立奖励员工推销宴会的计划。	8月1日前完成	宴会部经理助理	按营业收入5%提取 216 000×5% 10 800	总经理
	4. 与大公司、大机构和商会联系。	7月1日开始	销售部经理	差旅交际费 500	总经理
	5. 与公共关系人员一起，将旅馆推销为冬季商务、公务、家庭宴会的胜地。	9月1日开始	宴会部经理	电台广告费 300 报纸广告费 3375 电视广告费 2100 17075 净收入：198925	总经理

当然,基层组织并不是所有计划都接上述格式去编制,作为基层组织的作业计划可以略为减少其中的某些内容,下面我们看一份作业计划样本：

表 2-2 维也纳马里奥特宾馆宴会订单

宴会订单编号：5665　　打印日期：1990 年 8 月 8 日
宴会日期：星期一、1990 年 8 月 13 日
公司姓名：　旅行队有限公司/团体旅游 0-36
联系人：　　特里·杨格先生
地址：　　　伦敦、海滩路 41 号 WC2N5LB
宴会类型：欢迎会
预计出席人：40　保证日期：1990 年 8 月 11 日　　摆台数：40 人

服务时间	宴会类型	地点
18：30—19：30	欢迎会	沙龙 2

摆台	两张鸡尾酒餐桌
	10 把椅子
	白色餐桌布
	紫色蜡烛
	鲜花
饮料	倒好的白葡萄酒、红葡萄酒、矿泉水、可口可乐、雪碧、杏仁、坚果、橄榄，每人付费标准是 170 奥地利克令。
结帐	费用记在旅行队有限公司的帐号上，帐号是 23867，帐单要由领队签字，帐单要寄往旅行队有限公司。

　　克劳斯　　　　　　特里·杨格
维也纳马里奥特宾馆负责人（签字宴会预订组织者（签字）

　　从这份作业计划中，我们可以看到一位宴会厅的主管是如何根据宾客宴会活动的订单来安排员工的作业的。

　　从上述作业计划中，我们看到：作业计划就是把整体的服务计划分解到具体的人，落实责任到每个员工，保证整体

的服务计划顺利地，有条不紊地完成。

制订基层组织作业计划的主要内容有如下几点：

①对服务的时间、内容、地点、对象以及服务的规格明确做出指示。

②明确服务所需用的物品的数量、规格、品名、等级等内容。

③明确从事该作业人员服务时间和具体从事该工作人员的分工与协作。

④指出该服务操作程序和服务标准。

4、酒店基层组织计划的执行

酒店基层组织计划的执行，主要由酒店基层管理人员负责督促和指挥。基层管理人员一方面要严格执行计划，调整在服务中出现的不平衡现象，抓住薄弱环节，保证酒店接待任务的完成。另一方面要深入现场、掌握情况、调整计划。

具体做法：基层管理人员应每天检查计划执行情况，发现问题及时解决，属于部门和酒店管理高层的问题，及时向上级汇报。及时做好服务前准备工作，查看物品，设备等准备情况，做到心中有数。并且了解上一班留下的任务和问题和与下一班交换班的情况。合理调配劳动力，检查出勤情况，特别对于关键岗位的劳动力要注意合理调配。开好班前班后会，对酒店服务中出现的问题在班前会上提醒员工注意。例如，一间三星级酒店保安员发现，夜晚一只玻璃杯从天而降，仔细查看后是客房部使用的冷水杯，报告客房部，然后由客房部布置到各部、班、认真检查。该杯是由那一层楼丢下楼的，是客人还是服务员干的。基层管理人员就在班前会上进行调查，并清点自己管辖范围中物品状况。基层管理人员在执行计划，还应该做好各种原始记录统计工作，每隔一段时间分布计划执行情况，是一种检查计划，推行计划的极好方法，有一定程度上的激励作用。作者在参与酒店管理时，每月前台接待客人都有计划指标甚至到每天必须完成的工作量，基层管理人员每天都检查指标完成情况，并分布给本班组，很快的形成一股动力，服务员也在看每天计划完成情况，超出每天的指标大家就会十分高兴，完不成指标，全班人员就加倍努力。

5、酒店基层管理计划的检查与分析

为了保证计划的全面完成，除了做好执行计划的各种组织工作外，还应该分析、检查计划的执行情况，以便发现问题后，能采取措施，及时加以解决。

基层组织管理计划检查和分析的方法很多，主要有以下几种形式：

1、日查检查，它是按日、按轮班进行经常性检查，主要检查生产进度。对各种原始材料进行汇总、计算和处理，采用黑板报、进度表、班前、班后会等形式，及时向员工分布，使员工及时了解计划完成情况。

2、定期检查分析，定期检查是比较全面的检查，通常是在计划期终了时进行，如旬终、月终、年终等，定期检查在酒店中一般是在质量、品种（主要是餐饮）成本率、安全生产、设备、设施、维修、保养、出勤率等各方面进行比较详细的分析、总结经验、揭露矛盾、提出措施，以便在新的计划期中加以改进。

3、专期检查和分析，可以根据服务过程的实际情况，对服务质量、顾客投诉、销售问题、成本控制、安全服务，设施、设备保养等问题进行专题检查、进行分析、弄清事情发生的原因、责任、吸取经验教训，对症下药、解决问题、避免重犯。

在对基层组织计划的检查中，不论采取何种形式，都必须充分发动群众、解决问题、教育群众、避免重犯。在广东汕头一家三星级宾馆中，作者曾经随一位客房部领班查房。当打开衣柜时，发现柜中的衣架放的很乱。正当我准备用手归放好时，那位年青的姑娘摇摇手叫我别动。然后她找来做房的那位服务员，让他看衣柜中的衣架，并手把手地教育他，衣架堆放规矩。我想经过这样的检查，那位服务员一定记忆很深，不会重犯类似的差错了。

同时，对于计划执行情况的检查，必须实施，因为检查实质是对他人工作的评估。因而，计划检查工作，要同班组经济责任制、岗位责任制及奖罚制度联在一起，检查结果及时公布，表扬和奖励先进、帮助后进、批评和处分严重失职者。

第二节 酒店基层组织管理

中国有一句名言，叫"纲举目张"，是指良好的组织是事业成功的保证。中国还有一个典故叫"韩信点兵、多多亦善"，也是指运用科学的组织管理，是调动广大职工积极性的关键，企业要想正常运转，必须具有严密的组织，使职工了解企业的目标、职责和沟通的渠道，知道自己的权力和职责，以及自身工作同他人工作的关系。

一、酒店组织与组织管理

1、组织的定义

顾名思义，组织即组合与编织，古代该词的原意是将丝麻织成布帛。

名词涵义的组织，是指一种人际关系，一种特定的人际关系结构。巴纳德是这样定义组织的："组织，无论是单纯的还是复杂的，常常是得到调整的人的行为的客观系统"，"组织的基本要素是共同的目的、协作的愿望和信息"。"组织统一成一个有机整体的力量：'管理者行为的同时贡献'"。

动词涵义的组织，是指一种行为，即借群体的力量，通过组织结构的体系来达成某种共同目的的一种手段。

传统的组织理论注重企业的组织结构。其组织原则包括目标、专门化、权力、委派、统一指挥等；现代组织理论首先考虑的是组织中的每一个人、他们之间的关系及他们的工作与配合。其基本观点是全员参与、职工归属感、自下而上的权威、自我完善、管理层次和控制幅度等。

现代管理理论家们发现，在正式组织内部还存在着一些非正式组织，他们对企业管理有着举足轻重的影响。它能吸引正式组织中的权力，从而削弱正式组织领导的力量；但它一旦和正式组织相配合，又会成为完成组织目标的一股强大力量。

2、组织在管理中的意义

任何宾馆酒店，不论管理者是否进行组织，组织总是以一定的形式而存在着，不同的只是组织的严密程度不同，从而表现出效率不同。这是因为管理的问题往往不能由管理本身完全解决，需要依靠组织来解决。组织问题的解决，又可以促进管理水平的提高。因此，可以这样来认识，组织是管理的载体，没有组织便没有管理；组织又要依赖管理，没有管理便无法发挥组织功能。就象要打鱼就必须结网，但结好网却不打鱼，网也没有作用一样。管理的改革可以促进组织的变革；组织的变革也可以促进管理水平的提高。

所谓组织得好，是指围绕总目标的达成建立起一个良性有机系统，系统各部门都有明确、合理的工作量规定，以保证人力得到充分合理的使用。各种工作之间充分协调，使每个职工都能为企业总目标发挥作用，而不是仅仅为部门小目标工作。

所谓管理得好，是指管理者能合理地划分为完成酒店目标所需的各部门工作并将合适的人员分配到各部门然后把他们的工作协调起来。

有效组织与有效管理的结果是酒店的高效率。

相反，组织的换散与失效，会造成管理的失控，部门不协调，各方努力互相抵消，一部分职工疲于奔命，一部分却无所事事。整体结果是酒店的效率低下，服务质量无法保证。

3、组织的原则

酒店无论大小，酒店的组织形式可以不同，但都必须遵循以下原则：

①目标明确、机构精简原则

组织首先要有明确的目标，包括酒店的总体目标，如营业额、利润率、创汇率、客源市场占有率、人才培训、服务水平、知名度与美誉度等，也包括各部门的目标、基层班组目标及每个人的目标，包括经济、技术、人际关系、文明道德风尚、礼貌礼仪等，通过组织落实与完成了各基层目标，酒店的总体目标也就得以完成。

组织目标完成的关键，组织效率提高的关键是精简机构。如果能努力减少不必要的层次，缩短上下之间的距离，增加透明度，使每一个员工都能充分发挥自己的能力，完成组织赋予的工作任务，这种酒店不仅是高效的，而且是具有鲜明个性的。

②责、权、利相结合

责任不明确、权力不授予、利益不保证,是企业组织管理的大忌,也是组织涣散、无效的主要原因,有效的组织管理对每一工作岗位都会有明确的责任及对责任的监督检查制度;没有权力,管理会形同虚设,什么事情也办不成,但如果超越本职权力,又会给管理工作带来混乱,使下面无所适从;虽然中国有重义轻利的传统,但如果利益不明确,或利益与责、权不相适应,也会影响责、权的落实,影响管理的威信,影响管理者的积极性,损害管理人员的威信,并影响企业目标的实现。

③统一指挥原则

保证责、权、利落实的关键是统一指挥,统一指挥原则又叫链形指挥原则,即要求一个职工归一个上级领导,无论是清洁工还是部门经理,都应该知道该向谁汇报工作。同时,上级管理者要避免越过下级管理者直接处理基层问题,除非是下级管理者不在,而情况又十分紧急,非立即处理不可,这时无论是上级或是下级都可以也应该越级指挥,但是如果平时也这样做,便会使职工分不清究竟谁是他们的直接领导,从而降低了下级管理者的威信,甚至引起抵触情绪与消极怠工。

④控制幅度原则

管理者应在自己能力许可的范围内准确地确定他直接管理的下级人员数,称之谓"有效管理幅度",超出了这个范围,就会出现失控,出现混乱,出现内耗和低效率。

控制幅度到底多大,有人说最多不能超过六人,有的说可以多到十人,这都不准确,还是具体问题具体分析为好,洗涤间的管理员可以不费力地管理20个洗涤工,而厨师长要管5位不同厨艺的厨师,都很吃力。设备的机械化、自动化、电子计算机的被广泛应用都可以帮助精简机构与扩大有效控制幅度。

⑤集中与分散原则

法约尔认为任何企业的管理都是一个平衡艺术问题，以酒店为例，各种不同部门规模差异的平衡；标准操作规程与灵活性之间的平衡；专业化分工与一专多能的平衡……而最关键、最重要的是集中领导与分散管理的平衡，通常认为集权有利于控制和管理，但集中管理带来了许多弊端——事事都要领导批准，领导将不胜其烦，同时会造成挫伤下属人员积极性、创造性的现象。

分散管理可以充分发挥基层管理的积极性，使酒店各部门个性化增加，竞争意识与能力都得到加强，但是分散管理也有不利的一面，那就是可能失控，并由此造成一部份部门出现亏损而不能及时制止并采取措施，因此分散管理可能成功，也可能失败，关键是最高管理机构的管理作风和水平，以及各部门负责人良好的管理训练、职业道德及独挡一面的工作能力。

4、组织职能与组织形式

职能又称功能，所谓组织职能实际有两种理解内容，一种是指某一特定组织的职能，如餐饮部的职能即向宾客提供可口的饮食；工程部的职能是管理好酒店全部工程设备……；另一种是指作为组织这一特定概念的功能，组织的职能是网络渠道的功能，上级的决策、指挥、计划等是通过组织传送到每一个职工的，领导的权力也是通过组织显示出来的，这就象结网一样，渔翁用网打鱼是靠网的组织来保证的，如果结的不是网，或虽然是网，但由于结构不合理，不能达到"纲举目张"的作用，都是无法打到鱼的。

组织形式是组织实现职能的保证,就象鱼网的网孔结构一样,应该是多大的孔为好,网孔之间的关系如何,这都决定了能否"纲举目张"和能否打到鱼,既不让其漏网又不致于由于网孔太密而造成提网困难。

组织形式由于不同的企业,不同的要求,人员多少等而采用不同的方式,一般被普遍采用的组织形式有:①直线制;②直线职能制;③事业部制;④矩阵制;⑤立体矩阵制等。

为了形象地表示组织形式,常用一种结构图式来反映,称为组织形式图或组织图表,下面介绍几种较典型的组织图表:

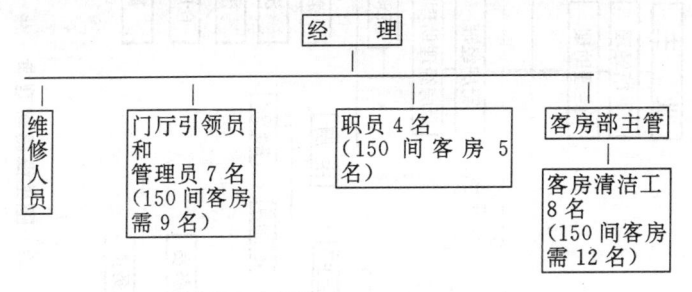

```
                        ┌─────┐
                        │ 经理 │
                        └──┬──┘
        ┌──────────┬──────┴──────┬──────────┐
    ┌───┴──┐  ┌────┴────┐  ┌─────┴─────┐ ┌──┴──────┐
    │维修  │  │门厅引领员│  │职员4名    │ │客房部主管│
    │人员  │  │和       │  │(150间客房│ └──┬──────┘
    └──────┘  │管理员7名 │  │ 5名)     │    │
              │(150间客房│  └───────────┘ ┌──┴───────┐
              │需9名)   │                  │客房清洁工│
              └─────────┘                  │8名       │
                                           │(150间客房│
                                           │需12名)  │
                                           └──────────┘
```

图2-2 100-150间客房的城市汽车旅馆职工需要数
无餐饮服务的100-150间客房的汽车旅馆组织表

41

图 2—3 典型餐馆组织图

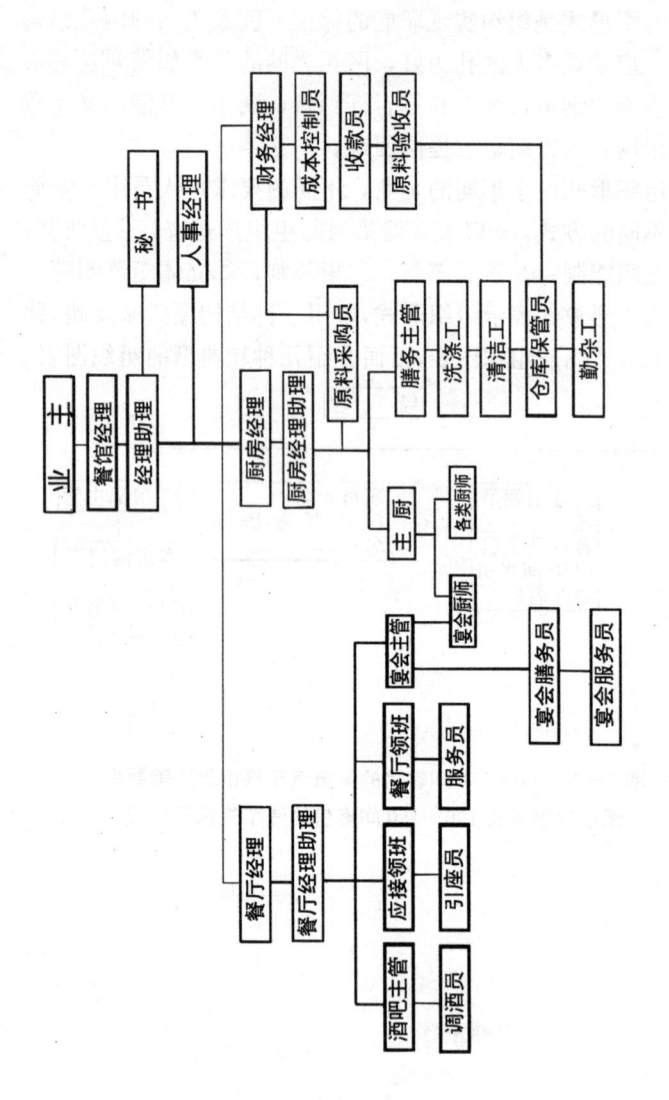

```
                    ┌─────────┐
                    │ 总厨师长 │
                    └─────────┘
         ┌─────────────┼─────────────┐
    ┌─────────┐   ┌─────────┐   ┌─────────┐
    │夜班厨师长│   │ 副厨师长 │   │点心厨师长│
    └─────────┘   └─────────┘   └─────────┘
```

图 2-4 一流饭店内的厨房组织表

夜班厨师长下属：
- 冷熟肉负责人和助手
- 屠宰负责人
- 夜班厨师和助手
- 夜班餐具管理工
- 夜班洗锅工与清洁工

副厨师长下属：
- 宴会厨师长和临时工
- 第二厨师和助手
- 调班厨师
- 炉台厨师和助手
- 烘烤厨师
- 白班洗锅工与清洁工

点心厨师长下属：
- 点心厨师长第一助理
- 首席点心师和助手
- 洗碗工和清洁工

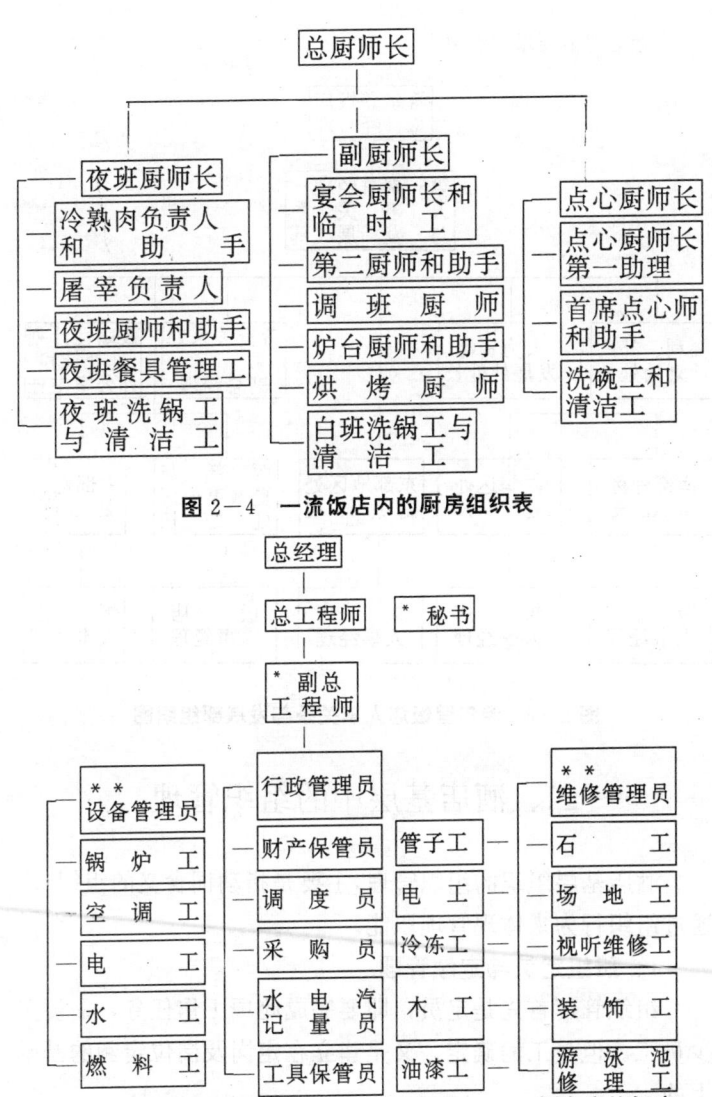

图 2-7 饭店工程维修部组织表（**拥有 200－600 间客房的饭店**）

总经理 → 总工程师、*秘书
总工程师 → *副总工程师

**设备管理员：
- 锅炉工
- 空调工
- 电工
- 水工
- 燃料工

行政管理员：
- 财产保管员
- 调度员
- 采购员
- 水电汽记量员
- 工具保管员

管子工、电工、冷冻工、木工、油漆工

**维修管理员：
- 石工
- 场地工
- 视听维修工
- 装饰工
- 游泳池修理工

* 50－150 客房饭店不必设置

＊＊大饭店可能要增加人数

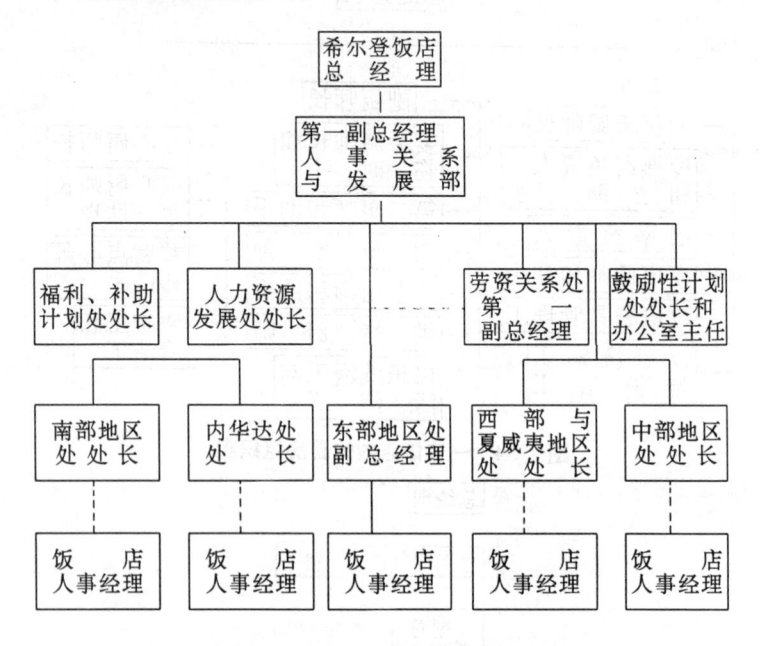

图 2-6　希尔登饭店人事关系与发展部组织图

二、酒店基层中的组织管理

酒店基层组织的组织管理，主要是指动词含义的组织，即通过组织行为来体现管理职能。

1、班组定员与定额管理

组织管理首先是定员，即要完成此项工作任务，需要多少员工。但员工的确定，又是建立在定岗及岗位定额的基础上的。

①基层定岗

基层定岗是酒店定岗的基础和依据，一般酒店定岗，有两种方法，一是顺序法，即按照顾客的需求、服务流程和分工的要求设立各个岗位数，如前厅工作岗位数，即按照酒店为顾客从机场下飞机到前厅的服务流程和分工要求列出发各个岗位，如某五星级酒店有机场（车站）接客礼仪员、小轿车驾驶员、酒店门厅应接服务、行李运送服务、问询服务、入住办理服务、外汇兑换与结帐服务、电话服务、预订服务、大堂问讯与投诉服务等，对这些岗位还要进行分析，是否可以取消、合并、取代等，以精简岗位数。第二种方法是比例法，在对各类酒店定岗实践总结基础上，形成各岗位设立的比例关系。即按照一定规定，如多少客房，多少星级的酒店应配置多少岗位，甚至每一岗位人数，都有规定，或参照同类型酒店，特别是被称为"典型酒店"的岗位数，当然，各酒店还可依据自己的实际情况作一定修改。

无论哪一种定岗法，都必须依靠基层，因为基层管理者是实际操作者，他们最了解实际情况，对于所辖范围的定岗，特别是岗位的增减、合并、替代等是最心中有数的，当然，对于基层定出的定岗意见，上级有权作适当的修改。

②劳动定额：

是指在一定的生产技术组织条件下，合理规定在一定时间内完成的工作量，或完成某一定工作量需要的时间。这里的工作量包括质量和数量。

劳动定额是实行经济核算和计算成本的重要基础资料，是酒店编制计划，科学组织服务的重要依据，也是合理制定工资奖工作，正确贯彻执行"按劳取酬"原则的依据。因此，劳动定额是提高生产率的重要手段，是推广先进经验，开展社会主义劳动竞赛的重要工具。总之，劳动定额是酒店管理的一项重要基础工作，是一项重要的技术经济指标。

定额工作的基础是工作研究和时间研究，又称工作分析，是指对某一项工作进行工作任务、技能要求、质量保证和劳动量大小进行具体的研究，其首要任务是工作描述，即对某项工作应从事的具体内容作具体的详尽的描述，第二是工作要求，即确定担任这一工作所需要的技术与个人素质，包括体力要求、教育要求、心理要求和品质要求，第三是动作研究，即对生产过程中每一道工序、每一个操作动作进行研究，将不合理的动作淘汰，对笨拙的动作进行改造，以达到改进操作技术，提高劳动生产率的目的。

时间研究是对完成某项工作所需要的时间进行认真的研究，从而找出合理的工作时间来。时间研究的方法主要有工作日写实和测时，工作日写实是对职工在整个工作日的工作消耗情况，按照时间的顺序，进行一定时间的实地观察、记录和分析，从统计资料中找出合理答案来；测时则是对某一项工作（序），按操作顺序实地观察和测量工时消耗，包括对操作前后的联接与定时点，测时后填写测时表，一定量的观测后，要对所获资料进行整理和分析，并计算出合理的操作时间来。

工作研究和时间研究及劳动定额一般是由劳动工资管理部门带头，有计划地开展工作，但基层管理部门必须密切配合，基层配合工作是合理定额的关键。

劳动定额一旦确定下来，具有相对稳定和一定权威性，基层部门应以此为依据进行管理，合理地分配工作，确定定员，并在日常管理中对定额工作进行反馈。随着员工技术的熟练和机械化、电气化设备的加强，劳动定额应适时地进行修改，班组应为此填写适当反馈表格。参加有关会议，并在会上陈述自己的反馈意见。

③基层定员

在基层定岗和劳动的定额确定的前提下,就可以来解决基层定员工作:

A. 确定岗位员工数

$$岗位员工数 = \frac{工作总量 \times 平均营业率}{劳动定额} \qquad (2-1)$$

工作总量是指总客房数、餐位数等,平均营业率一般指开房率、翻台率等。

计算时不足1的以1为计,有小数点的均采取四舍五入的办法。

如果大多是新手,要考虑机动补充数,如大多是熟练老员工,可适当减少,还有一项参考依据,即工资水平,一般工资水平应在劳动收入的15%～30%,不得超过30%。以下是客房部岗位员工数:

表2-3 客房部员工配备的例子

岗 位 \ 房间数 员工数	200间	400间	600间	800间
房务经理	1	1	1	1
助理	1	1	2	2
秘书	0	1	1	1
夜班经理	0	1	1	1
布件间主管	1	1	1	1
客房服务员主管	0	1	1	1
公共区域主管	1	1	2	2
布件间/制服间服务员	2	3	4	4
缝纫房服务员	1	1	2	2
钥匙员	2	3	3	4
楼层主管——日班	3	6	8	11
楼层主管——夜班	1	3	4	5

客房服务员——日班	20	40	60	80
客房服务员——晚班	6	11	17	22
楼层服务员	3	6	9	12
大厦服务员	5	8	9	12
服务员助手	1	1	2	2
总　计	48	89	127	163
员工与客房比例	0.24	0.22	0.21	0.20

B. 确定实际员工需要数

考虑到节假日和病、事假等因素，实际员工需要数应多于理论岗位员工数：

$$实际岗位职工数 = \frac{理论岗位员工数 \times 工作时间}{实际工作时间 \times 劳动效率 \times (1-流动率)} \quad (2-2)$$

其中：

实际工作时间＝工作时间－年平均假期

$$年平均假期 = \frac{法定假期(7)+双休日(104)+年假(12)+年平均病事假(统计分析)}{365}$$

举例：某客房部需25名服务员，每人每天工作8小时，劳动效率为90%，年平均病事假60天，人员流动率为10%。

解：

$$年平均假期 = \frac{7+104+12+60}{365} = 0.5 \text{ 小时}$$

实际工作时间＝8－0.5＝7.5 小时

$$实际需岗位职工数 = \frac{25 \times 8}{7.5 \times 90\% \times (1-10\%)} = 33$$

答：实际需要客房职工人数为33人。

C. 处理旺淡忙闲的对策

酒店的客源是不平均的，往往会出现旺淡不一的情况，以广州市的酒店为例，最忙的是每年4、10月两期交易会，此外，5～9月份也较旺，而12－3月则较淡。每星期的旺淡也不一，不同规格和不同经营方式的酒店有的周一至周五较旺，有的则刚好相反，客房与餐厅各不相同，再就是每天的忙闲也不一，特别是餐厅与康乐，忙的时候特别忙，高峰期过后，又较清闲。

班组对于这种旺淡忙闲不均的对策，一般有以下几种：

a、闲时给休假，忙时不但不给休假，而且组织加班。

b、合理安排轮班，如餐厅服务员最忙是中午11：00～14：00，晚上18：00～21：00，就将两个班的工作时间都安排在这一段时间，如早班为6：00～14：00，中班为12：00～20：00，晚班为18：00～第二天2：00。也可采取不规则的上班时间和分段工作时间。

c、采用一专多能的培训方法，以便在忙时抽调较闲工种的职工来支援。

d、利用淡季开展知识及业务培训，岗位练兵及其他活动，做到季淡人不闲。

e、利用季节工，专业院校学生实习等来应付旺季人员缺少的局限。可以与一些有关院校签订合作协议，既解决了学生的实习场地，又解决了旺季人员缺乏，双方相得益彰。

2、工作地组织服务与生产

酒店的工作地组织与工业、商业企业的工作地组织有很大的不同，在于大部分工作地，如客房、餐厅和康乐场所，不仅是员工的活动场所，也是顾客的活动场所，因此，对于这部分场所，合理的工作地组织，不仅在于节省劳动时间，减轻劳动强度，使员工能在最方便、效率最高、最安全的条件下，从事生产服务活动，而且也是给顾客创造一种美好的消费环境，从而产生良好印象的重要组成部分。因此，酒店的工作地组织可大致分为两类，一类是只有员工活动的工作地，如厨房、洗衣间、机电维修车间、机泵房、锅炉房、电话总机房等;另一类则是由员工与顾客共享的工作地,如客房、餐厅、卡拉OK房、康乐场所等。各种不同的工作地组织工作各异,但是,一般来说,工作地组织工作的基本内容,有以下几个方面:

①合理地装备和布置工作地

合理,就是要根据工作地的专业化程度和生产工艺的要求来安放和摆设工作地的生产设备,工具和必要的辅助设备,这种布置,应根据工作人员的数量来有机地安排。下图是一个服务员的吧台设置和两个服务员的吧台设置。

图2-7 酒吧服务:一个酒吧招待员
1/4″=1'(▲▲▲▲)

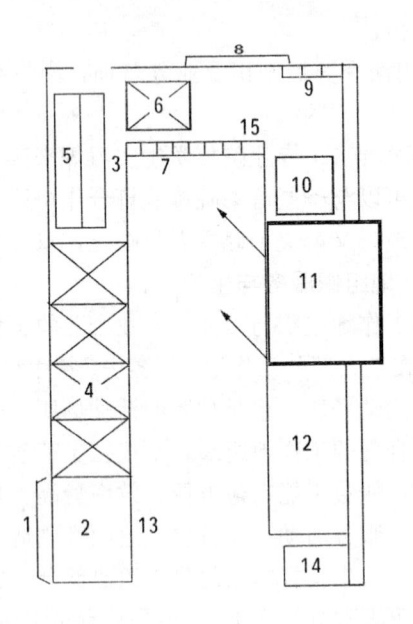

图表说明

1. 脏杯子还回处
2. 脏杯子滴水板
3. 干净杯子滴水板
4. 四个分隔的洗涤槽（用于玻璃器皿倒空洗涤、漂清和消毒）。
5. 柜台上的售酒架
6. 藏冰箱子
7. 摆台
8. 饮料服务员取酒处
9. 配料容器*
10. 计算机
11. 双门伸入式冰箱
12. 贮藏架并附有柜台下面的贮藏处
13. 柜台下贮藏处
14. 制冰机
15. 苏打水枪（如有需要、啤酒配给器也设置在这里）管道从远离冷藏处引入

　　*配料由服务人员摆放

注：

(1) 放干净杯子的桌子（3号）用于滴干杯子和贮藏现场使用的杯子。
(2) 酒吧营业结束后，把所有酒类放入摆台（7号），酒吧停止服务时，柜台架上的酒类锁入贮藏室（12号）。
(3) 根据需要设计的取货区，为服务人员提供杯子，冰块、配料和其他用品（拌酒用的玻璃棒和餐巾）。

资料来源：尼内迈耶《饮料管理》，第72页。

图 2-8 酒吧服务：两个酒吧服务员

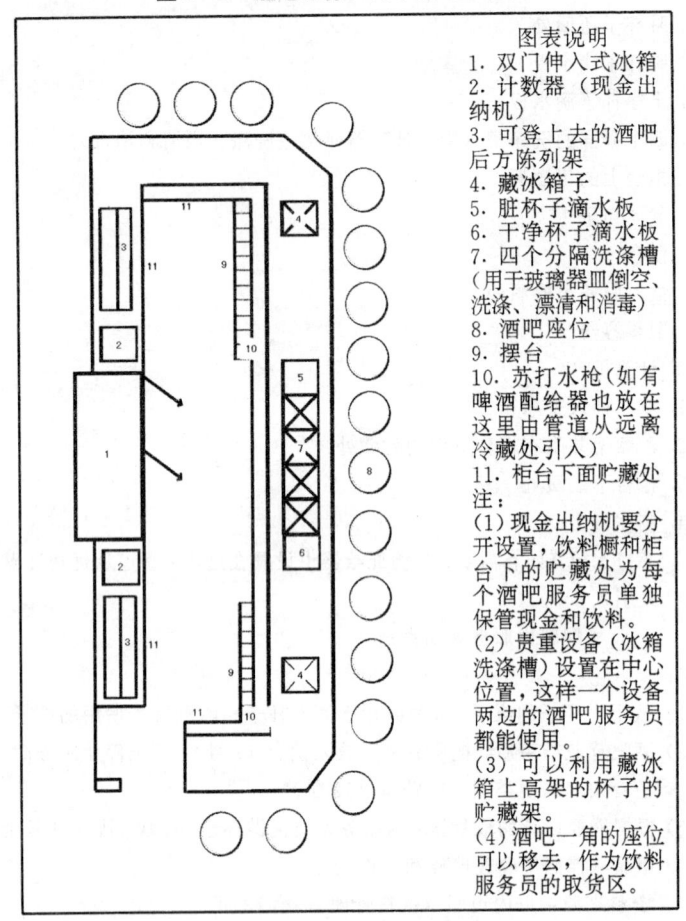

图表说明
1. 双门伸入式冰箱
2. 计数器（现金出纳机）
3. 可登上去的酒吧后方陈列架
4. 藏冰箱子
5. 脏杯子滴水板
6. 干净杯子滴水板
7. 四个分隔洗涤槽（用于玻璃器皿倒空、洗涤、漂清和消毒）
8. 酒吧座位
9. 摆台
10. 苏打水枪（如有啤酒配给器也放在这里由管道从远离冷藏处引入）
11. 柜台下面贮藏处
注：
（1）现金出纳机要分开设置，饮料橱和柜台下的贮藏处为每个酒吧服务员单独保管现金和饮料。
（2）贵重设备（冰箱洗涤槽）设置在中心位置，这样一个设备两边的酒吧服务员都能使用。
（3）可以利用藏冰箱上高架的杯子的贮藏架。
（4）酒吧一角的座位可以移去，作为饮料服务员的取货区。

资料来源：尼内迈耶，《饮料与管理》，第 73 页。

合理地规定了工作地的装备以后，还要把这些装备加以合理布置和安排，以便于员工使用，如单间宴会厅的配案台，应尽量靠门放或大门进门后不需要挠过餐桌的地方，以便送菜及撤盘，客房的布草间，最好在每层客房的中部，以减少过长运输。一切物品的安排，一是要有适当和固定的安放点，二是要符合员工的操作顺序，使员工取放便利，节省时力；要清除一切不必要的物品，以免妨碍员工活动，要尽可能利用空间，利用屉、柜等存放和保管器具及杂小物品。下面是厨房的部分布置图：

图 2-9　面包房 L 型工作流程

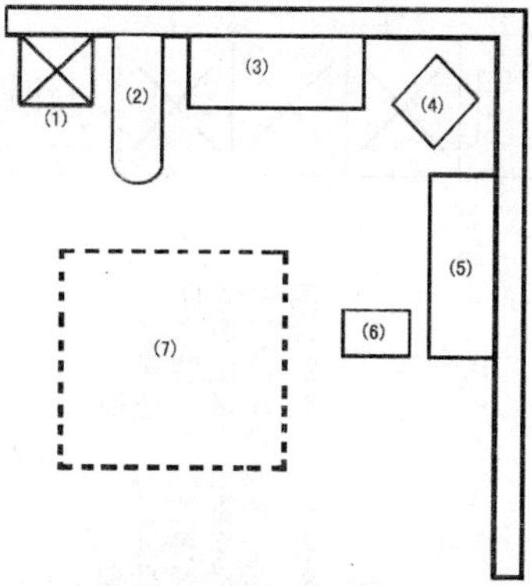

图表说明

1. 水源（洗涤槽）
2. 搅拌口
3. 面包师的桌子
4. 半自动小面包切割器及搓圆器
5. 面包师的桌子
6. 18″×26″可活动的发面柜
7. 在通风系统下的烘箱和其他生产设备

图 2-10 油煎工作岗位平行状工作流程

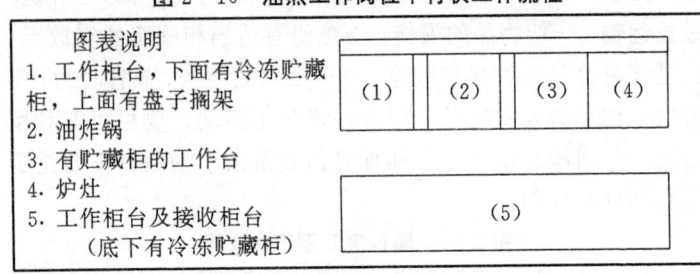

图表说明
1. 工作柜台,下面有冷冻贮藏柜,上面有盘子搁架
2. 油炸锅
3. 有贮藏柜的工作台
4. 炉灶
5. 工作柜台及接收柜台（底下有冷冻贮藏柜）

餐具/锅罐洗刷区的直线工作流程

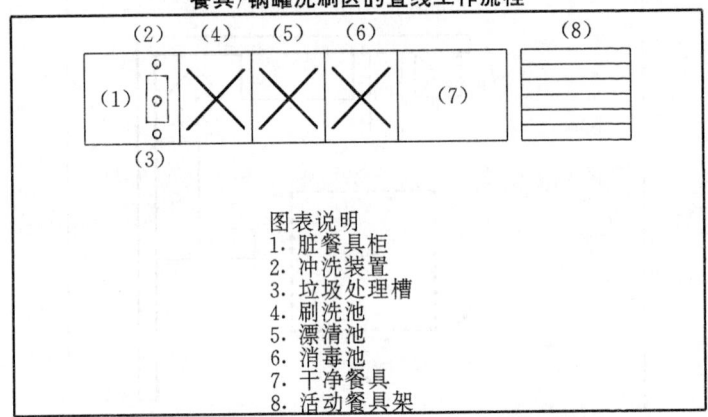

图表说明
1. 脏餐具柜
2. 冲洗装置
3. 垃圾处理槽
4. 刷洗池
5. 漂清池
6. 消毒池
7. 干净餐具
8. 活动餐具架

图 2-12 洗盘作业区 U 字型工作流程

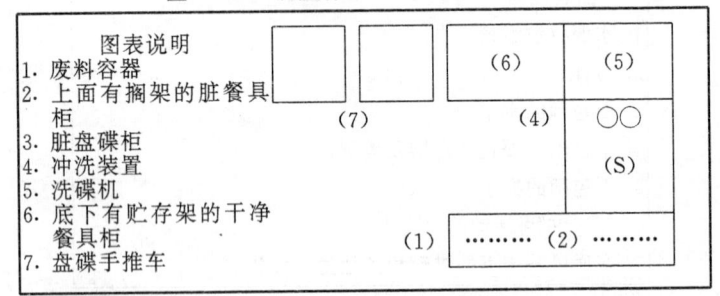

图表说明
1. 废料容器
2. 上面有搁架的脏餐具柜
3. 脏盘碟柜
4. 冲洗装置
5. 洗碟机
6. 底下有贮存架的干净餐具柜
7. 盘碟手推车

②保持工作地的良好环境和正常秩序

对于员工与顾客共享的工作环境，精心装饰显得特别重要，以餐厅为例，餐厅的环境是酒店出售给客人产品的一部分，顾客对食品和服务的反应往往取决于餐厅区的装饰和环境。他们对室内装饰与环境的看法。清洁、温馨、幽雅、舒适是餐厅应有的状态，餐桌的摆放，工作台的设置，与厨房的通联，通道的宽度，休息室和其他公共场所的地位及收银、迎宾柜台的排列都应得到充分的考虑，此外，照明、音响、温度、湿度及空气的清新也是这类工作地要重点保证的。在小于八人的餐桌上摆放一支康乃馨，在八人以上的餐桌上摆上一盆插花，都可以给顾客留下美好的印象。轻歌漫语的背景音乐，也往往能帮助营造餐厅温馨、典雅的气氛。餐厅与客房的色彩，最好依季节，或依客人的特征经常更换，也能收到理想的效果，一位顾客在良好的环境中进餐或住宿，会提高其美好感，一位员工在良好的环境中工作，则容易消除疲劳和提高效率，因为无论是顾客与员工，都有良好的心境。

③正确地组织工作地的供应服务工作

正确组织工作地供应服务工作，是工作地正常工作，防止工作间断与事故的保证，酒店有一部分工作地的工作，如餐厅、厨房、康乐，时间性很强，当高峰时，如没有一条有条不紊的供应线，是会经常出现差错的，因此事先做好充分的供应准备，在工作中组织好通畅的供应线（大多为流水线），制订一定保证供应的规章制度及严格的监督检查措施都是基层组织工作所必须的。

3、工作组与工作轮班制

工作组又叫作业组，是劳动分工和协作在空间上的联系；工作轮班制则是劳动分工和协作在时间上的联系。通过工作组和工作轮班制,有机地把员工的劳动分工与互相之间的协作,从时间和空间上有效地组织起来,从而保证了服务的正常发展。

①工作组的组织

工作组是基层管理的一种形式,有的就是固定的班组,有的根据需要经班组还要细,有的是较稳定的组织,有的则是为完成某一项任务而临时组织起来,任务完成,该工作组也就自动解散。

酒店的工作既需要按步就班,又往往会有一些突击性的任务,由于需要组织工作组的因素很多,工作组的形式也就较多,一般有以下形式:

A. 专业工作组,是一种较稳定的工作组,如客房层数,在班组下又分成工作组,餐厅按专业分工,有宴会组、传菜组、酒水组、看台组等,工程部有电工组、机修组、锅炉组、园艺组等。基本由专业技术员工及其学徒组成,便于技术领导与提高,其劳动定额可以按技术专业规定,因此,便于根据定额完成的情况,评定工作成绩。

B. 综合工作组是因工作需要而把有关的各项工种成员组织在一起,由于是同一工作组,有利于加强协作配合,如带旅游团,一般由导游、司机和医务人员组成一个工作组,平时各司其职,有时又可以互相协助。综合工作组是按全组统一的综合定额来评定工作成绩的,所以能促进每一个组员关心全组工作,加强协作与互助。

C. 任务工作组是有突击任务而临时组织起来的,如有接待外国国家元首任务,需要临时组织欢迎与接待小组,这种工作组,有的带专业性,有的又带综合性,有的单独计算工作量,又的则只是作为抽调使用,其工作是仍由被抽调单位计算，当任务完成，工作组也就自动解散。

　　D. 轮班工作组，是指在同一工作班次组织的工作组，这是最常见的工作组组织。由于在一起共同劳动，相互接触较多，比较了解，大家都会共同关心本组的劳动成果。这种工作组要注意与同工种不同班次工作组的衔接关系，如不注意，容易引起矛盾与纠纷。

　　E. 圆班工作组，是指不同班次但同一工种组成的工作组，这种工作组的优点是可以加强各班次的协作，便于职工自由调班，缺点是不同班次的职工，了解不够，组长要掌握全组的情况。

　　无论那一种工作组，都要合理地配备工作组的人员，建立明确的岗位责任制，正确地选换工作组组长。工作组的人员确定后，要相对稳定，不要随意调动，以培养群体意识和利于服务技能的提高，协作的加强。

　　工作组的成员应明确自己的职责与分工，工作组长的领导与调配是决定工作组工作忙闲适度，高效率的关键，无论是选举还是指定的组长，都应该称职，并有一定的威望。

　　②工作轮班制

　　酒店的工作特点是全天候，有些工作，如客房、保安、前台、工程部的一部分工作，是一年365天，一天24小时都不能停的，都必须有人值班，有些工作，如餐厅，虽然不是24个小时都开业，但由于市场竞争激烈，开业时间也大多超过16小时，加上准备工作，工作时间也很长，而按劳动法，每位职工每天的工作时间是8小时，这就需要轮班。一般酒店根据不同工作需要，有单班制和多班制。

　　单班制是每天只要组织一班就可以完成工作任务而设立的工作制，如园艺工，这种工制大多安排在白天，因此又常称日班制，日班制大多分上、下午两段，每段4小时左右，也有8小时连续的，只在中午有半小时午餐时间。

多班制根据工作性质不同又分两班、三班、四班制或其他多班制，多班制最突出的问题是解决各班工人的倒班问题。由于人们的生活习惯，生物钟影响及劳动条件等的关系，各个轮班的工作条件有很大差别，夜班对员工的生活和健康都有较大影响，不适宜固定由一些工人长做夜班，因此定期地、合理的倒班就显得特别重要。

倒班的办法有两种，一种是正倒班，一种是反倒班，以三班制为例，正倒班是甲、乙、丙三班员工均按早、中、夜正顺序倒班，即原来的早班下周倒中班，原来的中班下周倒夜班，而原来的夜班下周再返早班，过去单休日时，正倒班有一个"连勤"现象，即夜班倒早班者需连续工作16小时，现在双休日就不存在"连勤"现象。正倒班图式如下：

班次	第一周	第二周	第三周	第四周	第五周
早中夜	甲乙丙	丙甲乙	乙丙甲	甲乙丙	丙甲乙

反倒班则是按反顺序倒班，如下图

班次	第一周	第二周	第三周	第四周	第五周
早中夜	甲乙丙	乙丙甲	丙甲乙	甲乙丙	乙丙甲

多班制作业，必须正确处理以下问题：

A、均衡搭配，各班的人数与技术力量都要大致相当，以保证每个班生产的正常开展。

B、要注意根据具体情况，灵活调配，一般夜班生产效率较低，能不安排夜班做的工作，尽量不给安排，如客房部，可以多安排些日班，将客房清扫工作全部在日班完成，夜班只以值勤为主，这样就可以少安排夜班值班员，再如餐厅，主要高峰时中午和晚上，就可以安排重班，使高峰期有两个班的工作人员。

C、要有严格的交接班制度，下班员工未到岗，上班职工不能离开工作岗位，有的酒店制定了"七交"、"七不交"制度是很值得借鉴的："七交"是a.交任务完成情况；b.交质量要求和措施；c.交设备运行情况；d.交配件、工具数量及完好情况；e.交安全设备及措施；f.交为下班生产准备工作情况；g.交上级指示及注意事项。"七不接"是a.任务不清不接；b.质量要求和措施不明不接；c.设备保养不好不接；d.配件、工具数不对不接；e.安全设备不正常，工作场所不整洁不接；f.原始记录资料不全、不准不接；g.上班为下班准备工作做得不好不接。

D、要合理地组织好轮休，现在实行双休日，职工都各自有安排，要在顾大局的前提下，协调好轮休，尽量满足职工的安排要求。

轮班制一般有四种，即"三八制"、"四六制"、"四班三运转制"及"弹性工作时制"，前三种见下表：三八制（共4个班，其中一个班轮休，每工作15天轮休5天，每天工作7.5个小时）。

班次	上班时间	12345	6日123	456日1	23456	日1234	56日12	3456日
早	6:00-14:00	甲	乙	丙	丁	甲	乙	丙
中	14:00-22:00	乙	丙	丁	甲	乙	丙	丁
夜	22:00-6:00	丙	丁	甲	乙	丙	丁	甲
休	—	丁	甲	乙	丙	丁	甲	乙

四六制（共5个班，其中一个班轮休，每工作20天轮休5天，每天工作6小时）

班次	上班时间	12345	6日123	456日1	23456	日1234	56日12
早	7：00—13：00	甲	乙	丙	丁	戊	甲
中	13：00—19：00	乙	丙	丁	戊	甲	乙
晚	19：00—1：00	丙	丁	戊	甲	乙	丙
夜	1：00—7：00	丁	戊	甲	乙	丙	丁
休	—	戊	甲	乙	丙	丁	戊

四班三运转制（共4个班，每班干二天一轮换，工作6天休2天，每天工作7.5小时）

班次	上班时间	1、2	3、4	5、6	日、1	2、3
早	6：00—14：00	甲	丁	丙	乙	甲
中	14：00—22：00	乙	甲	丁	丙	乙
夜	22：00—6：00	丙	乙	甲	丁	丙
休	—	丁	丙	乙	甲	丁

"弹性工作时制"是一种新型的现代管理方法，即在保证每班定员及满负荷工作的前提下，职工可以自由选择上、下班时间和轮休时间，"弹性工作时制"可以促进职工科学地安排自己的工作与业余时间，是一种较好的激励措施，在实行工作制的单位，大多收到了提高工作效率，加强内部沟通与团结，增强企业的凝聚力的效果。"弹性工作时制"的关键是基层领导的调班艺术，如果既能保证生产与出勤率，又能照顾到职工个人利益，那便是皆大欢喜的。

下面是广州东方宾馆某一客房部与食街的工作轮班实例：

图2-4　广州东方宾馆客房部×组轮班表

星期	早班	中班	夜班	日班	休息
1	1	2.3.4	5	6.7.8.9.10	11.12.13.14
2	2	3.4.5	6	7.8.9.10.11	12.13.14.1
3	3	4.5.6	7	8.9.10.11.12	13.14.1.2
4	4	5.6.7	8	9.10.11.12.13	14.1.2.3
5	5	6.7.8	9	10.11.12.13.14	1.2.3.4
6	6	7.8.9	10	11.12.13.14.1	2.3.4.5
日	7	8.9.10	11	12.13.14.1.2	3.4.5.6
1	8	9.10.11	12	13.14.1.2.3	4.5.6.7

注：①该组共15人，一人负责布草，上常白班，14人参加排班，一天需一个早班，三个中班，一个夜班，5个白班，4人轮休。

②早班6：15-2：30，中班2：15-11：00，夜班10：45-6：30，日班：8：00-16：45

表2-5　广州东方宾馆食街×组轮班表

	看台				跑菜				酒水				小票				迎送员				管理人员			
总人数	19				9				3				3				4				10			
班次	A	B	C	休	A	B	C	休	A	B	C	休	A	B	C	休	A	B	C	休	A	B	C	休
星期一	5	4	5	5	2	2	2	3	1	1	0	1	1	0	1	1	1	1	1	1	3	2	2	3
星期二	3	4	6	6	2	2	2	3	0	1	1	1	1	1	0	1	1	1	0	2	2	3	1	4
星期三	3	4	6	6	2	2	2	3	0	1	1	1	1	1	0	1	1	1	1	2	2	3	1	4
星期四	5	4	4	6	2	2	2	3	1	0	1	1	1	0	1	1	1	1	1	1	3	1	3	3
星期五	4	4	3	8	2	2	2	3	1	0	1	1	1	0	1	1	1	1	1	1	3	1	3	3
星期六	5	5	6	3	3	3	3	0	1	1	1	0	1	1	1	0	1	1	1	1	4	3	3	0
星期日	5	5	5	4	2	2	2	3	1	1	0	1	0	1	1	1	1	1	1	1	3	2	2	2

注：班次：A：9：00-17：30，B：12：00-14：30，18：00-23：30，C：11：00-15：00，17：20-21：30

4、非正式组织及其管理

非正式组织是现代管理的重大发现之一，现代管理基于对非正式组织的研究,推出了一系列新的管理理论。

我们把所有的群体,包括集体、团体和组织都称为正式群体,他们具有以下共同特点,即是由群体结构之外被指定的,具有一定地位或规定,如由一定法律、行政、命令等所确立,有一定编制和任职分工,有具体的权力和义务,有领导与被领导形式等的群体。

而对一种从群体结构内部来调节的,不是依一定地位或规定,而是依人们心理上,带有明显感情色彩为基础的群体,他们因为某一种共同的需要而自动组织起来,我们称为非正式群体。它是一种连成员都不承认,但又确实存在的群体。

非正式群体首先由梅尧在霍桑试验发现,它与正式群体一起,构成了劳动群体中人际关系的总和,它们共同决定着人们相互之间的社会心理气氛,以及对事业的态度,基层管理者要正视非正式群体的客观存在,深入研究这一现象的客观规律性,正确引导其为改善人际关系和提高生产效率服务。

①非正式群体的形成、特点和作用

A、形成

非正式群体是正式群体内部成员为了满足正式群体中满足不了的某种心理需要而自动集合起来形成的。由于正式群体不可能满足成员的全部需要,因此,只要有正式群体,其内部就会有非正式群体存在:

a. 作为正式群体的补充,这种非正式群体往往是按以下方式组织:

a) 有共同的观念,对某事的看法一致或某种利益的一致。

b) 有共同的价值观或兴趣、爱好、习惯、志向等,如足球、摄影、集邮等。

c) 有相类似的经历或背景等,如同事、同乡、同学或有血缘关系等。

b. 作为一种非正式渠道，满足成员对信息沟通的需要。

c. 有些非正式群体，是对正式群体的不满和对抗的一种表现，这又有两种情况，一种是正式群体中某些领导人违法乱纪，又压制民主，就会有一部分人与之作斗争，这些人迟迟早早会走到一起来，形成一种非正式群体；另一种情况正相反，不是正式群体领导人有问题，而是限制甚至杜绝了群体中个别人的违法乱纪行为，这些人也会臭味相投而走到一起来，形成一种与正式群体目标相背的非正式群体。

B、特点

和正式群体相比较，非正式群体具有以下特点：

a. 信念一致：非正式群体内部有一定的信念与价值观，可以对其成员产生较大的影响，使他们认同，因此，能较好地满足成员的社交欲、归属感、心理安全等需要。非正式群体能对其成员施加精神奖励和惩罚，而且都是立即发现的，它比正式组织的奖励更有效、更直接、更咄咄逼人，其成员非常恐惧自己在群体中被孤立。

b. 情感密切：非正式群体完全是自愿的，有的就是基于某种情感而组合起来的，其内部有一种共同规范的约束力，这种约束力有重大的无形力量，对内则表现为促进成员的团结和向心力，对外则表现为对事物看法与态度一致的行动。日常具体表现是忙碌时会互相帮助，困难时，会互相依靠，受到外来压力时会团结自己。

c. 传递信息迅速：由于非正式群体感情密切，在信息传递上就会造成优先态势，成员一有信息，首先想到的就是告之其他群体成员，有些非正式群体的目标之一，就是加强信息沟道。

d. 有自然形成的领袖人物：这种人物往往具有一定的威信，能号令非正式群体的成员，形成非正式群体的核心。

e. 有正功能和负功能：当非正式群体的目标与正式群体相一致时，会加强正式群体，发挥正功能，起到往往正式群体都无法起到的辅助作用；当非正式群体与正式群体目标相反时，就会对正式群体的目标达成抵制甚至阻碍，造成负功能，这种负功能行为，一是产生心理反感和抵触情绪，产生"抗官方心理"，并通过消极怠工、事不关心高高挂起、不服从指挥、冷漠等行为来表现；二是传递小道消息，甚至散布不负责任的语言，散布谣言等造成一种不利于正式群体目标达成的舆论氛围。

C、正确对待与合理利用

正确对待与合理利用非正式群体是现代管理提出的新理论和重要内容之一，也是酒店基层管理无法回避，必须正视的课题。

首先，要端正认识，那种不承认非正式群体的存在，把非正式群体与正式群体对立起来，只见其消极作用，不见其积极作用的观念是十分错误的，"文革"期间，凡文革前所谓"小集团"都被上纲上线，把非正式群体打成"反革命小集团"从而出现许多冤假错案的教训应该吸取。当然，对非正式群体视而不见、不闻不问、放任自流态度也是不对的，正确的态度应该是承认其客观存在，非正式组织一般与群体目标基本一致，绝大多数是在完成正式群体的目标同时，开展非正式群体的活动，因此，对非正式群体及其成员应进行充分的理解，正确的引导，合理的利用和积极的改造。

a. 对其群体目标与正式群体目标一致的非正式群体，应取支持与保护的态度，如自发成立的自学小组，偷偷从事科学技术研究的兴趣小组，自觉做好事的群体等。

b. 对其群体目标与正式群体目标基本相同，或不会影响到正式群体目标达成的非正式群体，应取允许及适当帮助的态度，如球迷自发的活动，集邮爱好者的联络及活动，女职工对编织、裁衣等的聚会等，不但要允许其存在，而且可以给予一定的扶助，如搞酒店内的邮展，时装表演、评比活动等。

c. 对其群体目标会影响正式群体目标，甚至如处理不好会造成损害的非正式群体，应取正确引导、合理利用和积极改造的态度。利用非正式群体成员间情感密切的特点，引导其互相取长补短，互帮互学，共同提高；利用其成员间的相互信任，引导他们开展批评与自我批评，克服缺点，发扬优点；利用非正式群体信息沟通迅速的特点，及时收集意见、要求、反馈；利用非正式群体凝聚力强的特点，有意识让他们去完成一些组织难以解决的工作，促进安定团结；利用非正式群体内群体压力大，成员从众行为高、标准化倾向强的特点，提高生产效率。

在一个正式群体中，有一些作为补充的非正式群体是正常的、必要的，但非正式群体太多，又是不正常的，它说明了正式群体不能满足许多群体的正常需要，为此，应对过多的非正式群体动手术，其办法之一，是加强正式群体的功能，尽量多地满足群体成员的需要，例如：一个单位分房子，该单位哪些可能分到也可能分不到房子的成员就会形成一个针对分房的非正式群体，以维护成员的利益。如果该单位分房小组的工作很公平，分配方案大家都满意，加上思想政治工作做得好，这种为分房而建立起来的非正式群体就会自动解散；办法之二就是积极地改造非正式群体，使其正式化，有一个酒店有许多职工是球迷,总经理就建议工会将他们组织起来成立了厂球迷协会,各班组也积极配合,将他们的轮班调换成不影响看球赛,以后该市每逢球赛,看台上都可以看到一支穿有酒店名的球迷服的队伍,他们打着队旗,摇鼓呐喊引起广大观众的注意,其广告效果比花钱去登广告要好得多。

做好非正式群体中领袖人物的工作是十分重要的,应该信任他,依靠他,授权他,把对他们的关心与培养纳入企业正式组织目标的轨道,往往是做好引导、利用和改造工作的关键。

d. 对与正式群体目标相反的非正式群体也要一分为二,如果是正式群体的目标有问题,应该利用非正式群体来修正或改变正式群体的目标,如某单位领导假公济私、行贿受贿、偷税漏税,群体中必然会有与这种现象作斗争的正义者,并形成一非正式群体,就要依靠这种非正式群体,引导他们用党的政策、用法律来进行斗争;对于另一种行为不良,甚至被非正式群体领袖人物带上斜路的非正式群体,则应及时发现、及时处理,将其扼杀在萌芽状态,对已形成气候,屡教不改的,则要严肃处理、采取行政、法律等强制办法,予以处理甚至取缔。

三、酒店基层劳动纪律管理

1、纪律的重要性

纪律是指一定的阶级、社会群体、组织为维护自己的利益,达到自己的目标而确立并制定的,要求其所属成员共同遵守的,具有制约作用,并以某种行政措施来保证实施的制度、命令、守则、条例等的总和。它是人们的言论和行为的规范。

在现阶段,在酒店经营活动的全过程,纪律是一刻也不可缺少的。纪律是产生力量的源泉,严明的纪律可以使酒店内部形成一个团结的整体,每一个部门既能积极地发挥自己的能力,部门之间又能做好协调工作;纪律是现代化生产的保证,现代化生产的最大特点是自动化程度高和团体协作精神强,这些都对人们提出了更高更多的纪律要求,一家现代化的酒店,犹如一台高速运转的机器,必须是全部零件各就各位各行其职、互相协调。现代企业管理指出,要极大地提高劳动生产率和经济效益,重要的一条就是要打破小而全的生产方式,走联合办企业的道路,而这种新形式的生产组织关系,只有靠纪律来保证才能办到。

纪律可以归纳为四大类:①政治纪律,指拥护党的方针政策,遵守法制;②社会公共纪律,指遵守社会公约民规,如遵守交通规则、注意公共卫生等;③组织纪律,指党纪、团纪、协会章程等;④职业纪律,指根据各职业要求制定的规章制度,如厂规、企业规范、校规、店规等。

我们讨论的主要是第四种,即职业纪律。

2、酒店纪律条文

酒店纪律,大多以文字形式固定在各规章制度中,其中最主要的是在员工手册、经济责任书、岗位责任制、人事管理制度和安全制度中。

《员工手册》是酒店的"宪法",是每一个员工都必须遵守的"总纲"。其既包含了员工的权利和义务,又包含了员工必须遵守的酒店各项规定。在每一位新员工到酒店报到工作的第一天,都会得到一本《员工手册》,有的酒店把学习《员工手册》作为对新职工培训的第一课，有的酒店人事部还要求新职工履行手续在合同或《员工手册》最后一页上签字，明确表示：学习过《员工手册》，并愿意遵循。

各酒店的《员工手册》格式与内容均不尽相同，但基本内容都大致一样，因为其依据均来自三个方面：①政府有关劳动人事法规；②酒店业工作的本身特点；③国际旅游酒店业的惯例。《员工手册》的制定是由酒店有关职能部门与主要领导人共同努力的结果。《员工手册》是基层劳动纪律管理的主要依据。

经济责任制，即把企业的经营目标和企业的承包经济责任层层分解，逐级承包到部门、基层和个人，实行责、权、利相结合的生产经营管理制度，具体做法是用文字形式，把各岗位的生产任务、服务要求和各项工作职责的有关规定、要求、注意事项明确规定下来，要求职工严格执行，同时，也把该岗位的权利、完成任务后的报酬、奖励以及完不成任务或事故的处罚的标准都规定下来，还包括检查制度。

岗位责任制，主要是指出每一岗位员工的权力、义务和责任。说明该岗位员工做什么。通常包含下列内容：岗位名称，向谁报告，工作范围概述，具体责任使用工具等。

实行岗位责任制，加大了基层管理的权利，主管、领班在一定情况下有权变动职工的工作岗位，合理调配使用劳力，有权对职工奖惩提出建议，有权要求补偿由于外界原因给班组造成的经济损失，等等。基层管理人员的责任之一，就是监督执行和检查岗位责任制的行使情况，同时对完善岗位责任制提出建议与意见。

人事管理制度是一系列有关人事工作的制度总称，对基层管理中纪律管理有关的人事制度主要是劳动考勤制度，请假制度和奖惩制度。这些制度一般由人事部门拟定并报上级审批,基层领导首先是要宣传这些制度。让每一员工都了解,然后便是严格执行制度。

安全制度是任何酒店都十分重视的,它不仅涉及到人身与财产的损失,而且涉及到顾客心理上的安全,没有一位旅客愿意投宿不安全或经常出事故的酒店的,因此,酒店一般都有较严密的安全制度,包括防火、防涝、防盗、防暴以及安全用电、饮食卫生安全和档案管理安全等。酒店总经理一般就是安全制度的总负责,而且要将安全工作层层分解,责任到基层,因此,按安全制度管理不仅是纪律而且是法律。

3、基层劳动纪律管理

下面,就基层劳动纪律的具体管理办法作较详细介绍。

①考勤纪律与交接班纪律

考勤不仅是指不迟到、早退,还包括不窝工、不怠工,不在工作时做违反纪律的事如抽烟、喝酒、化妆、看书报、闲聊、擅自离开工作岗位等。主管、领班每天要进行考勤记录,有的酒店实行考勤打卡制,但仍然要有考勤记录,因为做好考勤记录是班主管、领班的岗位责任之一,部门经理及酒店经理都有必要随时抽查考勤记录并以此作为评估基层领导绩效的指标之一。

反复宣传考勤纪律,也是基层领导的职责,不是所有的员工都了解或重视考勤纪律的,有的员工会不自觉地违犯纪律,如果经常宣传,让每个职工不仅明白违纪的错误而且知道违纪会给班组给自己带来行政上、经济上和道义上的损失,他们就会小心从事了。

合理调配工作也是班组长执行考勤纪律的很重要的一面,每一位职工都有其特殊的情况和需要,在执行考勤纪律时,也会出现各种困难,基层领导要了解每一个职工,并根据各自的条件,进行合乎情理的工作调配,这样不但可以避免违纪,而且可以激励职工,特别是在实行弹性工作制的部门,合理地调配职工工作时间可以说是一门艺术。

具体程序包括:每日填写考勤表,月末由小组公布(也可以让职工随时验查),汇总上报,病事假要事前请假,班组长有权停止安排工作,对不服从领导、指挥及工作安排者,班组长有权停止考勤。

交接班制度也是考勤制度的一部分,不同酒店,不同部门的交接班制度不一样,但基本应包括以下内容:①下班接班者未到,上班交班者不能擅离或开始作交班准备;②做到5交接:交情况、交设备、交工具、交质量、交记录;③填好交接班记录,做到手续完备;④交班者要为接班者提供方便,做好准备工作,当班的问题当班处理,处理不完的也要把问题向接班者交待清楚。

②服务规范管理纪律

酒店为每一服务岗位制定了服务规范,有的则称为作业程序,对每一项工作所要遵循的标准化的工作步骤,要求和所要达到的质量目标作了十分详尽的描述,如何使这些规范在每一个员工身上表现出来,是基层管理者的主要职责,基层管理者应在事前培训、榜样示范和严格要求上狠下功夫,不但要带领职工完善规范化、标准化服务,而且要善于处理服务中可能出现的意外事故。

一般具体操作是:班前提示,集中训话,介绍本班工作任务、要点和注意事项,重点员工要特别提示;班间严格检查,班组长在工作中不能只顾完成自己的工作,还要分出相当精力来检查班组成员的工作情况,对完成不好的,要及时指正；班后总结，成绩与不足，先进与后进均要指出，以利下次改进或发扬。

③组织纪律

是指作为一个工作组织所要强调的纪律，如餐厅服务员，要求短发、淡妆、平底鞋、工作服、剪指甲，不打听顾客私生活，不传播顾客小道消息等。电话接线员要保证特殊旅客的电话畅通，自觉不监听客人的电话等。可以说每一个班组，基层都有该组织的纪律要求，主管、领班首先要带头执行，同时要教育职工，并监督他们也贯彻执行这些纪律。

④班组民主生活

班组长在贯彻执行纪律时，要特别注意民主作风，要意识到，班组民主生活是班组执行纪律的保证，没有民主，也就没有纪律。

例如在执行考勤制度时，如果自己都时有违犯，或碍于情面不敢实事求是记录，公平执法，最后的结果便会使纪律流于形式，而且会挫伤遵纪守法者的积极性。

基层组织民主生活一是要增加透明度，基层组织的工作，基层组织成员的生活与困难，不仅基层管理者要了解，而且要让全班组成员都了解，都当作是自己的事情来关心，来投入；二是要开好基层组织民主会，要在会上形成真正的批评与自我批评的气氛，给员工充分发表意见的机会，并落实会议的决议，让员工都感到会议开得有作用，有效果，今后基层组织的任何问题都乐意放在民主会上来讨论，来解决。

四、职工奖励、惩罚管理

1、奖励与惩罚的激励作用

在实行岗位责任制中,奖罚主要是由基层来落实兑现的,因此,提高奖罚的激励因质,是基层组织管理的重要手段。但是,奖罚,以奖励为例并不一定能起到激励的作用,按赫茨伯格的双因素理论,奖罚如果处理得好,他就是激励因素,如果处理不好,他可能只起保健因素的作用,甚至连保健因素都做不到,会适得其反,变成一种不利于团结的因素,影响工作的因素。因此,加强奖罚管理,是基层管理的艺术之一。

2、奖励与惩罚的原则

我们无需向基层管理者推介哪种奖励好,有激励作用,我们也无需指出对哪一种违规行为应施以何种处罚,我们向读者推介以下原则,供基层管理管理者的在管理时参考、对比:

①要做到公正、公开、公平、合理,把奖罚条件向全体职工公布,让大家都认可,有不用意见,可以充分讨论,要让每一个职工自己都能算出自己的奖金来。

②做到两多两少,即多奖励少惩罚,多发单项奖,少发综合奖,用单项奖把档次拉开,真正做到多劳多奖。有的单位,以综合奖为主,拉开档次的办法用评比,而且这种评比往往缺乏具体的标准,或仅以出勤率一项来决定,结果引起许多纠纷,如果改用单项奖,出勤率也只影响全勤奖一个单项。纠纷与不满就迎刃而解了。

③做到五个结合五个为主:奖励与惩罚相结合,以奖励为主;精神奖与物质奖相结合,以精神奖为主;奖励与承包责任相结合,承包责任为主;个人奖与集体奖相结合,以集体

奖为主；奖励职工与奖励家属相结合，以奖励职工为主。

有机地做好以上五结合、五为主，是广大基层管理人员长期的经验积累。

④奖罚都要及时兑现，越及时越好，越有激励作用。那种要一再请示审批的奖惩办法，效果往往会以几何级数下降。最好是立即兑现，立即奖励或惩罚。

3、基层奖励与惩罚管理

基层奖罚管理应做好以下工作。

①奖罚的规范化，如果是酒店制定的奖罚，应在执行过程中不断提出完善建议，如果是基层自己制定的奖罚，则应充分酝酿，充分体现民主。

②奖罚的种类，适合基层奖励的形式有奖金，物质奖和表扬，也可以向酒店申请荣誉称号、记功、发给奖状、奖牌、奖章、晋升、加薪、晋级和选送深造等；惩罚形式有批评，扣奖金等，也可以向酒店申请给予警告、记过、记大过、降级、降调职务、劝退、开除等。

③奖罚的兑现、检查与反馈，除及时兑现外，还要采用不同的场合和不同的方式，对奖罚的效果要进行检查，特别是对处罚要跟上做思想工作，让受罚者既接受教训又不背包袱。对奖罚制度的完善要及时反馈，以协助人事部门修改及完善制度与方法。

第三节 酒店基层控制、指挥管理

控制与指挥都是管理的基本职能，无论哪一级管理都有这两大职能，它们有共同之处，同时，控制与指挥的对象、内容和方法又不尽相同，酒店基层的控制与指挥管理是整个酒店控制与指挥管理的基础，因此，也是带根本性的、最重要的基础管理工作。

一、控制管理概述

1、控制的定义

字典的解释为"操纵"、"掌握住不使任意活动或越出范围"。在酒店管理中，控制可以理解为"为酒店目标和应完成的计划，领导者所采取的一种带操纵与限制性的行为"。没有目标和计划，就无所谓控制，控制同时意味着对指挥、调整、核算和审核等工作具有权威性的驾驶和支配。

无论那一级控制，要确保其职能的发挥，除目标与计划外，还必须具备以下条件：①有一个与实现计划相适应的组织，该组织应有学会控制的领导人；②有一系列为控制服务的规章制度和标准；③有必要的财力和受控制的人员；④有一套检查、复核、调整和对照等措施，这是构成控制的实质；⑤对信息的占有与交流，能依据信息来调整控制的幅度与措施。

对控制的具体操作，是管理者先设立各种工作标准，然后用这些标准来指导员工的工作和检查工作的结果，并将实际结果与标准作比较，并进行适当的反馈。如发现符合工作标准的话，予以肯定和赞扬，并进一步确认或调高标准；如发现不符合标准，则要进行分析，若是标准太高，则要及时修订标准，若是员工的责任，则要采取批评、协助、弥补、培训、惩罚甚至撤换等措施。

前赡式控制是最佳控制方式之一，即在事前即发现未来可能的困难，并采取适当的校正或预防行动；次一等的控制是在发生缺点时能及时找出错来并立即进行修正；再次一等的当发生错误，出现损失后能尽快地利用控制制止错误行为，并努力克服困难，挽回损失；最差的是即便发现了问题也无法及时纠正，这就是失控了。

控制应该是对权力的制约，"失去控制的权力，就会变为腐败"。

2、行为控制理论

有一位日本投资者在美国建了一家酒店，并全部聘用当地的美国人来管理，当记者采访该酒店经理时，问他有何不满意或不明白的地方，该经理回答说，一切都很满意，只有一点不明白，就是这位日本老板为什么要到美国来开酒店，好象这位老板并没有给自己下过任何目标或要求；记者回过头来采访日本老板，问他对在美国的酒店有何不满意或不明白的地方，该老板说没有，他很满意："但是您的下属却不明白您为什么要开这家酒店，因为您没有向他提出过任何目标或要求。"记者说。这位日本老板哈哈大笑起来，最后说"这正是我比他高超的地方。"他的言下之意是欣赏自己的管理才能，他实际上已经控制了他的美国经理，但美国经理却全然感觉不到。

控制实际上可分为两大类，一类是带强制性的控制，是用逼迫、限制、监督、管辖、鞭策甚至强制等手段来达到控制的目的。被控制者不管愿意不愿意，理解不理解，只有一个宗旨，那就是服从；另一类则是通过改变或强化员工的行为的方法来达到控制的目的，行为理论指出：要有效地控制人的行为，改变人的某种习惯，最好不要用强制的办法去"改变"它，而是形成一种新的习惯去"取代"它，同时最好让改变者自己作出改变行为的决定。

在现代管理理论建立的阶段,人们对行为的控制作了大量的研究,了解了人是如何形成各自的行为习惯,如何克服旧习惯,培养起新习惯的。研究表明,任何人的行为习惯都是建立在一定的学习基础之上的。要控制他人的行为,就必须弄情我们希望改变的行为,这就要求首先对行为作细致的观察、记录、分析,并对确认了需改变的行为施加某种影响,这种影响,最通常、最有效的就是奖励和惩罚。这就是行为控制理论。

行为控制就是控制主体对控制对象施加影响(主要采用实行强化),使控制对象在可能采取的各种行为中,选择控制主体所期望的行为。

所谓强化(或称强化理论),就是指人们对有机体(包括人与动物)的某种行为给予肯定或否定,以使这种行为巩固或克服,进而达到控制的目的。强化可以分为正强化与负强化两种,正强化即对某人的某种行为给予奖赏,加以肯定使之保持并发扬;负强化则是对某种行为加以否定,使之不再出现,并向积极的方向转化。

正强化能有效地培养人们的社交能力,树立良好的工作习惯,并增强自信心,消除畏惧不安心理,而负强化则有助于员工理解规则的意义,克服不良行为。行为的消除则有助于上下级区别有关联的工作和无关联的工作习性。

强化手段除奖励和惩罚外,还有多种技巧,控制者应掌握其艺术,灵活地、创造性地运用,从而实行有效强化。

3、控制的范围与方法

中国有一著名的典故,叫"韩信点兵、多多益善",说的是汉高祖刘邦问他的元帅韩信能统帅多少兵,韩信回答说:"多多益善"。刘邦又问韩信,"哪你看我能带多少兵?"韩信回答说,"你只能带三千",后来发现此话不妥,于是补充一句说,"你带的这三千都是将领"。这一典故实际是一个控制范围的问题。在现代化企业中,控制的范围除与控制者的能力有关外,还与控制的方法好坏有直接的关系。

①紧控制系统与松控制系统

有两种控制系统,在很大程度上决定了它们控制的范围与效果。

一种是紧的控制系统,该系统要求控制者不反对被控制者的基本目标进行控制,而且对被控制者的计划、措施乃至行为都进行控制,使之循规蹈矩地按照控制的空间和程序操作,这种控制能弥补员工们能力和技术水平的不足,少出或不出差错,在工作情况变化不太大的地方,员工素质不高的单位,紧的控制系统还是比较有效的,但紧控制限制了控制的幅度,限制了员工的自觉性、自主性和创造性。

松控制系统的控制者只控制基本目标和达到目标的关键条件,其他的具体工作计划和工作方法完全由部下自己来决定。

在松的控制系统中,部下有较大的自主权来选择达到目标的工作方式,但是,他们必须具有高度的智慧和熟练的技术水平。松的控制系统有利于被控制者在大的控制下,较充分地发挥创造性和想象力,能够较独立自主地操作。

实行松的控制系统,还是紧的控制系统,应根据酒店及基层组织的实际情况,工作的性质及受控制者的素质,最好的方法是灵活运用,以松控制系统为主。

②控制的原则

有效的控制应依据以下原则:

A、前瞻性,即预测性,控制者在控制前,要运用预测的科学原理,对所控制的内容及其困难进行尽量准确的预测,并采取必要的措施准备,防患于未然。

B、一致性,控制不要前后矛盾,要始终保持一致,为此,在控制开始,只执行一条规则,不必一轰而上。为了保持一致性,应该创造良好的环境,首先,基层管理者要以身作则,成为榜样与典范而决不是嘴上一套,行动一套,第二是规则的一致性和连续性,使员工"有法可依",第三在强调一致性的同时,还要让员工有发展自身才能的自由。

C、客观性,控制要尽量避免双方个性的渗入,这往往会造成"意气用事",保持客观性的要点是明确、具体、合理、可执行。明确是指控制措施要让员工理解,领会而不是不可捉摸,不要用一些模糊语言,只有操纵者自己明白的语言用于控制,如要求员工"正派"、"体面",也许要求者明白,但员工是很难理解。明确的关键是具体,要有量化标准,如确定执行的时限,完成任务的要求和数量,在规则中有检查的依据和标准。

合理是指行为人是否有时间去执行,行为人的能力和技能是否执行得了,有两种情况都是控制的失误,一是轻而易举,二是无法执行,只有花大力气才能完成任务的控制才是合理的。

一般来讲,做到了明确、具体、合理,也就是可执行,但在具体执行时还会碰到许多困难和复杂的情况,主要的对付办法是:a.对任务和落实不折不扣,例如:上海希尔顿酒店要求员工不仅要穿工作服、黑皮鞋,还要穿黑袜子,对未穿者,就是拒绝入店,不准上班。b.不理会无关的行为(或理由),一条规则确定时,总会引起各种抱怨、抵触、借口,对其他防卫性行为,只要与规则的执行无关,一切行为都应置之不理，希尔顿酒店部分新员工抱怨事前没有交待，市面上买不到黑袜子，酒店又不发给，回答是招工录取通知上已有说明，给三天时间自己去买，如还买不到即作自动退职论，不用再来上班了，结果没有一个不执行的。

D、经济性：控制还有一个成本核算的问题，即平常所说划得来划不来。作为基层控制，往往很难核算成本，办法之一就是比较，与控制前比，是节约了还是没有，甚至更浪费。再就是将控制的投入和预期的结果进行比较，是投入小结果大还是相反。因此，控制并不是越多越好，相反，是少一点好。

E、弹性：控制不一定都能达到预期目标，在控制中还可能出现特殊情况，如某员工生病了，某设备坏了等，这就要求控制者在订计划时留有余地，具有一定的伸缩性，战争指挥员在指挥一场战斗时往往留有一预备队，不到关键时刻，决不使用该预备队，就是这一道理，酒店工作是服务性工作，当然不需要留预备队，但在工作量的分配，工作时限的给予上都可以留有余地，一旦出现困难，可以用均衡增加员工任务的办法来解决。

F、反馈性：控制一定要善于利用结果，分析结果进行反馈。一种是及时反馈，又称现场反馈，控制一旦出现偏差，应能及时发现，并分析错失在何处发生，何人负责，应执行何项工作与校正偏差。另一种是事后反馈，控制周期结束后，要进行总结，分析，明确该项控制的成功与失误，以利今后的改进。

③控制的方法

控制应采取必要的方法，运用必要的工具或技巧，控制是一门丰富多彩的管理艺术。

A、传统控制程序

传统控制程序是基于传统控制理论提出和制定的,它由现场指导和检查监督系统两部分组成,其基本程序是:a.制定控制标准,该标准是围绕酒店目标和计划而分解确立的。b.衡量控制成效,该项工作往往是在执行中或执行后来完成的,即用标准来检查控制执行情况,一是对实际成果,如客房率、翻台率、事故等;二是通过一系列记录、表格,如工作日记、交接班记录,每日食品成本报告,每日营业报告,年度审计报告等。c.对比分析,纠正偏差,偏差的原因往往是对比分析的结果,对偏差,要采取具体问题具体分析的态度,有时必须采取果断的措施,及时补救,毫不妥协;有的则要逐步地进行纠正,并设法赢得职工的合作;还有的偏差,可以不予理会,可能会自行解决,采取"补救"措施反而会带来更多的麻烦。d.建立有效的反馈,控制的真谛即是一种反馈行动,因此控制的最后程序是反馈,如前所叙,包括及时反馈和控制后反馈。

B、行为主义控制方法

行为主义认为,传统控制方法是一种扼杀员工自主性、积极性和创造性的方法,因此是一种应送进历史博物馆的方法。他们建立在行为科学的基础上,提出了一套全新的控制方法:a.集体与集体目标,行为主义首先强调集体,要求无论是控制者还是被控制者都应明确自己所在的集体,自己是集体的一员,以及该集体的目标。b.员工对集体的归属感,控制者应通过各种方法,提高员工对集体的归属感,把集体看成是自己的家,自己是集体不可缺少的一分子。c.集体的凝聚性,控制者应通过各种方法,加强集体的凝聚性,使每一个成员都自觉地爱护集体的荣誉和成就,自觉地为这种荣誉和成就出力，而不是相反，这种凝聚性的最佳办法就是确定每一个集体成员在集体中的位置，让他们在集体中感到尊重、信任和友爱，集体不但是他们获得劳动报酬的基地，而且是自己赖以发展的依靠。d. 群体的压力，这种压力并不是来自于明显的手段，而是一种心理作用，当员工的行为有利于完成企业目标时，他会从有形（如表扬、奖励）或无形（如同伴的赞许、友善、甚至眼光、举止）感受到肯定和鼓励；相反，他则会感到压力、感到被孤立。e. 参与意识，控制者如果采用民主协商的办法布置任务、安排工作，就能大大提高员工的参与意识，让员工代表集体参加各种会议、集会或社交活动，并委以一定的头衔，都能使员工自觉地去承担责任，积极性、创造性地达到控制的目的。

C、控制的技巧与工具

目前酒店采用的控制技巧主要有：a. 预算，任何控制系统，都事先进行成本预算；b. 技术经济分析，运用技术经济分析原理，特别是其中的一些常用分析办法，如盈亏平衡分析，敏感性分析，内部收益率分析，投资回收期分析等；c. 全面质量管理，运用QC小组及质量否定制，达到控制质量的办法；d. 价值革新（VI），即由价值分析及价值工程改良而成为提升价值控制方式；e. 网络计划技术，利用寻找最佳路线的方法达到控制工时的目标；f. 目标管理（MBO），即以目标为控制之标准；g. 例外管理（MBE），即例外时始加以控制的控制管理办法……。

目前酒店采用的控制工具主要有：a. 岗位责任制；b. 一系列记录及日报表，酒店内部的宣传刊物及黑板板等；c. 各种会议；d. 计算机管理及有关的各种系统软件；e. 电话、对讲机；f. 考勤打卡机，酒店内部监控系统等……

4、基层组织控制的特点

基层组织控制是酒店基层管理的主要部分，也是酒店控制系统的重要组成部分和基础，它既有控制的共性特点，又有作为基层组织控制本身所具有的特点，主要表现在：

①基层控制是以现场控制为主

基层控制的内容与性质决定了它是以现场控制为主，它不能象高层控制者那样只是下来视察及以听取基层控制者的汇报材料来进行控制，而必须自始至终都在现场，有的基层控制者还要实际操作，基层管理者不仅要具有指挥与调度的功能，还必须具有榜样与示范的功能，庆变与解困的功能，特别是进行行为控制，其效果往往取决于基层控制者的素质水平与能力技巧。

②基层控制是以行为控制为主

在现代管理中，如果基层管理者还只充当一个监工头甚至"拿摩温"的角色，他是无法控制住他所管辖的集体的，只有以情感人、以理服人、以镜照人、以义动人才能真正起到控制的作用，有一些主管、领班本身就是一些非正式群体的领袖人物，他们的控制作用往往非常有效。

③基层控制者，既控制他的下属，又要接受其上级的控制，即既是控制者，又是被控制者。

这是基层控制的一个很大的特点，因此他采用什么控制理论，什么控制技巧或工具，往往不是他自己一个人就能决定的，他既要考虑到被控员工的实际情况，又要兼顾被控制的实际情况，有能力有水平的基层管理者，往往是这两种控制的最佳协调者。

二、基层控制管理

基层控制管理，主要包括现场控制、质量控制、成本控制和安全控制。

1、现场控制

现场控制是基层控制的主要工作，也是检验一个基层管理者是否合格的重要依据，下面分别阐述。

①前台现场控制

前台现场控制的内容主要有前台的内部控制和客房状况控制。

A、前台内部控制

前台内部控制又有三方面内容：收款控制，帐务控制和单据管理。

a．收款控制

酒店旅客除交付现金外，还有用支票和信用卡付款的，收款员必须先确定交易的性质和款额，然后以适当的程序完成有关收款手续。由于付款方式多元化（有付人民币、也有付各种外币的），对收款控制就显得特别重要，为了防止混水摸鱼及以少代多，收款控制一定要坚持标准化程序，而且这种标准化的设计应该是无空可入，无懈可击。另一种控制办法就是报表（见表2－6）。

b．帐务控制

前台操作的一系列程序是相互依赖、相互联系的，如果帐务员记帐出错就会造成帐目混淆，引起宾客不满。帐务控制的目的，就是要核实各营业部门的各个帐目及帐款总额，从而使差错减小在最低限度，帐务控制通常是通过营业核数来实现的。各部门的原始凭证与前厅的帐目汇总表进行对照,称为交叉检查。营业核数过程的控制关系到帐目总额的正确性与交叉检查的严谨程度。加强核数工作的控制能保证饭店帐目的可靠性。见营业收入核数表(见表2－7)和前台帐目交叉检查表(见表2－8)。

用计算机管理的酒店,这些工作均在计算机中完成。

表2－6 收款员现金报表

现 金 报 表

分　类	日　期	净　额	更　正	收银机金额
收入				
期终额				
期初额				
现金收入				
支出				
期终额				
期初额				
现金支出				
现金净额				

上班_____

下班_____　　　　收款员_____

表 2-7 营业收入核数表

编号_____ 日期_____

部　　门	日期摘要	净　额	更　正	收款机读数	
客　　　房					
税　　　项					
电　　　话					
长　途　电　话					
洗　　　衣					
干　　　洗					
停　　　车					
电　　　报					
饮　　　料					
杂　　　项					
餐　　　厅					
转　　　帐					
垫　　　支					
借　项　总　额					
转　　　帐					
折　　　让					
预　　　付					
贷　项　总　额					
净　差　　额					
期初借项余额					
应　收　款　额					
收款机借项余额					
收款机贷项余额					
应　收　款　额					
更　　　正					

核数员签名_____

表 2-8　前台帐目交叉检查表

前厅帐户	原始凭证	交叉检查资料
1. 客房收入	宾客房卡	客房收入报表
2. 现金收入	现金收据	总台现金报表
3. 食品收入	收费凭单	食品销售日报
4. 干洗收入	收费凭单	干洗收入日报
5. 饮料收入	收费凭单	饮料销售日报
6. 电话收入	收费凭单	电话收入日报
7. 杂项收入	收费凭单	杂项收入日报

c、单据管理

单据管理为酒店提供了控制前台报表的最大可能性，酒店必须要求对所有重要单据的编号和传递实行严格的内部控制，使用按序编码的原始单据能使前台工作避免出错，也可使前台负起应有的责任。因此对传递到前台的所有单据，第一步就是检查是否编号，然后才进行核实，对核实过后的单据，要立即上到客户帐户上去，不允许有延误和等待，因为这是出差错的关键。用计算机管理，可以用机、单互检来避免差错，但对单据的管理仍然不可缺少。

B、客房状况控制

酒店的客房是由前台来加以控制的，对客房状况控制的要求是：a) 提供准确的客房状况资料；b) 提高分房效率和预订决策力；c) 反映未售房间的损失；d) 提供查找和更正客房状况差错的方法。

客房状况控制是整个酒店沟通的重要信息，是酒店管理营销策略与房价策略的依据之一。因此,搞好客房状况控制是前台现场控制的关键。

a. 客房状况类型与控制流程

客房部提供的客房状况称为短期状况,包括:a)正在清洁的客房(On-change);b)可出售的客房(Available);c)待修房(Our-of-order);d)占用房(Ounpied)。

前台需掌握的客房状况称为长期状况,包括:a)预留房(Blocked)即可用以出售的房;b)确认房(Booked),即已预订房。

客房状况控制流程包括:a)记录预订要求;b)明确可出售房间;c)调整可出售房间状况;d)预订或入住登记;e)确认房间状态;f)分析;g)分配房间,确定房价。

b. 房价控制

房价策略是由主要管理者制订的,从酒店角度,当然希望订高一点好,但订高了,宾客减少,总效益仍然不高;在市场竞争中,往往又以降价来吸引旅客,但价格太低,尽管开房率提高,总效益仍然不高。因此,酒店实际追求的是理想房价,即足以支付酒店费用,又能吸引足够宾客,使总效益(包括收入与开房率)达到最高值。在实际操作时,决策者往往在核定标准房价的同时,给出一个浮动范围给前台,由前台部经理及服务员来分别灵活掌握,目标当然是尽量多的售出客房。当旅客爆满时,可以提高房价,如广州市在广交会期间,一般房价都是平时价的1-2倍,当客源不足时,则应以挂牌价的折扣出售,一般由前台服务员控制的房价浮动幅度较小,或者是被指定的,而由前台部经理控制的浮动幅度就较大,有一些特殊房价,则由总经理、公关部经理、销售部经理批出。

控制的关键是掌握平均房价和特殊房价。

特殊房价主要是指：a）公关房价（有公关业务单位的宾客及常客）；b）团体房价；c）家庭房价（指带有未成年孩子的家庭及新婚夫妇）；d）包房价；e）小时房价（指白天按小时使用客房）。f）免费。

平均房价又分平均房价与每人平均房价：

平均房价＝客房销售收入总额÷售出房间总数

每人平均房价＝客房销售收入总额÷住客总人数。

前台每天都必须算出以上数据并填写客房营业收入报表：

表 2-9 **客房营业收入报表**

日期_____

房号	客人数	客人姓名	房租收入	备注
营业总收入				
平均房价				
每人平均房价				

制表人：_____   主管：_____

②客房现场控制

客房现场控制的目标是保证每一间客房及时、优质地向宾客提供必要的服务。

A、客房控制项目

客房控制项目主要有考勤控制、业绩控制、钥匙控制和备品控制。

考勤控制是对员工进行出勤率的管理，无论有否打卡机的酒店，客房部的班组都应备有考勤记录，这是员工考勤奖的重要依据。考勤控制可由班组长亲自抓，也可以由考勤员来负责。

钥匙控制实质是对宾客的一种保险责任，特别是在一些钥匙统一由客房服务员掌握的酒店，当服务员拿到客房钥匙时，宾客的人身和财产的安全很明显就担负在他们身上，钥匙控制一方面有赖于规章制度及服务员对规章制度的理解与执行，另一方面则在于主管、领班的控制。

业绩控制是指对服务员每天工作任务在时间、数量和质量上的控制，一般是由一系列表格与主管和领班的检查来实现的。

备品控制是指客房的洗涤用品、低值易耗品及客房的其他物品，有效的控制能既保证对宾客的备品供应，又可以起到节约成本的作用。

B、客房现场控制办法

客房现场控制主要通过巡检和填写一系列工作表单，客房部经理、主管及领班都应按照酒店的巡检规范，按时进行巡检，并填写有关表格，有的客房部班组还有班前、班后集中的习惯，由领班简单布置工作任务，要点及注意事项，以及一班工作小结，也是很好的控制办法。下面的表格供各酒店参考，各酒店应该根据自身的实际情况设计适用的表格。

表2-10　服务员客房检查报告

服务员_____　　　　　　　　　　　　日期_____

房号	准备出租	住房	退房	"请勿打扰"	其它	备注
516						
517						
518						
519						
520						
521						
522						
523						
524						
525						
526						
527						
528						
529						
530						
531						

表2-11　客房检查记录

房间_____检查人_____日期_____

项目	良好	需要修理	短缺	备注
壁橱搁栅和灯 　散光玻璃 　门木和框架油漆				
通道 　大理石门槛 　门隔板 　锁/弹子锁 　门封垫圈				
小冰箱 　外表漆 　马达噪音				

搁架漆				
天花板装置 　　外观 　　墙上的灯开关				
卫生间 　　门漆 　　墙上的灯开关 　　墙面铝饰件 　　肥皂碟 　　开瓶器 　　洗脸台面板 　　卫生间水压和下水 　　毛巾架和晾杆 　　浴缸防滑底面 　　晾衣绳 　　墙纸 　　瓷砖 　　天花板 　　水笼头滤网				
房间 　　梳妆台抽屉 　　床架声响 　　收音机 　　电钟 　　电话记录信号灯 　　电热毯开关 　　电视机 　　双人座椅扶手 　　牌桌 　　帷帘开关				

客房检查记录一年两份，以供管理人员确定下一年度必需的修理预算。

表 2-12　客房状况控制报告　　　　日期：2月3日

序号	OC	VA	BA	序号	OC	VA	BA	序号	OC	VA	BA	序号	OC	VA	BA	序号	OC	VA	BA
100	√		√	143	√		√	200	○	○	○	241		×		B.1	√		√
102	√		√	154	√		√	201	○	○	○	252		×		B.2	√		√
103		×		155	√	×	√	202	○	○	○	253		×		B.3	√		√
104		×		156		×		203	√	×	√	254		×		B.4	√	√	
105		×		157		×		204		√		255		×		B.5	√		√
106		×		158		×		205		√		256		×		B.6	√		√
107	√	×	√	159	√		√	206		√		257		×		B.7		×	
108	√		√	160	√		√	207		×		258	√		√	B.8		×	
109	√		○	162	√		√	208		×		259	√		√	B.11		×	
110	√		√	163	×		×	209		×		260	√	×	√				
111	√		√	164		×		210		×		263	√		?	328	×		×
114	?	×	√	165	√		√	211		×		264	√		?	330	√		×
115		×		166	√		√	214		×		265		×		331	√		
116		×		167		√	○	215				266		×		332	×		
117		×		168		×		216		×		267		×		333	√		
118	×		√	169		×		217		×		268		×		334	√		
119	×		√	170		×		218		×		269		×		335	√		
120	×		√	171		×		219		×		270	√		√	336	√	×	√
121	×		√	172		×		220		×		271	√		√	337		×	
122		×		173		×		221	√	×	√	272	√		√	338		×	
123		×		174		×		222	√		√	273	√	×	√	339	√		√
124		×		175		×		223		√		274		×		340	√		√
125		×		176		×		224				275		×		341		×	
126		×		177		×		225	√			276		×		342	√		√
127		×		178		×		227	√	×	√	277		×		343		×	
128	○	○	○	179		×		228	○	○	○	278		×		344	√	×	√
130	○	○	○	180		×		230	○	○	○	279		×		345	√	×	√
131	○	○	○	181		×		231	○	○	○	280		×		347		×	
132	○	○	○	182		×		232	√		√	281		×		348		×	
133		×		183		×		233		×		282		×		349		×	
134		×		184	√		√	234		×		283		×		350		×	
135		×		185	√		√	235		×		284		×		351		×	
136		×		186	√		√	236		×		285		×		352		×	
137		×		187		×		237		×		286		×		353		×	
138	√		√	188		×		238		×		287		×		354		×	
139	√		√	189	√		√	239		×		288		×		355		×	

图例：OC=住房；VA=空房；BA=行李。

表 2-13　楼层考勤表

楼层_____　　　　　楼层主管_____
日期_____

　　　　　　　　　　　　　　　　　　　　　　午餐

	早上签到时间	姓　名	岗位	楼层和工作车号	离开时间	回来时间
1						
2						
3						
4						
5						
6						
7						
8						
9						
10						
11						
12						

表 2-14　夜班主管报告　　　　　　日　期：

提前入住登记	重要宾客和需特别关照的宾客	行李和其他无价值的物品
沙发床	重新检查	

表 2—15　客房家具记录表

格林布莱厄饭店客房部的客房家具记录将每间客房的所有家具物品都分别记在一张 5 英寸×8 英寸的卡片上。每一项目都有记录，这样管理人员卡帕女士不用进房就能为每间客房的重新布置做出安排。她保存有织物清单和每间客房每件织物的记录、室内装潢商每月一次开出的织物清单，这样如要供应品一旦短缺，客房部就可提前采购。

项目	更换
墙纸	
天花板	
地毯	
帷幕	
床	
箱柜	
写字台	
床头柜	
镜子	
安乐椅	
灯具	
装饰画	
沙发	
咖啡桌	
茶几	
浴具	

表2—16 宾客物品租用单

宾客租用物品表单一式两联,一联由宾客保存以提醒归还所借物品。在大多数饭店,如果所借物品未归还就要赔钱。其它如吹风器,电熨斗等物品的借用可分别制作单独的表单。

```
                    收音机借用记录
 房号:          日期:            时间:

 宾客姓名        收音机编号       归还日期和收件人




 离店归还收音机请拨电话
       分机:7215


 宾客请在此签名:
```

表2—17 客房部经营月报表

项 目	本月实际		本 年 累 计		
	本年	上年	本年	预算	上年
1 营业总额					
2 长住房					
3 暂住房					
4					
5 营业总额合计	243,879	195,817	1,715,997	1,525,000	1,308,444
6					
7 直接开支					

8 劳动力成本合计	48,840	41,093	382,292	345,800	302,394
9 水洗和干洗	6,018	4,556	36,875	28,700	22,438
10 制服	1,158	2,961	4,418	4,400	3,404
11 棉织品和毛毯	2,289	1,472	14,494	15,200	9,920
12 清洁和清洁用品	1,448	2,622	7,778	7,300	6,812
13 客房供应品	4,946	12,277	35,425	32,900	29,850
14 印刷品和文具用品	724	1,246	1,787	1,600	1,936
15 电话、电报和邮资	134	180	1,070	4,000	1,572
16 旅游代理人佣金	13,306	18,448	77,784	70,000	113,635
17 预订	4,888	768	30,850	26,600	5,193
18					
19					
20					
21					
22 杂项	2,171	4,328	10,508	9,700	7,676
23 直接开支合计	85,923	89,951	603,281	546,200	504,830
24 客房部毛利	157,956	105,866	1,148,716	978,800	803,614
25 毛利率(%)	64.8	54.1	65.6	64.2	61.4
26 统计					
27 客房出租率(%)	95.4	77.5	87.2	77.8	68.0
28 双人客房出租率(%)					
29 暂住房平均房价	16.68	16.39	16.68	16.24	15.86
30 客房平均价格					
31 劳动力分析					
32 助理经理和前厅	5,098	3,737	35,112	35,652	25,627
33 预订	2,218	2,038	12,768	14,855	15,376
34 清洁卫生	24,609	22,428	207,484	190,144	161,452
35 服务	7,645	5,770	63,483	56,449	53,818
36					

37					
38					
39					
40 杂项					
41 休假	2,540	1,836	13,625	12,600	8,915
42 应扣除工资					
43 工资合计	42,020	35,809	332,472	309,700	265,188
44 工资税和员工关系	6,752	5,231	49,360	35,400	36,774
45 工作餐和休息室	68	53	460	700	432
46 员工费用					
47 劳动力成本合计	48,840	41,093	382,292	345,800	302,394
48 工资总额占营业总额比例(%)					
49 劳动力总成本占营业总额比例(%)					
占用客房	14,476	11,948	105,116	93,900	82,489

饭店　　XYZ　　　　　　1～8月

说明：第34行　清洁卫生劳动力成本分析包括了所有清洁卫生管理活动劳动力成本，包括：除工资以外的福利费用，缝纫室劳动力成本和开支(尽管缝纫室有很多活动是为餐饮部服务的)、制服控制(尽管制服要分给所有的部门)。这些成本每年进行比较，如有显著差异，就应尽快对这一部分进行分析。

③餐饮现场控制

餐厅的现场控制包括看台服务控制和调配、厨房生产控制及调配、营业收入的控制、饮料销售收入的控制和仓储控制。

A、看台服务控制和调配

无论是便餐、自助餐或是宴会服务，服务员都是按餐桌台进行分工的，有的餐厅分工比较细，甚至可以从员工服饰区分出来，有的餐厅分工却不明显，也就是要求服务员什么工作都做，但由于顾客出入不均匀，有的服务员看台业务量较多，而有的甚至就闲着，这时领班的适当调配就是很关键，调配并不是取代或分担，而是协助，并不改变预先的看台任务，这是现场控制的原则。

服务员的控制和调配，对做好餐厅服务工作也是很重要的，如同时有三桌顾客来就餐，作为看顾这三桌的服务员，要善于各台都兼顾到，上菜的速度与次序也要协调控制，要与厨房多沟通，让厨房按服务员指定的上菜顺序供菜，如在广东，应该先上汤，而在北方，汤就要放到后面上，当厨房集中上一桌菜时，就应及时通知厨房，要兼顾上其他两桌的菜。

餐厅的现场控制不仅反映了服务水平，也反映了服务质量。

B、厨房控制及其调配

厨房的领班是厨师长。厨房的工作分工是很明确的，厨房的作业大多属流水线操作，因此，厨房控制主要达到三个目的①节省成本；②保证质量；③正常运行。当出现差错（如送错了菜，顾客投诉菜的质量有问题等），能及时应变，及时处理，厨房的控制工作主要靠领班管理及制定合理的控制标准。同时，与餐厅服务员多沟通，多协调也是十分重要的。

C、营业收入的控制

餐饮服务的一大特点就是钱物在餐桌前交易，因此对营业收入的控制就显得十分重要，一般餐饮都设有专门的收银员，而且利用点菜单及出纳收银机来进行直接控制，为了避免收银员与台面服务员联合作弊，领班的翻台记录及每班的工作日记就显得十分重要。营业收入的控制程序包括填写点菜单，并一式三份，一份交厨房制作，一份作上菜记录并交收银员结算收款,一份餐厅留底(这一份有些餐厅往往免掉),收银员交班时结帐并填写有关帐单,财务收款并将收款记录交收银员返回餐厅作为依据和营业收入分析的凭证。

厨房内部虽然没有现金交易,但对原材料及半成品的控制还是很有必要的,我们将这部分纳入仓储控制的内容。

对酒吧招待员和饮料服务员的销售收入控制是十分重要而困难的,有的酒店甚至雇用专职监督员装扮成顾客来进行监督,并为监督员制定了严格的工作原则。

当然,对此行为控制论认为,这样做只会挫伤员工的自尊心,如果监督员与服务员勾结起来,失控将会更严重。他们主张采取信任与承包的方式,对服务员经营的饮料只保证做到一帐货两消,二不出现顾客价格投诉就应视为合法经营并完成任务,但是制度的完善,(包括承包制度)相应的检查与奖罚是十分必要的。

D、仓储控制

餐饮业的仓储控制是要求技术性较高的现场控制,因为有品种多,大多不易保存的特点,有些要求鲜活,为此,存在以下控制问题:补充存库的数量、补充有库的时机、保持鲜活的措施、控制成本避免贪污和偷盗行为。

一般的存货控制方法有:

a.借库存货法:在业务中建立起一定的关系单位,随要随送货,等于将存库安放在卖主那儿,这种方法特别适宜鲜活食品。

b.定量存货法:制定合理的库存量,根据最高和最低库存量进行补仓。

2、质量控制

在现场控制中,实际就包含有质量控制,一般酒店,在基层管理中多采用全面质量管理的质量控制办法,即 QC 小组制。上海锦江饭店在总经理直接主持下设立专门的质量管理部。全店建立了 46 个 QC 小组,基层除部门经理、管理员、班组长外,还有专职的质量管理组长和质量管理员,饭店从上到下,建立了店、部、班、组三级质量保证体系和监督检查网络;广州流花宾馆在馆内全面实行"质量一票否决权"制度,制定了 543 条质量标准,设计了"质量检查报表"、"质量检查照会"、"回复"等质量控制检查表格及一系列基层质量控制表、卡。如"大堂副理工作报告"、"客房征求意见表"、"餐厅客人意见征询卡"、"食品质量追踪表"、"点心食品质量检查追踪表"、"食品(成品、半成品)质量检查处理卡"、"客人意见处理卡"、"货源验收卡"、"进货质量验收情况报表"等。

A、前台质量控制

前台质量控制主要从三个方面进行,一是差错率,各类酒店都有一定的差错率的控制标准,二是旅客投诉率,一般按每月接待旅客的百分比来统计,首先是对旅客投诉的分析,是属于哪一部门的,是合理投诉还是不合理投诉,是正面投诉(表扬、感谢),还是负面投诉(批评、指责)。三是对现场工作业绩的检查,如当旅客多时,疏导旅客速度的快慢,让旅客在前台滞留时间的长短,向旅客征询的满意程度,回答旅客所提问题的解答能力强弱等。

B、客房质量控制

客房质量控制的内容包括:a. 表格分析;b. 巡检记录分析;c. 客房卫生及设备完好情况分析;d. 事故率;e. 旅客投诉率。

客房质量控制,应从控制质量五大因素入手,即人、设备、备品、操作方法与服务态度、环境。基层管理者要善于切实有效地控制这五大因素,及时地消除不良因素,保证服务态度和服务水平。

客房质量控制的一种好方法就是开展流动红旗竞赛,制定一定的竞赛标准和竞赛规则,让员工在竞赛中不断提高服务质量。

C、餐饮质量控制

餐饮质量控制应包括以下内容:食品原料的质量控制;加工烹调的质量控制;餐饮环境的质量控制和餐台服务的质量控制。

食品原料要求营养、成熟、卫生和新鲜,食品原料的质量控制涉及到餐饮服务提供过程的所有阶段和环节,包括原料采购、原料验收、原料贮藏、原料领发、原料加工、食品烹调和餐厅服务。其控制需专人负责,通过理化检验(包括生物检验)和感官检验(嗅、视、味、听、触等)对食品从形状、色泽、水分、重量、质地、气味等方面按一定标准进行检测,并记录在案。

加工烹调质量控制不仅要保证食品的色、香、味、形,而且要保证原料的清洁卫生和营养成分,对其控制是要求菜肴在送出厨房前必须经过专职检查员式传菜员的检查,除此之外,餐厅服务员有负责检查的责任,有的餐厅在厨房出口处贴有告示,要求"如果你对手中的食品菜肴的质量不满意,请不要端出厨房"。

餐厅环境控制是饮食质量控制的重要组成部分,不仅要求清洁卫生,而且要求舒适惬意,美观雅致。控制办法①责任到人,定期检查;②重点地方重点管理;③听取宾客意见。

餐台服务质量控制是现场控制的重要内容,不仅要求服务员按程序操作,而且讲究服务态度和服务艺术。其控制办法有:班前班后会,操作中的指导与巡检,征求顾客意见,开展岗位练兵,质量优胜红旗竞赛奖和加强培训工作。

3、成本控制

成本控制是财务管理的一种重要手段,并通过基层控制管理而实现。基层成本控制往往又与其他基层控制(指现场控制、质量控制和安全控制)相联系,形成基层控制系统。

成本控制的一般办法是预算、比率分析和标准成本的确定。

A、预算是一种传统的控制手段,包括营业预算、现金预算、资产预算和人力预算。预算事先规定了部门在某一时期的成本和费用,成为部门经营时的一项具体目标,如果执行中超出了预算,就要亮黄牌,要认真分析,这种超出是否合理,如果合理,就要修正预算,如果不合理,就要采取措施来压缩成本。对预算的要求是尽量准确,这就要有科学的预算方法。

编制预算的步骤一般有:

第一步:计算预期成本水平,包括(1)历史因素:见表2-18(销售额历史分析);(2)现时因素:见表2-19(月销售额估计)表2-20(食品和饮料部门当年成本的总额和分配);(3)经济变量,如通货膨胀、政治因素、公众习惯和生活方式的改变等;(4)其他因素。

第二步:确定各项利润要求,并把利润也视作一项"开支"列入预算。

第三步:计算预期的开支水平,编制预算计划。见表2-21(食品经营成本预算)和表2-22(食品经营预算)。

图表 2-18　预算操作表 A:销售额历史分析

月份	前年 销售额	与上年差额	%	去年 销售额	与上年差额	%	今年 销售额	与上年差额	%
	1	2	3	4	5	6	7	8	9
一月	12,550			12,975	425	3	13,995	1,020	8
二月	12,430			13,550	1,120	9	14,900	1,350	10
三月	12,220			13,375	1,155	9	14,750	1,375	10
四月	13,050			13,950	900	7	14,825	875	6
五月	12,975			13,985	1,010	8	14,800	815	6
六月	12,490			13,610	1,120	9	14,700	1,090	8
七月	12,220			13,290	1,090	9	14,850	1,560	12
八月	12,950			13,975	1,025	8	14,800	825	6
九月	12,490			13,690	1,200	10	14,950	1,260	9
十月	12,420			13,590	1,170	9	14,875**	1,285	9
十一月	12,310			13,495	1,185	10	14,800**	1,305	10
十二月	12,300			13,550	1,250	10	14,775**	1,225	9
总计	150,385			163,035	12,650	8	177,020	13,985	9

* 小数点四舍五入成为整数

** 第二年的经营预算在当年十月份就要编制出来,故当年这后三个月的销售额为估算值。

资料来源:杰克·D·尼内迈耶:《食品饮料经营的计划与管理》(密执安州,东兰辛,美国旅馆和汽车旅馆协会教育学院,1982年)第48页。

图表 2-19　预算操作表 B:月销售额估计

月份	当年销售额	增加10%	来年预算估计销售额
一月	13,995	1,400	15,395
二月	14,900	1,490	16,390
三月	14,750	1,475	16,225
四月	14,825	1,483	16,308
五月	14,800	1,480	16,280
六月	14,700	1,470	10,170
七月	14,850	1,485	16,335
八月	14,800	1,480	16,280
九月	14,950	1,495	16,445
十月	14,875*	1,488	16,363

十一月	14,800*	1,480		16,280
十二月	14,775*	1,478		16,253
总计	177,020	17,704		194,724

* 估计值

资料来源:尼内迈耶,《计划与管理》,第49页。

预算操作表C—食品和饮料部门

图表2-20 当年成本的总额和分配

| 成本项目 | 当年总成本 | 比例分配 ||||
| | | 食品 || 饮料 ||
		销售额 177,020 美元	占销售额的比例(%)	销售额 46,655 美元	占销售额的比例(%)
1	2	3	4	5	6
食品	61,957	61,957	35	—	—
饮料	12,000	—	—	12,000	26
工薪支付	48,985	42,485	24	6,500	14
工薪税、福利	4,190	3,540	2	650	1
直接经营费用	11,101	8,851	5	2,250	5
音乐娱乐	7,500	—	—	7,500	16
广告	4,540	3,540	2	1,000	2
公用耗费	9,851	8,851	5	1,000	2
管理费	9,080	7,080	4	2,000	4
维修保养	2,670	1,770	1	900	2
房租	16,391	12,391	7	4,000	9
不动产和财产税	2,670	1,770	1	900	2
保险金	4,415	3,540	2	875	2
利息支出	7,780	7,080	4	700	1
折旧	6,811	6,311	3	1,500	3
总计	209,941	168,166	95	41,775	89

```
        209,941 = 168,166    +    41,775
食品成本   61,957    饮料成本   12,000
非食品成本 106,209    非饮料成本 29,775
```

资料来源:尼内迈耶:《计划与管理》第51页。

图表 2－21　预算操作表 D－食品经营成本预算

成本项目	当年食品销售收入比例(%)	预算年度预计销售收入(美元)	预算年度预计成本(美元)
1	2	3	4
食品成本	35	194,724	68,165
工薪支付	24		46,734
工资税和雇员福利	2		3,894
直接经营费用	5		9,736
音乐娱乐	—		—
广告	2		3,894
公用事业费	5		9,736
管理费	4		7,789
维修保养	1		1,947
房租	7		13,631
不动产和财产税	1		1,947
保险金	2		3,894
利息支出	4		7,789
折旧	3		5,842
其他	—		—
		预计总成本	184,980

资料来源：尼内迈耶，《计划与管理》第53页。

图表 2－22　预算操作表 E：食品经营预算

		月份：一月					
		预算		实际		有 利润计算	
科目	预算比例(%)	月	年	月	年	金额	%
1	2	3	4	5	6	7	8
食品销售额	100	15,395	194,724	16,010	16,010	16,010	100
物品出售成本							
食品成本	35	5,388	68,513	5,764	5,764	(5,764)	(36)
经营费用							

工薪支付	24	3,695	46,734	3,750	3,750	×	×
工薪税和福利	2	308	3,894	325	325	×	×
直接经营费用	5	770	9,736	870	870	×	×
音乐娱乐	—	—	—	—	—	×	×
广告	2	308	3,894	308	308	×	×
公用事业费	5	770	736	810	810	×	×
管理费	4	616	7,789	550	550	×	×
维修保养	1	154	1,947	110	110	×	×
房租	7	1,078	13,631	1,078	1,078	×	×
不动产和财产税	1	154	1,947	154	154	×	×
保险费	2	308	2,894	308	308	×	×
利息支出	4	616	7,789	616	616	×	×
折旧	3	462	5,812	462	462	×	×
其他	—	—	—	—	—	×	×
经营开支总额	60	9,239	116,833	9,341	(9,341)	(9,341)	(58)
税前利润	5	768	9,738	×	×	905	6

资料来源:尼内迈耶:《计划与管理》,第54页。

表2—23 **客房部客房管理资金预算**(金额单位:美元)

客房　　　　　　　　　单价　　　费用　　　　合计

第一优先
(1)地毯
　　4个套间_____7,500.00
(2)褥垫、弹簧垫和床架
　　100间两张单人床客房的褥垫和弹簧垫_____120.00/间_____
_12,000.00
　　25张2号大床的褥垫和弹簧垫_____146.00/张_____
____3,650.00
　　100间两张单人床客房的床架_____12.50/间_____
_1,250.00
　　24张2号大床的床架_____19.00/张_____
456.00
(3)玻璃窗帘

4000 码阿拉巴斯特客房窗帘＿＿＿＿＿＿　14,000.00
　(4)重新装饰地毯、帷帘、室内装璜
　　　130 间客房,每层楼的:01－02－60－26－06－
　　　　　　12－21－29－37－47＿＿＿＿＿　1,600.00/间
＿＿＿＿＿　208,000.00
　(5)灯具
　　　25 间客房的各种灯具＿＿＿＿＿　19.00/间＿＿＿＿＿
475.00
　　　400 个灯罩＿＿＿＿＿　19.00/个＿＿＿＿＿　7,
600.00
　(6)床罩 500 个＿＿＿＿＿＿＿＿＿　20,000.00
　　　双人床金色床罩 200 个
　　　金色床罩 150 个用于两张单人床房间
　　　绿色床罩 150 个用于两张单人床房间
　(7)12 台立式吸尘器＿＿＿＿＿＿＿　750.00
　(8)背负式高空吸尘器＿＿＿＿＿＿　94.00
　(9)1 台干泡洗涤机＿＿＿＿＿＿＿　625.00
　第二优先
　(1)帷帘
　　　屋　顶－5 个 套 间＿＿＿＿＿　625.00/个
＿＿＿＿＿　3,125.00
　　　劳动力成本＿＿＿＿＿＿＿＿＿　940.00
　(2)地毯
　　　1914 房＿＿＿＿＿＿＿＿＿＿＿　5,000.00
　　　1915 房＿＿＿＿＿＿＿＿＿＿＿　5,000.00
　　　走廊用地毯 7 张＿＿＿＿＿＿＿　52,500.00
　(3)新塑料植物
　　　屋顶、走道、套间＿＿＿＿＿＿　3,125.00
　(4)5 辆男服务员工作车＿＿＿＿＿＿　625.00
　第三优先
　(1)25 台阳台座椅＿＿＿＿＿＿＿＿　958.00
　(2)8 把双人椅＿＿＿＿＿＿＿＿＿　3,000.00

(3)2台自动旋转制服输送台 _____ 375.00

(4)双向传呼器 _____ 750.00

表 2-24　**公共区域资金预算**(金额单位:美元)

公共区域　　　　　　　　　　　　　　　单价　　费用　　合计

第一优先

 (1)南中层—帷帘 _____ 6,250.00

  4 个房间—主任房间、主管房间

  客房和 2 个餐厅—8 扇窗户

 (2)大厅

  奥地利帷帘 _____ 25,375.00

 (3)灯具

  3 个额外的灯具 _____ 281.25

  24 个灯罩 _____ 500.00

 (4)庭园

  地毯 _____ 6,875.00

  遮帘 _____ 12,500.00

 (5)餐厅

  地毯(22,50 美元/码) _____ 78,750.00

  劳动力成本 _____ 7,625.00

  墙面 _____ 31,325.00

  劳动力成本 _____ 6,250.00

第二优先

 (1)节日客房

  地毯——中心餐厅和酒吧 _____ 12,500.00

 (2)游泳者用:电梯入口

  地毯——室内、室外 _____ 375.00

第三优先

 (1)庭园植物 _____ 1,875.00

 (2)拉斯维加斯房间

  帷帘 _____ 1,250.00

  地毯 _____ 12,500.00

 (3)拉丁房间

铺设地毯的劳动力成本_____3,125.00

　　地毯_____15,000.00

(4)会议区域(4个餐厅)

　　重新装饰墙面和地毯_____10,000.00

(5)员工餐厅地毯_____1,875.00

　　B、比率分析是指挥业务报表中取得的有关数据,化成百分比的形式,然后与标准、预算或历史记录进行比较分析,如成本率(成本与销售额之比),存货周期率(某一时期的成本与期末存货额之比),劳动生产率(工作量或销售收入与工人人数或工时之比)、材料利用率(实际材料用量与材料总消耗量之比)……

　　C、标准成本,是成本控制中的重要依据,是比率分析的比照基础,也是制定预算的参考数之一。标准成本是指酒店在一定营业量和一定销售收入水平时的合理成本。标准成本值的获得一般通过两种渠道,一是国家旅游局授权有关研究机构统一制定,另一是由酒店自己在大量统计工作的基础上,参照有关酒店及国外的有关资料确定的,它是这些资料单位成本的平均值,因此,首先要对单位成本进行详细核算。(见表2—25),实际成本总额与标准成本总额之间的差额正是酒店及部门通过有效的控制手段可以获取的潜在盈利。

　　有些酒店采用内部银行制来实现以上成本控制是一种较成功的方法。

表2—25　客房部每间住房成本

项　目	本月实际		本年累计		
	本年	上年	本年	预算	上年
1 营业总额					
2　长住房					

项目	本月实际 本年	本月实际 上年	本年累计 本年	本年累计 预算	本年累计 上年
3 暂住房					
4					
5 营业总额合计					
6					
7 直接开支					
8 劳动力成本合计	5.30	5.39	5.64	5.63	5.61
9 水洗和干洗	.63	.57	.52	.45	.40
10 制服	.12	.37	.06	.06	.06
11 棉织品和毛毯	.24	.18	.21	.24	.18
12 清洁和清洁用品	.15	.33	.10	.12	.12
13 客房供应品	.51	1.54	.51	.52	.54
14 印刷品和文具用品	.07	.15	.03	.02	.03
15 电话、电报和邮资	.02	.03	.02	.06	.03
16 旅游代理人佣金	1.38	2.21	1.11	1.11	2.07
17 预订	.51	.09	.43	.42	.11
18					
19					
20					
21					
22 杂项	.23	.52	.15	.15	.15
23 直接开支合计	9.36	11.15	8.60	8.67	9.19
24 客房部毛利	16.36	13.29	16.34	15.63	14.61
25 毛利率(%)					
26 统计					
27 客房出租率(%)					
28 双人客房出租率(%)					

项目	本月实际 本年	本月实际 上年	本年累计 本年	本年累计 预算	本年累计 上年
29 暂住房平均房价					
30 客房平均价格					
31 劳动力分析					
32 助理经理和前厅	.52	.46	.49	.57	.46
33 预订	.22	.25	.18	.24	.27
34 清洁卫生	2.55	2.82	2.97	3.03	2.92
35 服务	.79	.72	.90	.90	.97
36 财产维修					
37					
38					
39					
40 杂项	.26	.24	.19	.19	.15
41 休假	.26	.24	.19	.19	.15
42 应扣除工资					
43 工资合计	4.60	4.73	4.92	5.12	4.92
44 工资税务员和工关系	.70	.66	.70	.49	.67
45 工作餐和休息室	.00	.00	.02	.02	.02
46 员工费用					
47 劳动力成本合计	5.30	5.39	5.64	5.63	5.61
48 工资总额占营业总额比例(%)					
49 劳动力总成本占营业总额比例(%)					

占用客房　　　　14,476　11,948　105,116　93,900　82,489

饭店＿＿XYZ＿＿　＿1～8月＿　1981年

说明:每间住房的成本可使专业客房管理人员了解月月相比存在较大差异的那些部分,以确认那些地方可以节省开支。

111

D、前台成本控制

前台成本控制主要是指开房率与房价的比率控制,开房率追求一个较高的比率,但房价的高低却要受到种种因素的制约,酒店追求的是净收入,也就是开房率与房价的最佳比率,并根据这一比率确定每天的最低招牌价及特殊价格的比例,这项工作如果是在计算机中来完成就比较方便,没有机算机的酒店,大多凭前台管理人员的实际经验。

E、客房成本控制

客房成本控制包括备品控制,客房维修控制和人员控制。

备品控制包括从采购、保存、领用,其控制方法基本与餐饮部相同。人员控制一是要控制员工的数量;二是要控制员工的质量,包括定员,考核与培训,这些在培训一节将作较详细的介绍。

客房维修工作应计入客房管理的成本核算,因此以预为主,计划保养为主是降低成本的关键,这就要求用一定的控制手段来使服务员平时加强保养,建立维修更新档案及有关的规章制度、保养与维修的记录,领班对设备事故及其处理要进行检查监督,并作为对员工奖罚的依据,有的事故要亲自处理。见表2—26,2—27,2—28。

表2-26 维修通知单

```
          给饭店建筑管理员的通知
           （每一项工作分别填一份）

  沃尔多夫—阿斯托利亚饭店

  来自：          部      日期_____

  地点_____


  工作性质_____
  _____
  _____
  _____
  _____


              部门负责人同意_____
```

开始	结束	共计时间	材　料(元)		
			费　工(元)		
			合　计(元)		

第一、二联送饭店建筑管理员，第三联留存(各联均请注明时间)

　　　　　　　　　　　修理工_____

· 113 ·

表2—27　客房维修检查单

世纪广场饭店客房维修检查单

<u>5</u>　　<u>6</u>　　<u>7</u>　　<u>8</u>　　<u>9</u>　　<u>10</u>　　<u>11</u>

<u>12</u>　<u>14</u>　<u>15</u>　<u>16</u>　<u>17</u>　<u>18</u>　PH

_____（签名）

表2—28　维修计划表

脏污的墙面	破损的墙纸	松脱的肥皂碟	帷幕和窗帘别针或横杆	床架	灯具	污损的帷幕和窗帘	脏污或破损的窗帘镶边

瓷砖修理	椅子扶手	梳妆台把手	脏污的椅子或沙发	脏污的灯罩	烧损地毯的维修或重铺	脏污的地毯	家具维修	
							房号	项目

门厅灯具	时钟	橡胶减震器	螺旋盖	移印图案	其它		

F、餐饮成本控制

餐饮成本控制是酒店基层控制中难度最大、最复杂、控制效益最明显的部门,控制得好,可以提高质量、增加利润;控制得不好,不仅谈不上质量与利润,大大小小的"老鼠"会把一座金山也吃空,有的酒店出现大量的出假帐,厨房、酒吧的食品大量被员工侵占等现象,都是没有控制的原因。餐饮成本控制一般分采购控制、验收控制、贮藏控制、发料控制、加工烹调控制、食品成本核算、酒类饮料成本控制和人工成本控制。

a. 采购控制:

采购工作中成本控制集中在原料的价格、数量和质量上,要求坚持使用原料采购规格标准,按标准控制数量与价格。

验收是对采购控制的关键,要求对所有采购的物品都要进行称重、计数和计量,并正确填制进货日报表等有关表单,按采购规格书检收。

b. 贮藏控制:

贮藏控制是对采购控制的进一步加强,也是保证食品原料质量,延长有效使用期,减少和避免因原料腐败变质而引起食品成本增加,杜绝偷盗损失的重要手段,贮藏控制主要是以下三方面:a)人员控制:由严格的规章及检查制度保证,做到专人保管,闲人免入;b)环境控制,环境要符合卫生,温湿度适中、杜绝鼠虫害及防盗、防火、防涝要求,有条件的酒店应在库区内安装闭路电视监察库区人员活动;c)日常管理,主要靠人的自觉性和有关检查、进出货记录以及有关规章制度,定期进行盘点。

c. 发料控制

靠发料的规章制度及填写使用领料单、规定领料次数和时间及正确计算领料单上各种原料的成本及全天的饮料成本总额。

d. 加工烹调控制

食品从粗加工、切配、烹调到装盘送出,对食品成本有很大影响,对其控制办法主要有:a)加工、烹烧测试,制定出相应的比率,从而制订各类原料的加工、烹烧损耗许可范围;b)制订厨房生产计划;c)坚持标准投料量;d)控制菜肴份量。

e. 食品成本核算

小酒店一般一个月核算一次,大酒店则要求每天进行核算,核算的程序是:

a)填报逐日食品成本核算表,见表2-29;

b)进行核算并填写食品成本日报表,见表2-30:

表2-29 逐日食品成本核算示例　　(单位:元)198×年5月

日期	直接进料	仓库发料	内部转让 转入	内部转让 转出	职工购买	余料购买	宴请成本	食品成本 当日	食品成本 累计	营业收入 当日	营业收入 累计	食品成本率 当日	食品成本率 累计
1	480.50	735.20	145.00	(174.00)	(45.00)		(250.00)	891.70	891.70	3050.00	3050.00	29.2	29.2
2	574.00	814.50		(150.00)				1238.50	2130.20	3425.50	6475.50	36.2	32.9
3	535.00	749.40	80.00	(125.00)		(50.00)		1189.40	3319.60	3150.40	9625.90	37.8	34.5
4	675.40	945.00	40.00	(143.00)			(180.00)	1337.40	4657.00	3248.00	12873.90	41.2	36.2
5	580.30	718.50	75.00	(135.00)				1238.80	5895.80	3478.40	16352.30	35.6	36.1
6	553.90	724.60		(118.40)	(53.00)		(240.00)	867.10	6762.90	3128.40	19480.70	27.7	34.7
7	588.20	738.50		(124.00)		(35.00)		1167.70	7930.60	3548.80	23029.50	32.9	34.4
8													
:													
30	674.50	789.50	56.00	(135.00)				1385.00	32380.00	3756.50	94556.50	36.9	34.2
31	694.70	829.70		(128.00)		(76.00)	(250.00)	1068.40	33448.40	2927.00	97483.50	36.5	34.3

仓库盘存物帐调整:348.50
库外存货物帐调整:(476.80)
月终食品成本:33448.40+348.50-476.80=33320.10

33320.10 / 97483.50 =34.2%

表2-30　食品成本日报示例(2)

（单位:元）　198×年6月14日　周四

	当 日	累 计 本周	累 计 上周同期
营业收入	4200.00	15450.00	12700.00
食品成本	1690.00	6335.00	5345.00
食品成本率	40.2%	41.0%	42.1%

	1 蔬菜	2 水果	3 乳品	4 其它	5 直接进料 小计
本周累计	655.00 4.2%	580.00 3.8%	435.00 2.8%	300.00 1.9%	1970.00 12.8%
上周周期	585.00 4.6%	475.00 3.7%	385.00 3%	205.00 1.6%	1650.00 13.0%

	6 牛肉	7 猪肉	8 禽类	9 水产	10 其它肉类
本周累计	1140.00 7.3%	830.00 5.4%	735.00 4.8%	1015.00 6.6%	335.00 2.2%
上周同期	1065.00 8.4%	680.00 5.4%	590.00 4.6%	795.00 6.3%	295.00 2.3%

	11 肉类小计	12 其它仓库发料	13 内部转让及 专项调整
本周累计	4055.00 26.2%	725.00 4.7%	(415.00) (2.7%)
上周同期	3425.00 27.0%	580.00 4.6%	(310.00) (2.4%)

　　f.酒类饮料成本控制

　　酒类饮料成本控制的前提是要确定标准酒谱,其性质与标准食谱一样,根据标准酒谱规定的基酒和配料的数量,就可以计算该饮料的标准成本,具体方法见表2-31。

表2-31 标准酒谱示例

品名:蓝色夏威夷		酒谱 No.0065	
原　　料	用　量 (盎司)	单　价 (元/盎司)	成　本 (元)
甜柠檬汁 菠萝汁 轻质朗姆酒 兰色薄荷甜酒	2 1 1 1/2	0.08 0.06 0.47 0.76	0.16 0.06 0.47 0.38
合　　　计			1.07
售　　　价			5.22
成　本　率			20.5%
调 制 方 法	\multicolumn{3}{l	}{置150克冰块于调酒杯内,量入基酒、配料,搅拌15-20秒钟,滤入 $5\frac{1}{2}$ 盎司郁金香型酒杯,饰以菠萝片。}

一般的控制方法有:

a)标准成本控制法:定期将酒类饮料的标准成本与其实际成本作比较,从百分比的变化中,检查有否问题(一般差异不应超过0.5%),若超过0.5%,就要追究原因,见表2-32:

表2-32 标准成本率控制表

(单位:元)　　12月6日-12月12日

品　名	每　份 标准成本	每　份 售　价	成本率	销售率	标　准 成本总额	标准营业 收入总额
A	0.30	1.25	24.0%	870	261.00	1087.50
B	0.39	1.50	26.0%	25	9.75	37.50
C	0.41	1.55	26.5%	71	29.11	110.05
D	0.39	1.50	26.0%	324	126.36	486.00
E	0.40	1.50	26.7%	104	41.60	156.00
⋮						
合　计					1450.21	4651.75

标准成本率	1450.21元÷4651.75元×100%	=31.18%
实际成本率	1470.29元÷4651.75元×100%	=31.61%
差异		0.43%

酒吧酒类饮料期初库存	2765.51元
本期领取酒类饮料总额	1371.60
本期酒类饮料总额	4137.11
酒吧期末库存	2666.82
本期实际成本	1470.29元

b)标准营业收入控制法:计算各种酒类饮料的标准营业收入总额,然后将其与实际营业收入总额进行比较,一般要求差异(包括顺差与逆差)不应超过标准营业收入的1%,否则就要进行分析研究,找出原因并进行改进,见表2-33和表2-34。

表2-33 酒吧琴酒标准营业收入(××琴酒,25盎司/瓶)

饮料名称	销售数(份)	琴酒用量(盎司)	琴酒总重量(盎司)	售价(元)	营业收入(元)
纯琴酒	820	1	820	1.00	820.00
杜波内鸡尾酒	60	$\frac{3}{4}$	45	1.25	75.00
吉姆莱	80	$1\frac{1}{2}$	120	1.25	100.00
红粉佳人	20	$1\frac{1}{4}$	25	1.25	25.00
马丁尼	360	$1\frac{1}{4}$	450	1.35	486.00
合计			1,460		1,506.00

销售瓶数	1,460盎司÷25盎司=58.4瓶
每瓶标准营业收入	1,506.00元÷58.4瓶=25.79元/瓶

表2-34 标准营业收入控制表

10月1日—10月7日

品 名	规格	期初库存数	期内领取数	期内总数	期末库存数	本期消耗数	每瓶标准营业收入	标准营业收入总额(元)
								上期结转 1878.29
Bourbon.Early Times	32盎司	3.2	13	16.2	2.1	14.1	32.10	452.61
kentucky	32盎司	2.4	13	15.4	3.7	11.7	34.70	405.99
National	32盎司	1.6	11	12.6	1.8	10.8	36.40	393.12
Old Charter	32盎司	4.7	10	14.7	3.2	11.5	32.10	369.85
Harper	32盎司	2.1	12	14.1	1.4	12.7	32.10	407.67
Old G.Dod	32盎司	1.9	12	13.9	2.1	11.8	34.00	401.20
Old Taylor	32盎司	0.4	11	11.4	1.8	9.6	32.00	307.20
					标准营业收入总额			4615.23元
					实际营业收入总额			4651.75元
					差异			36.52元

c)标准用量控制法:将酒吧存货记录和销售记录中的各种酒的实际用量与标准用量进行比较,这种方法不涉及酒类饮料成本及营业收入,可以作为上述两种控制方法的辅助手段。其步骤为(1)根据库存记录,计算各类饮酒的实际用量,见表2-35。(2)根据销售记录,计算各种酒的标准用量;见表2-36。(3)比较实际用量与标准用量,见表2-37

表2-35 实际用量核算法

10月8日

烈酒名称	规 格	期初库存数	期内领取数	期内总数	期末库存数	实际总用量 瓶	实际总用量 盎司
波本威士忌	32盎司	10.4	6	16.4	8.1	8.3	266
琴 酒	32盎司	6.8	4	10.8	6	4.8	154
朗 姆 酒	32盎司	7.1	5	12.1	6.5	5.6	179
黑麦威士忌	32盎司	8.4	2	10.4	9.4	1.0	32
苏格兰威士忌	32盎司	4.5	4	8.5	5.75	2.75	88
伏 特 加	32盎司	9.2	2	11.2	6.4	4.8	154

表2-36　标准用量核算表

10月8日

饮料名称	销售份数	每份用量（盎司）	标准总用量（盎司）
波本威士忌	212	1	212
琴　　　酒	115	1	115
朗　姆　酒	123	1	123
黑麦威士忌	20	1	20
苏格兰威士忌	89	1	89
伏　特　加	124	1	124
马　丁　尼	32	$1\frac{1}{4}$	40
曼　哈　顿	40	$1\frac{1}{4}$	50
柠檬威士忌	6	$1\frac{1}{2}$	9
自　由吉巴	36	$1\frac{1}{2}$	54
伏特加吉姆莱	27	1	27

表2-37　用量比较表

10月8日

饮料名称	波本威士忌	琴酒	朗姆酒	黑麦威士忌	苏格兰威士忌	伏特加
波本威士忌	212					
琴　　酒		115				
朗　姆　酒			123			
黑麦威士忌				20		
苏格兰威士忌					89	
伏　特　加						124
马　丁　尼		40				
曼　哈　顿	50					
柠檬威士忌				9		
自　由古巴			54			
伏特加吉姆莱						27
标准总用量	262	155	177	29	89	151
实际总用量	266	154	179	32	88	154
差　　异	-4	+1	-2	-3	+1	-3

g. 人工成本控制

人工是成本的重要组成，又称为活化劳动消耗，对人工成本的控制，首先要分析影响人工成本的因素，然后制定劳动定额指标和劳动量计量，再计算出人员配备标准。

对餐饮部的人工成本控制影响因素是多种多样的，包括：食品原料加工烹制工作量，菜式品种数量，服务形式，厨房及餐厅布局，机械化程度，职工技术培训，菜肴销售量等。

对人工成本控制的关键是对营业量的预测和员工工作班次的安排，因为餐饮服务是突击性很强的工作，要设法把员工的工作安排搭配均匀，在顾客多的季节要适当增加服务员，而在淡季则要努力安排服务员的休假、培训等。

4、安全控制

安全是酒店经营的保证，为达到酒店的安全运行，必须建立起一套严密的控制系统，该系统一般由防火控制、防盗控制和防毒控制三部分组成。

①防火控制

酒店是一个使用功能复杂，设备种类繁多，人员集中，火情因素多，救火及人员疏散困难的场所，因此对防火控制，决不是几个领导的事，也不是保安部或工程部的事，而是全体员工的事，是一项以软件到硬件结合起来的系统工程。酒店的防火控制应从以下几方面着手：

A. 建立起以总经理为总责任人的层层承包的防火承包责任制，建立起行之有效的防火控制网络组织结构，并建立相应的检查与奖罚制度。

B. 建立起完整的消防控制规章制度，并进行宣传、教育，使职工从进入酒店的第一天起，就自觉地重视防火、防盗、防涝、防毒工作。

C. 建立起完整的消防设施系统,并教育有关人员,学会使用,工程部对这些系统负有保证其处于良好运行状态和功能的责任,这些系统包括监测监控系统、灭火器材及分布网络系统、消防设施系统和报警系统。

D. 基层控制管理要把防火控制纳入重要内容之一,对一些容易引起火灾的基层部门,(如厨房和客房)更要重视,要有有力的控制措施,如客房部每月至少要安排一天为安全日,让全体员工检查、记录和报告所有违反饭店安全条例的行为,如:

(1)检查各常用和紧急出口处是否畅通;

(2)检查出口处的照明灯具是否清洁、完好;

(3)检查金属防火门的坚固性和自闭性能;

(4)检查员工是否都知道报警箱、灭火器及其他灭火装置的存放位置,是否完好;

(5)检查电线负荷,有否超量,有否电线和插头被磨损现象,有否用铜丝代保险丝等违规现象。

(6)检查取暖、空调管道和设备(包括气流调节器),功能是否正常,有否破损或带病工作现象;

(7)检查"禁止吸烟"(No Smoking)的告示是否放置,确保吸烟区内有足够的沙缸;

(8)检查垃圾放地及建筑内死角,有否不安全因素。

②防盗控制

酒店失窃现象很普遍,因此,一定要有严密的防盗控制,包括防范内窃与防范外窃。

防范内窃的根本是培养主人公意识,大量调查证明,职工偷窃行为与其对待企业的态度和情绪有关,管理人员与员工有良好的关系,能加强感情交流,工作满意,经常受到奖励等就能有效地遏制内窃,严格的规章制度,管理人员的模范带头作用,富有正气的士气及对任何偷窃行为不姑息,严肃而及时地处理都是防盗控制的有效措施,员工进酒店即作工作服,佩戴工号标志,在自己的工作范围内活动而不在工作时间乱窜等规定也能起到一定的控制作用,在酒店内部安装监控电视是有效的,但下班搜身和检查手提包是为行为科学所坚决反对的。

防范外窃除尽量使酒店的设备因素,不容易取走或装上外警装置,安装带威摄作用的监控设施,保安人员的专职负责外,基层在控制管理中也可以发挥应有的作用,如客房部要求严密的探视登记制度,巡查制度,宾客离店时的室内检查制度都是可行的控制措施。

服务员要掌握防盗的有关预防,现场保护及及时报警知识与技能,对酒店的失窃现象,无论是否侦破,都要注意保密,包括对记者都要保密,因为泄密会给窃贼提供信息及防范的办法。甚至对酒店工作人员带来人身安全的威胁。

③防毒控制

中毒大多从口入,因此严格饮食卫生是防毒控制的关键,毒源有坏人故意放毒和由于食物不卫生或有毒的动植物原料而引起。餐饮卫生安全控制是餐饮服务质量的重要指标,也是关系到酒店服务质量的重要因素。

防毒控制应从以下几方面努力:

A. 严格食品采购的卫生制度,严禁不新鲜、不卫生、不清洁的食品入店,不购买象河豚,泥螺等有毒食品。严防假酒等假冒伪劣商品。

B. 注意环境卫生,设备、餐具卫生、严防陌生人进入厨房、洗碗间、开水间等关键部门,以免坏人投毒。

C. 注意有关员工的个人卫生，严格卫生检查制度和宣传培训工作，杜绝各种可能的死角。

D. 设置消毒设备，对进口的器具进行消毒处理。对特殊宾客（如国家领导人），要对食品有一套特别的监控和测试程序，保证杜绝各种致毒渠道。

三、基层指挥管理

指挥是管理的职能之一，它与领导职能同属一个范畴，因此指挥便常常与领导成了同义词，例如军队的领导常被称为指挥员，某某工程的领导也常被称为指挥长或总指挥。其实指挥与领导是有区别的，指挥是领导的功能之一。

1、指挥的作用与原理

指挥是一种权威的发挥，是领导者为了实现企业计划，达成企业目标，运用领导者的权威和组织机制指导部下的行动、合理地、有效地部署人力、调集财力、物力，协调之间的关系，使部下目标明确地体现指挥者意志的行为。

广义的指挥，包括决策指导、统御、协调和控制；狭义的指挥，是指对现场部下的工作安排，指导和协助，因此，又常常被称为"现场指挥"。

①指挥的作用：

A. 是管理工作统一的保证，平常讲"一盘棋"精神，就是指各部门在统一的指挥下各就各职，各归各岗，才能协同一致，共同完成管理目标。

B. 是将计划职能、组织职能中已确定的目标、实施方案、组织结构以及责、权、利的划分切实落实到管理实践中，有效的指挥，决定了计划、组织、控制、协调的效果。

C. 有效的指挥,可以发掘出组织内各类资源的潜能,特别是发掘出人力资源的巨大潜能。从而激发出高昂的士气,强有力的内部凝聚性,我们平常往往用固若金汤来形容有效的指挥,而将一盘散沙来形容失去指挥或失败的指挥。

②指挥权力

无论哪一个层次的管理者进行指挥,都必须首先拥有指挥权力,否则就达不到指挥的功能,指挥权力包括以下五个方面:

A. 法定权力,指由组织及上级、规章制度所给定的权力。

B. 强制权力,主要利用惩罚和暴力所表现的权力,这种权力往往会给部下造成一种感到威胁的环境,对部下有一定遏制作用。

C. 奖励权力,利用各种奖励所表现出奖励者对被奖励者的权力,这是一种积极的权力。

D. 专长权力,领导者在某行专门知识或专门技能所表现出来的,能引起部下钦佩的权力。这种权力往往使部下心服口服。

E. 个人影响权力,在与部下的接触与沟通中,由于个人品质、能力、对部下的爱护等造成部下的尊敬与服从,这也是一种无形权力。

③指挥方式

包括口头、书面和会议三种方式

A. 口头指挥方式是指用语言(包括体语)来输出指挥信息,这是一种使用最多的指挥形式,大多是以命令的语气进行指挥的,因此要求语言简洁有力,用词准确,层次分明。

B. 书面指挥方式是借助于文字(文件、电报等)来输出指挥信息,这种指挥的方式优点是规范化,可靠性强,不会走样。

C. 会议方式指挥是指挥者召集会议,并在会上用口头或文件方式向与会者输出指挥信息。

④指挥艺术

要使指挥有效,指挥者掌握一定的指挥艺术是很重要的,一般讲指挥艺术有:

A. 了解下属,也使下属了解自己,做到知己知彼,才能使每一次指挥都立即生效。

B. 灵活运用指挥方式,要根据下属的特点和接受能力而采用下属最容易理解,最乐于接受的方式。

C. 言必行,行必果,命令一下,则一定要执行,如果有令不行,则指挥就会失去权威,就会"指挥失灵",部下也就会不听指挥。

D. 要统一指挥,切忌"双重指挥",造成下属无所适从。

E. 指挥者要亲临现场、了解情况、检查工作、发现问题、及时解决。

F. 要善于抓关键和薄弱环节,优先解决关键和薄弱环节,此一解决,其他问题则迎　而解。

G. 要善于及时反馈。

H. 要当机立断,敢于面向困难、敢于负责。

⑤指挥特点

不同类型的指挥在内容上有很大的区别,但都具有以下特点:

A. 权威性,指挥是一种行为,指挥的根本任务就是在现场组织下属,围绕某一项任务去协调一致的行动。指挥离开了行为就不再是指挥。

C. 技术性,指挥要求在恰当的时刻,组织适当的人力和物力,作出准确的努力,错过了时机,指挥就可能失败,因此有着很强的技术性。

D.事务性,指挥是具体的管理行为,不仅要落实到人,而且进行指导、布置和协助,因此是一项事务性很强的管理行为。

E.复杂性,因为是现场操作,不管现场的变化如何合符我们的预计,都仍然会出现意想不到的局面,这就要求指挥员对这种复杂的场面有一定准备,并能随机应变。

2、基层指挥的特点

指挥具有不同的层次,在军队中有高级指挥员、中级指挥员、下级指挥员,在企业中称上层指挥和基层指挥,一般地说,高中级指挥或上层指挥主要负责战略和战役指挥;而下级指挥或基层指挥则主要实施战术和战斗方面的指挥,对基层指挥来讲,它具有以下特点:

①基层指挥都是现场指挥,在酒店,基层指挥员同时又是战斗员,即指挥同时参与实际操作。

②基层指挥者既是指挥者,又是被指挥者,他首先要接受并掌握其上级的指挥意图,并在自己职权范围内创造性地执行上级指挥,并将这种意图运用指挥布置到每一个员工。

③基层指挥者大多采用口头及会议方式来进行指挥,在指挥中榜样的作用往往决定了指挥的效果。

④基层指挥者的指挥艺术往往是在实践中培养并不断获得提高的,因此理论不一定完善,但在实践中的确是创造出许多精采的指挥艺术来。

3、基层管理者权威的建立

酒店基层管理者的权力使用,大多以法定权力和个人影响权力为主,因此,一个优秀而有效的基层管理者,必须树立起一定的权威来,才能影响部下,真正发挥好指挥的职能,下面就如何建立起基层管理者权威作一些介绍。

①榜样是建立权威的基础,如果领导者是榜样和模范,就会使部下心服口服,发自内心的钦佩与服从,榜样不仅是在知识上、技能上高人一等,更重要的是在行为上正派,正义,正确,古语云:"上梁不正下梁歪",如果领导口里一套、行动一套,甚至自己制定的规范自己违犯,那么怎么能说服别人呢?

一个基层团体领导人的风格往往就是这个团体的风格,领导人的人品往往也就是这个团体的人品,松下幸之助以他个人的体验指出:"不论企业的规模如何,经营者以身作则的作风是最重要的,⋯⋯经营者必须切实体认自己所负的责任,全心全意地工作。不必蓄意逞强,只要表现诚心即可。员工看到你这种真挚的态度,必定会效法你。"

②信誉第一是树立权威的捷经,指挥者如果是一个说话不算数的人,来多了几次"狼来了",还有谁会听你的指挥呢?相反,如果是一个非常守信誉的人,部下就会肃然起敬,而且会对你依赖,认为你是值得信任的人。

所谓信誉第一包括两方面内容,一是说话算数,"言必行,行必果",说到做到,哪怕对一些"小事"也一丝不拘,指挥不一定人人都听,也不一定都不折不扣地执行,这就要执着,要坚持,不能原谅些许的"不服从",因为容忍了些许的不服从指挥,接着而来的就是大的不听指挥,允诺一定要兑现,实在因客观原因兑现不了,也要说清楚,要补救,而且下不为例。

另一是信守时间,无论布置任务还是约会都要严格地遵守时间,要求什么时候完成的,就应在什么时候去检查,完不成就要处罚,毫不客气,约会时间最好一分钟也不要差,同样,开会也应准时开始,准时结束,把不守时间看成是沾污自己的人格,你的权威也就自然而然建立起来了。

③应变能力是一个指挥员必备的才能,现场指挥一帆风顺的情况是不多的,关键是要善于应变,从小的变化到天灾人祸都能保持镇定,都能应变自如,权威就会自然而然建立起来,恩格斯在"论权威"一文中指出,最能表现出权威的是在一条行将沉没的海船上,你能镇定自如,从容不迫,指挥若定,应变能力的培养,主要是靠平时实践的经验。

④口才是指挥的得力助手,是口头指挥方式的艺术基础,所谓有口才,口才好是指在指挥时,能用最简洁、生动、明了、果断的语言发出指令,并使下属很快明白指令的意义和份量,能毫不犹豫地去执行。

那种唠唠叨叨、管家婆式的指挥是令人厌恶的,是失败的指挥。

⑤热忱,是塑造指挥者形象的重要内容,权威与形象是相得益彰的。一个热忱的指挥者,总是受部下所欢迎的,热忱来自于信心,来自于对成功的坚定不移的信念,热忱也能补拙,滴水穿石,就是对热忱最好的写照,热忱必须真挚,必须发自内心,热忱是装不出来的。

⑥学会弹钢琴,部下就如同钢琴上众多的键盘,学会有节律地运用,就能奏出美妙的音乐来,如果都要发声,或者都不肯发声,是奏不出什么乐音来的,怎样做到有的发声,有的不发声,有的发弱音,有的发强音,关键是指挥者,也即弹琴者能否奏出乐章,美好音乐本身会使每一个琴键明白自己在钢琴中不可缺少的价值,他们也就乐于接受指挥了。

⑦一碗水端平,这对一个指挥者说,的确不容易做到,但又的确需要做到,指挥时只有端平这碗水,才能让部下感到公正,才能信服,其实端平一碗水并不难,关键是要出以公正,不偏坦,不固执。

⑧学会一盘棋，一个基层指挥者与上层指挥者一样，要有一盘棋的精神，为了整盘棋的利益，甚至可以局部牺牲，指挥者有了这种精神，再去做部下的工作，也就能够说服，同时，无论在部下，在他人，你都能树立起作为一位优秀指挥员的光辉形象。

第三章　酒店基层培训

培训工作是酒店管理的重要内容之一,酒店无论大小,都离不开培训,现在几乎每一个酒店管理者都认识到,现在以及将来的酒店业竞争,实质是人的经营管理能力和生产技能的竞争,谁能拥有具有竞争能力的大批人才,谁就能掌握竞争的主动权,而获得人才的途径之一就是对现有的职工进行教育培训。

培训就是对职工在政治思想、文化知识、科学技术、劳动技能、企业文化、经营管理等方面进行教育和训练。从而不断地提高企业及职工素质。培训是酒店生存与发展的需要;是酒店适应科学技术的飞跃发展,国际交流的不断增强的需要;培训能不断地提高职工素质,更好地发挥职工潜能;培训是酒店实现最高最终目的——为社会培育人才、提高全社会素质水平的必不可少的方法与手段。实践证明,任何企业、任何国家,重视教育培训则兴旺发达,忽视教育培训则必然遭到挫折,甚至失败。

第一节　酒店培训体制

和其他企业一样,酒店也应该是实行全员培训,即从总经理到每一个员工都应该进行不断的教育培训,为此,健全的培训体制,是酒店全员培训的重要保证。

酒店培训机制主要分三部分:

首先是负责教育培训工作的领导,有些酒店是由一把手即总经理担任,也有由负责分工的副总经理担任,但最少也应是副总经理。这位领导应该承担制定酒店长远培训目标与计划的工作,审批具体的培训计划,监督与指导培训计划的实施,规划与拨付培训经费,审批一些重要的培训器材的购置。一些耗费较大的培训经费(如出国考察、脱产学历培训费用等)。

其次是培训职能部门,有些酒店称教育科,有些酒店称培训部,还有的称为培训中心等,这一职能部门负责酒店的全部培训工作。职能部门负责全酒店的职工培训具体事务,如培训计划的制定与执行,培训师资的培养与聘请,培训器材的购置,培训课的安排,培训经费的申请与使用,各层次人员的培训安排,培训效果的评估,培训工作的总结及对外联系等等,培训职能部门对上向酒店管理层负责,受酒店负责培训的总经理或副总经理的领导,对下负责指导各基层部门的培训教育及考核工作。

第三部分是基层部门,基层部门均有教育培训的职能,他们是酒店职工培训的基础和落实点,与生产经营一样,他们也决定了酒店培训工作的成败。

酒店培训体制见下图:(3—1)

```
教育培训总负责（总经理或副总经理）
              ↓
培训职能部门（教育科或培训部）
              ↓
```
部门　部门　部门　部门　部门　部门　部门

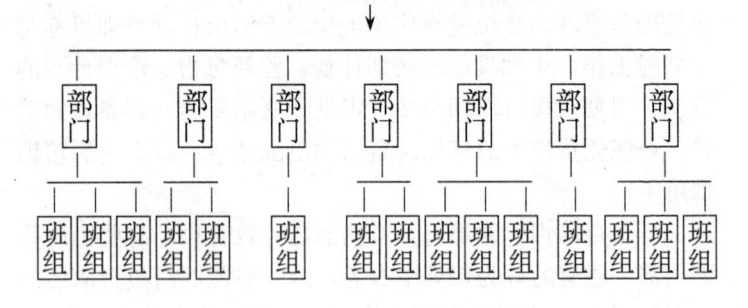

班组　班组　班组　班组　班组　班组　班组　班组　班组　班组

第二节　酒店基层培训的意义

　　作为酒店细胞的基层组织具有培训功能，而且是酒店培训计划的具体落实部门。因此，基层组织培训功能发挥得好坏，直接关系到酒店培训计划的落实，以及培训效果的好坏。基层组织培训意义可以从以下二方面体现出来。

　　1、基层培训是酒店得以生存与发展的基础

　　基层培训是指面向职工及主管、领班的培训，它是酒店全员培训的重要组成部分，也是酒店整个培训工作的基础，基层培训工作完成得好坏决定了酒店的生存与发展。

　　①基层培训是使新职工掌握基本工作技能和职业道德，从而胜任酒店工作必不可少的步骤。即使是招聘专业学校毕业的学生，当他们进入酒店时也需要培训，因为他们学习的是一般酒店知识，对具体的酒店，具体的工作岗位和具体的班组，每一个新职工都有需要学习与掌握的内容，理论的学

习与胜任实际工作还是有一段距离的，更何况有些新职工连酒店的一些基本常识也没有。

  酒店的产品是服务，这是一项要靠每一位服务员的身体力行来表现的"软产品"。它不象硬件商品，即使有不足或缺点也可通过包装而在购买时"蒙混过关"。服务员是面对顾客提供服务的，这种服务是直接的，立即使用的，是无法进行包装的，因此也是处处在领导、同事和客人的监督之下，如果出现一点失误或不称职，如肉菜不新鲜、客房不干净，甚至菜汤里有一根头发、浴缸里有一点污迹……都会可能引起顾客投诉，如果对投诉不予理采或处理不当，就不仅会失去顾客，而且有损于酒店的形象。每一个新员工，一定要知道做什么和怎么做才能上岗工作，如不进行训练显然是不行的。

  有的酒店经理认为服务员的工作是一种简单的机械的一看就会的劳动，因此对培训不予重视，新员工的观察、模仿、摸索和询问当然是一种学习，但与有计划、有教师、有教材、有目标的培训比，后者可以加快学习速度，减轻紧张情绪，教师的谆谆教诲能鼓舞学员更快地适应工作。

  ②基层培训是不断提高服务质量，提高基层组织及酒店整体素质水平的关键。

  无论是新员工还是老员工，都不能停留在"胜任工作"这一较低水平上，而要不断地提高质量，这不仅是酒店日益剧烈的市场竞争的要求，也是人民生活不断提高，旅游业不断趋于目标多元化的要求，还是酒店本身发展的要求，服务水平的提高是没有止境的，而这种提高相对于硬件商品质量的提高有着更大的难度。可以说这种提高的方法，主要是靠培训。

  培训不但要让职工越来越深入地从理论上了解，而且是把工作实践中证明是最好的方法教给学员。

培训还将通过成绩显示，考核和培训后对不同成绩的回报，激励员工提高自己服务质量，从而建立起一种重视质量的企业风范。

班组也是全面质量管理 QC 小组的雏形，有关全面质量管理的理论与方法，当然也是要通过班组培训这种形式来实现。

③基层培训是安全生产、增产节约、提高职工出勤率的保证。

酒店的基层工作是多种多样的，随着科学技术的发展，酒店设施、员工操作工具也都在日益更新，无论是用电知识，还是冷热水、空调的操作，甚至剖牡蛎和洗碗碟，都有一定的危险性，许多酒店事故，如由于漏电而引起的火灾。由于操作不规范而引起的工伤事故等，缺乏培训是其原因之一。有资料统计，未经训练的员工的事故发生率差不多是经过培训的三倍。

有的酒店浪费现象是十分严重的，不仅是人们司空见惯的用电、用水的浪费，可以说在酒店处处都可以看到浪费的现象，其中，很多损耗是由于未经训练和没有经验所致。通过培训，可以使职工建立起爱店如家和浪费可耻的观念，从而在工作中自觉地节约开支，杜绝浪费。

职工通过培训，了解了酒店的规章制度，熟悉了本职工作，对酒店建立了一定的归属感，就能较自觉地遵守纪律，做到不迟到不早退，从而保证企业的出勤率，有资料表明，酒店员工培训后的出勤率一般要提高三成以上。

④基层培训重点在于提高职工技能，其效果是提高劳动效率。

通过职工培训，可以使普通工变为熟练工，其劳动效率自然提高，经过培训的服务员可比未经培训的多照管几张餐桌、多清扫几间客房是显而易见的，就是一些难以直接用数量表示的工作，如行李员和修理工，也可以从顾客的满意程序来反映。一个和蔼可亲、善解人意的领班与顾客的多少表面上关系不大，但对酒店的重要作用却是十分明显的。

劳动效率是企业兴旺发达的关键，同类企业的优劣、经济效率的好坏，关键在于劳动效率，而劳动效率的高低，主要在于职工的凝聚性和职工的劳动技能。这两者，都与班组培训有关。

⑤基层培训是企业文化建设的重要渠道

企业文化建设是全企业的工作，是一系统工程，但企业精神的培养、企业目标的宣传、企业凝聚力的加强等等都需要进行教育、引导，而班组培训是最佳的形式之一。班组培训不仅可以在培训文化知识和劳动技能的同时，灌输企业文化知识，还可以通过组织岗位练兵、劳动竞赛及有意义的各种活动把政治思想的提高，职业道德的培养，企业内人际关系的改善，职工参与意识的加强……等有机地糅合进去，这种形式的企业文化建设，是新形势下职工教育的特点。

2、基层培训为职工自身发展创造了条件

培训不仅对酒店有利，对职工本身也是有好处的，因此，把职工培训的意义宣传到家，一系列保障机制配备，职工不仅会愿意参加，而且会积极主动要求参加。

①培训可以为增加收入创造条件

改革开放的最大特点之一就是落实了按劳动取酬，职工要多有收入，关键是多有贡献，而提高技艺，是多有贡献的重要保证，班组培训不仅提高了新职工的技术，使他们能很快上岗，并不断提高劳动技艺、变新手为熟手、老手；培训也可以供老职工也不断地更新工作方法，提高工作成效。因此，新老职工都能通过班组培训增加收入。

②班组培训能满足职工各层次的需要，不断发展自我。

培训虽然是以文化知识与劳动技能为主，但实际上能满足职工各层次的需要；培训能提高职工胜任本职工作的信心，从而增强了职工的职业安全感，不会担心因工作水平而被"炒鱿鱼"，随着培训工作的深入，职工对自己工作意义的进一步理解，就会逐步建立并加强其自豪感，敢于在工作中相对独立和自由地作出决策；培训也可以增加班组成员的交流、沟通与了解，满足职工社会交往和尊重的需要；职工通过培训，提高了自己的素质，就会产生不断进取和自我完善的需要。企业的培训保障机制，将会在培训后的职工中发现与进一步培养人才，这也为职工晋升创造了条件，有道是"要想当元帅，先要做一位好士兵"。

第三节　酒店基层组织培训原则

学习是培训的主体，培训是为学习服务的，培训必须依靠被培训对象的努力学习才能达到培训的目的。如果光有培训，没有学习，或者培训与学习不配合，例如教的太深，学的跟不上，教的内容学的不感兴趣或不愿学等都没有什么效果的。

因此，培训必须配合学员的学习规律和特点，遵循一定的原则，以避免目前国内许多酒店宾馆培训走过场的现象。

基层培训是酒店培训工作的基础，它除要遵循培训的一般规律，本身还有一定的规律可循，我们在制定计划、实施培训前，首先要了解规律，遵循原则。

一、学习动力原则

　　学习完全是一种个人主体行为，如果一个人没有学习动力，不想学习，就是有再好的教师，再佳的学习条件也等于零，我们知道现代管理要使人愉快地、积极地、高效率地工作，就要调动其内在的动力。学习与培训也是这样，要使职工重视培训，努力学习，首先是解决学习动力问题。只有当职工具备学习的某种动力，才会自觉地学。

　　学了有什么用，有什么好处，这往往是学习者首先和经常提出的问题，基层培训可以通过人际沟通来解释，最简单最现实的解释是学习有利于工作，有利于提升，有利于加薪或可获得奖励，这种教育当然是必不可少的。同时酒店也应相应的制定有关奖励条例。但这些物质奖励是有一定限度的，因为他只满足了学员的一定量和一定时期的需要，当这些需要一旦得到满足，学习动力就可能终止甚至结束。

　　兴趣既是人各种行为的动力，也是学习的重要动力之一，优秀教师的一个标志就是能调动学员的学习兴趣，有经验的教师往往利用课内外的时间来激发学员的兴趣。兴趣的产生有多种因素、学员的个性、经历、学历、观念、抱负水平、期望价值，以及个人爱好，事业心与成就欲。教师要善于发现各个学员的不同兴趣及表现在对学习的不同态度，激励或改变他们的态度，使他们转移为学习的自觉性。

　　最能激励学员的学习动力的,莫过于自我完善的追求,对于已经满足了其他需要的学员,对自我完善的追求尤其强烈,培训时给予适当的启发与诱导，更能激励这种需要，而且自我完善的需要是永远无止境的，人如果越高尚，就越能对自己提出更高的要求,也就更需要学习。

二、学习理论原则

酒店企业培训出现走过场或虎头蛇尾现象的重要原因之一是不了解学习的规律,学习是什么?其本质是什么?它有些什么规律?我们在培训时都应该了解,并遵循这些规律,不要违背它,否则,就会学而无效或少慢差费,学习的理论很多,我们集中介绍以下几点:

(1)联结理论:

有一部分科学家认为,学习是刺激——反应之间的联结的过程。提出该理论的科学家有三位,即巴甫洛夫、桑代克和斯金纳,他们又各自有代表性的实验来证明自己的理论。

①巴甫洛夫是俄国伟大的生物心理学家,他提出的古典条件反射式学习理论,并用著名的假词实验来证明,他在给实验狗喂肉时,同时也摇铃,经过一段时间后,即使不喂肉,光摇铃,狗也会分泌唾液。巴甫洛夫认为这就是一种学习过程,我们在培训中采用情景教学就是依据得这一原理。

②桑代克把饿猫放入笼中,食物放在笼外进行观察,猫初进迷笼时,动作紊乱,偶然碰到门把,使笼门自动打开,获得食物。重复几次后,猫的紊乱动作逐渐减少,碰到门把的次数则逐渐增加,直到一进迷笼就会去打开笼门。

桑代克对迷笼实验作了两点解释。第一,学习过程是一个尝试与错误,或选择与联合的过程,是个体在已有的反应中保存正确动作,淘汰错误动作的过程。第二,学习过程是某一刺激与某一适当反应之间的联系,联结强度遵循以下三定律。

A.准备律:如果事先对刺激的情况的反应有所准备,其反应就会感到满足，联结容易形成，如无准备，反应则是在外力强制下进行，就会感到烦恼，联结形成较困难。

B. 练习律：刺激——反应间的联结力量，要靠练习来加强，练习愈多，联结愈牢固，学习效果愈显著，反之亦然。该定律还应遵循以下二原则：

应用原则：一个已形成的联结，经常应用，联结就会加强；长期不用，联结就会减弱。

相属原则：学习情景或刺激——反应联结不光靠练习次数多少来决定，还要看二者性质是否有相属关系，相属则易形成联结，不相属则不易形成联结。所谓"阳春白雪，其和弥寡，下里巴人，和者甚众"、"对牛弹琴"等均是出自该原则。

C. 效果律：联结形成，学习有效果；没有形成，无效果；反之，反应如有满意效果，刺激——反应联结会加强；如无满意效果，联结会中断。桑代克还认为，在培训中，对学员进行奖励比处罚更有效果。

除此之外，桑代克还提出了五个学习原则：

多式反应原则：指对同一刺激情景会有多种反应形式，一种反应不适应外在情境，会发生其他反应。如对培训外语，设计一种宾饭店接待的情景对话，并配以录音带、录象带，有的学员，特别是一线接待服务员就感到很有用，很亲切，学起来很认真；一部分英语水平较高的学员就感到太浅，没有什么收获，而另一些人，特别是非一线人员就会感到太难，学了没有用而不愿意去学。

顺应原则：指学员会由于自己的条件（如年龄、饥饿、精力、机体疲劳等）不同而对外在刺激情景而表现出不同的态度，从而影响到不同的学习效果。

要素反应优势原则：刺激情景中的某些个别要素或个别

情节，会引起反应优势，从而被优先反应而形成联结。这些反应优势对学习者来说往往是颇具特色，并能起强刺激作用。

类化原则：对类似的刺激情景,有发生同一反应的倾向。对第一次接触到的刺激情景,会习惯按过去已有的经验来反应。

联想交替原则：即巴甫洛夫的条件反射论。

桑代克认为，人在25～40岁的学习能力并不会衰退。处在这个年龄段的学员，大多能取得好的学习成绩，有一部分学员学不进去或学习成绩下降的原因主要以下四因素：机体健康状况的衰退，学习动力的减弱，对学习材料缺乏兴趣和失去学习机会。如果培训者在这四个方面努力排除干扰，大多数处在这个年龄段的职工是能够通过培训而得到提高的。

③斯金纳的迷笼试验对象不是饿猫而是小白鼠，他称之为"斯金纳箱"，他把被试小白鼠放入箭中进行观察，让它在无意中碰到杠杆而得到一颗食物小丸,斯金纳称为正强化,这样反复多次，白鼠饿了就会去压杠杆，而由于强化学习而得到一种操作反应，然后，又让另一白鼠在无意中 到杠杆时受到电击，斯金纳称之为负强化，经反复多次，小白鼠会逐渐减少压杆的次数甚至最后会躲开杠杆。

斯金纳为此提出了学习强化学说。

斯金纳认为：个体行为由外部条件决定,由学习得来,而不是由个体内在需要支配。人为了达到某一目标，本身会采取某种行为作用于环境，当行为结果为获得所需或避免不需时，行为都会反复出现，逐渐增强；当行为结果为失去所需或带来不需时，行为都会逐渐减弱并消失。刺激——反应的联系影响行为是由行为的后果引起的。

斯金纳认为：学习成功的程度，主要看强化程度，强化次数愈多,学习成功概率就愈高;如果不给予强化,则学习成功的概率就低。

斯金纳把强化分为正强化和负强化。

正强化是指能令人愉快和满意的强化,如对学习好的给予奖励,会加强学习效果。

负强化是指能令人烦恼和厌恶的强化,如对学习不好的给予批评,会间接提高学习效果,但不及正强化。

斯金纳把强化程序分为连续强化和间歇强化。

连续强化是对学习者的每一次正确反应或良好成绩都给予强化。

间歇强化是对学习者的每一次正确反应或良好成绩不都给予强化,而是对有时无,时断时续。

从效果看,间歇强化优于连续强化,其类型又可分为以下四种:

定次强化:每隔一定次数反应后,即给予强化。

不定次强化:每次强化,不按反应次数,即反应次数可多可少。

定时强化:指每隔一断时间给予一次强化。

不定时强化:指不按一定时间,也不按一定次数的强化。

实验结果表明:在培训中,强化效果顺序是:不定次强化;定次强化;不定时强化;定时强化。

(2) **认知理论**

这是另一种学习理论,又分两派,一派不同意联结理论,强调学习是认知与领悟的过程;另一派则认为认知理论是联结理论的补充,强调人对动作、技能、语言习惯等方面的学习属于联结学习;而对复杂抽象的事物的学习则属于认知学习。认知理论的代表人物是席勤和托尔曼,他们又各自有自己的代表实验。

席勤把自己的实验称为顿悟实验,把自己的理论称为"领悟说"。

席勤用猩猩做实验,先是把香蕉挂在笼顶,使猩猩抓不到香蕉,在笼子里同时放几只箱子。猩猩开始试图直接去抓香蕉,后来在笼子里乱转,在经过短时间观察后,最终把箱子搬到香蕉下面,爬上箱子摘取了香蕉,后来又把香蕉放到箱子外面,中间放一长棒(猩猩用手够不到),笼子近处放一短棒(可以够到长棒但够不到香蕉),猩猩先用短棒取香蕉,失败后便停止活动,更四处张望并若有所思,偶然发现长棒后,突然用短棒取长棒,用长棒取香蕉。

席勤认为:学习是一种顿悟过程,不是尝试错误的过程;学习是个体对情境中刺激与刺激之间关系的了解,而不是刺激——反应联结;个体一旦了解了问题情境的关键,即可豁然贯通,学习是一种顿悟过程,并不需要练习。

席勤认为:领悟学习的特点是整体性以及理解手段与目的之间的关系,要求学习者对整体情境有较高的观察能力和理解能力。能力愈

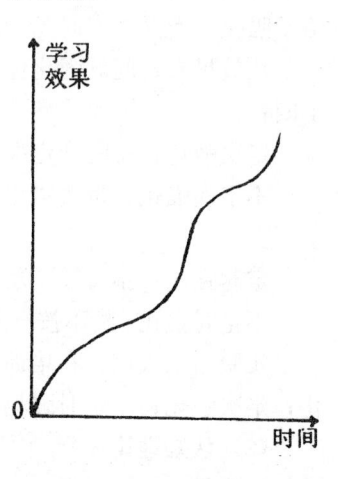

图3-2 高原现象

高,领悟就愈快,愈多。这就要求在内容安排上,学习材料有完整性,学习方法上要采取综合观察、运用智慧和理解能力,以求理解手段和目的之间的关系,领悟解决问题的方法,

一经领悟,即能迅速解决,并长久保持,达到巩固学习成果的目的,并且能举一反三,促进学习的过程。

两种学习理论都有道理,也都能用来指导我们的培训工作。

(3) **高原现象**:

高原现象是每一个人在学习时都会碰到的一种规律现象,在培训中,每一个学员的学习效果大致可以分为四个阶段,一开始学习时,由于对学习的知识不了解,对学习的操作活动或其他技能不熟悉,现出手、眼、腿不协调,反应速度慢,思维跟不上教学,注意范围窄,产生错误多等许多行为表现,称之为不熟悉阶段。

随着教学的进展,学习时的反复练习,深入理解和对操作动作的掌握,学习效果有很大的提高,这一阶段称之为提高阶段。

培训一段时间后,出现进步不大的"稳定状态",称为高原现象。高原现象是人在学习进程中的暂时停顿,这种停顿并不是学习能力的枯竭,而是创造活动的间歇,是新的飞跃起点。当培训中有的职工出现高原现象时,要告诉职工,这是一种正常现象,如果放松努力,将前功尽弃,如想方设法、正确对待,是可以渡过并缩短高原期的,帮助他们排除消极、急躁的情绪,并寻求新的训练方法,改进训练措施,使职工能尽快越过"高原"。

越过"高原"后,学员的学习又会出现新的进步,直到下一个高原出现,称为第二提高阶段,有的培训,特别是较系统的理论学习,较复杂的技能训练,学员往往会出现多次高原现象,这一点也要与学员讲清楚并在培训中针对性地做好工作。

(4) 遗忘曲线

记忆是学习的重要手段,记忆能力的好坏往往决定了学习的效果。记忆的反面是遗忘,认真地研究遗忘,把该记住的信息记下来,把不该记忆的信息遗忘掉,是学习的关键艺术,有些学员由于不懂这一规律,结果恰恰相反,该记的记不住,不该记的东西常常在脑子里作怪,并干扰我们的有用记忆。

德国心理学家艾宾浩斯通过实验绘制了人的遗忘曲线图(见图 A),从图示可以看出,遗忘多数是在学习后即刻发生的,一小时后识记被遗忘 60%,一个月后则遗忘 80%。

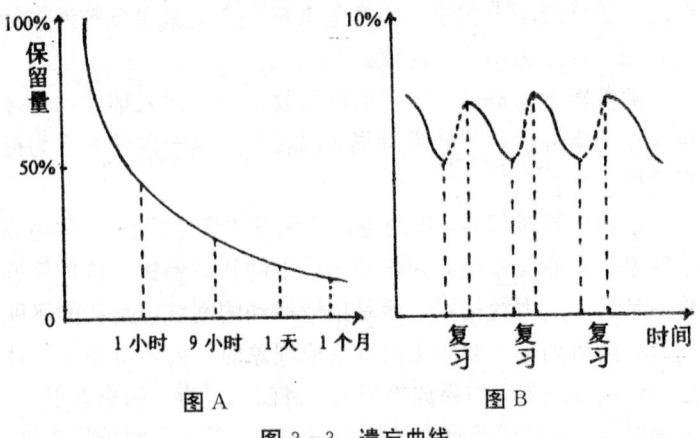

图 3-3 遗忘曲线

根据人的遗忘曲线的特点,利用学习后的及时复习,而且是多次的复习(如练习、问答、作业等),可以大大提高记忆效果,使记忆始终保持在一个较高的水平上。

三、因材施教原则

参加酒店工作的员工,有的具有大学文化程度,有的只有高中甚至初中水平,有的是旅游职业高中或专科学校毕业,有的却在此之前对酒店知识一无所知,在接受理论知识方面,有的人思维能力快,接受能力强,能做到触类旁通,举一返三;有的却显得迟缓、木纳;在进行技能培训方面,有的心灵手巧,一学即会;有的却显得笨拙一些,不容易掌握要领,一般来讲,学员的接受能力是正态分布,即冒尖的与较差的都相对较少,而中间水平的较多。但为了切实做好培训工作,在培训前还是要做好调查工作。

基层培训,除非是新员工,基层领导对自己的职工都有一定的了解,不需要专门的测试,基层领导要善于积累这方面的资料,对有些全公司组织的测试结果,留作会后的参考,除非是大的班组,一般不需要自行进行测试。

因材施教是指在了解学员的前提下,应针对不同的对象,不同的内容,合理安排培训进程,确定恰当的培训方式,以提高培训的效果。

四、循序渐进原则

在制定培训目标和计划时,不仅企业的总目标总计划要遵守循序渐进原则,基层培训也得遵守循序渐进原则,不可能把所有的厨师通过一次培训都达到特级,也不可能要求每一位客房服务员在短期服务员培训后都可以达到优秀服务员的水平,理论学习则尤其要由浅入深,由易变难。

为了提高培训效果,在方法上要求能多种多样,交叉进行,特别是理论学习与技能培训相结合,文化知识与专业培训相结合,课堂教学与操作演示相结合……。

在培训过程中,要因人而异,对接受能力强的、基础较好的,可以把目标定高一些,"响鼓不用重锤",对于接受能力差、基础较差的则要适当放慢,多加指点与辅导,要有耐性,不能表现急躁,因为这一部分学员心理上本身压力就较大。

五、标准培训原则

标准是衡量任何事物的一个重要项目,我们所讲的标准培训原则中的标准,是指酒店员工从被录用到工作中的升迁所必须依据的各种标准,这些标准,有的是由国家人事部门制定的带有普遍性意义的标准,如国营企业在招工时,必须按照1986年7月22日国务院颁布的《国营企业招用工人暂行规定》,有的是由主管部门制定的行业内普遍应遵守的标准,如由国家旅游局制定的《旅游行业工人技术等级标准》,有的是由地方主管部门制定的标准,如辽宁省旅游局制订了烹饪技师的标准,还有些标准是由企业自己制订的。

按标准为依据进行培训是企业培训的重要原则,也是基层培训的重要原则。标准为确定培训目标,制定培训计划提供了可靠依据,也是编写培训教材的依据之一。标准与职工的切身利益有密切关系,因此,坚持标准培训原则有着极大的激励作用,可以收到较好的培训效果。

标准培训原则的另一层意义是培训一定要达标,因此培训不仅要有计划有步骤,而且要有标准有检查有考核。为了达标,各级人事部门都制定了相应的考核标准,如由国务院批准施行的《工人考核条例》,由国家旅游局下发的《旅游行业工人考核实施办法》,由国家旅游局和劳动部共同颁发的《关于旅游行业实行技师聘任制的实施意见》等,各企业内部针对某种培训一般也制订了考评标准,并记录在案,以便与职工的加薪，升迁等利益有机地结合起来。

标准培训原则,也是酒店标准化管理的重要组成部分,酒店在制定与实施标准时，首先要进行培训，要让每一位职工都知道自己所在的岗位应了解的标准及其意义，从而自觉地遵守标准，按标准进行操作。

第四节　酒店基层组织培训计划

计划是企业管理的首要职能，无论是计划经济还是市场经济，都离不开计划，同样，培训工作也应首先制定计划。

一、酒店培训计划

酒店培训工作是一个系统工作，其过程与步骤分别见图（3－4－1）和图（3－4－2）

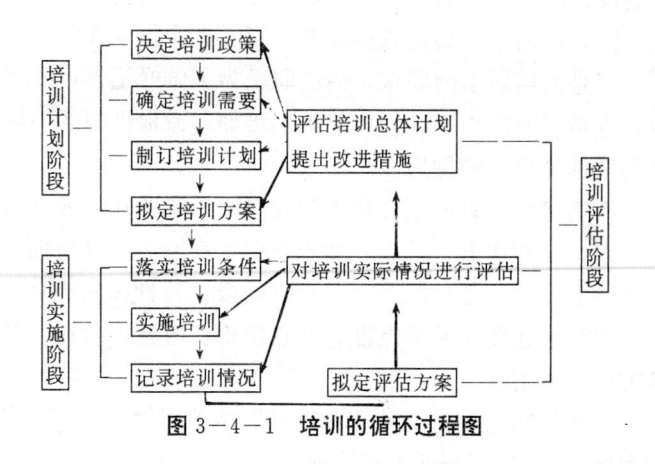

图 3－4－1　培训的循环过程图

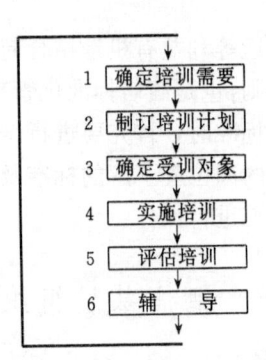

```
┌─────────────────┐
│   ↓             │
│ 1 确定培训需要  │
│ 2 制订培训计划  │
│ 3 确定受训对象  │
│ 4 实施培训      │
│ 5 评估培训      │
│ 6 辅    导      │
│   ↓             │
└─────────────────┘
```

图 3-4-2 培训活动的基本步骤

酒店培训计划的依据主要来自三方面，一是酒店主管部门的要求，为了加强管理，提高酒店素质水平，酒店主管部门制订了许多标准。下达了许多要求，而且把这些标准及要求与对企业的检查评比有机地结合起来，于是酒店必须采取各种措施，其中包括制订培训计划。

二是酒店本身发展的要求，酒店要发展，从经营思想、规章制度到酒店素质的提高都需要通过培训落实到每一员工身上，因此，培训计划是酒店发展计划的重要组成部分。

三是酒店职工的要求，酒店职工为了做好工作，发展自我，也希望酒店能有计划地对他们培训，或根据酒店的培训计划来选择自己的发展。

酒店培训计划的制订是由职能部门根据企业发展的目标与规划，对酒店进行认真的调查研究，在酒店原有培训计划的基础上制订的各种阶段，各种时间段，各种课程的具体计划，拟订后还要报领导批准，并在措施、考核、效益、经费等方面一一落实。

下面是国家旅游局的"八·五"培训规划，和广州白天鹅宾馆 1991 年度培训工作计划：

国家旅游局关于 1990 年——1995 年旅游行业开展岗位培训工作的实施意见

根据国务院批转的国家教委《关于改革和发展成人教育的决定》，以及国家教委、劳动部、人事部、体改委、全国总工会下发的《关于开展岗位培训若干问题的意见》的要求，现对 1990 年－1995 年旅游行业开展岗位培训工作提出以下实施意见：

一、开展岗位培训的性质和意义

岗位培训是对旅游行业的干部、职工按岗位需要在一定政治文化基础上进行的以提高政治思想水平、工作能力和生产技能为目标的定向培训。它主要包括按照旅游岗位规范的要求取得上岗（在岗）、转岗、晋升等的资格培训和根据本岗位工作需要而进行的各种适应性培训。培训的主要内容包括政治理论和职业道德、专业知识、实际技能几个方面。

岗位培训要重视马克思主义、毛泽东思想的教育，要把"一个中心，两个基本点"和爱国主义、艰苦创业精神作为培训教育的基本指导思想，坚持为两个文明建设服务的方向。

岗位培训工作要从实际出发，面向提高旅游管理水平和服务质量，强调针对性、实用性、注重实效。要贯彻学用结合、按需施教、干什么学什么、缺什么补什么的原则。要注重能力培训，加强行为规范或职业道德教育。

开展岗位培训是旅游行业职工教育的一项重大改革，其根本目的在于提高领导干部、职工的工作能力，它具有很强的针对性、实用性，是最直接、最有效的智力开发和提高旅游管理水平、服务质量的重要手段，也是社会主义精神文明建设的重要内容之一。

二、1990年－1995年旅游行业开展岗位培训的任务

1. 1990年－1995年旅游行业开展岗位培训工作的任务是：

1) 管理人员。按照各类管理人员岗位职务标准，于1993年底以前，完成旅游企业总经理和主要部门管理人员的岗位资格培训；其他部门管理人员的岗位资格培训在1995年底以前全部结束。

2) 服务员（工人）。对非技术工种的普通工、工序工按岗位规范的要求进行岗位培训；对技术工种的服务员（工人）按《工人技术等级标准》进行培训考核。1995年以前将所有在职的服务员（工人）的岗位培训或技术等级培训考核全部完成。

2. 根据"三级管理，分工负责"的培训原则，1990年至1995年，国家旅游局承担并完成各省、自治区、直辖市和计划单列市旅游局长约150人，教育培训处长80人，大型旅游饭店正副总经理130多人，一类旅行社正副总经理200余人，旅游车船公司和服务公司正副总经理300余名，没有培训能力的省、自治区、直辖市的中型旅游企业正副总经理1000多名，共计2000多人的岗位培训任务。为了按时完成上述培训任务，具体安排如下：

1) 全国旅游局长研讨班每年举办一期，每期50人，三年共培训150人。各省旅游局教育培训处长研讨班举办两期，共可培训80人。

2) 旅游饭店成建制岗位培训作为提高饭店管理人员整体素质和培训效果的一种培训方法，要积极创造条件，逐步展开。南京金陵旅馆培训中心于1991年开展试办饭店成建制岗位培训班。同时要举行大中型旅游饭店经理岗位培训班，计划四年办十八期，共可培训720人左右。

3）一、二类旅行社经理岗位培训班委托中国旅游学院和天津中国旅游培训中心承办，三年办十四期，共可培训560人左右。

4）旅游汽车公司岗位经理培训班委托北京首都汽车公司承办，举办三期，共可培训120人左右。

5）旅游服务公司经理岗位培训班委托天津中国旅游培训中心或其它单位承办，举办三期，共可培训120人左右（具体安排见附件二）。

各省、自治区、直辖市旅游局根据国家旅游局和当地政府的部署和要求，负责制订本地区开展旅游行业岗位培训的实施计划及有关文件，承担本地区大型旅游企业部门经理、中小型旅游企业经理、部门经理和地市县旅游局长的岗位培训。

各旅游企业在上级教育培训主管部门的领导下，按照岗位规范和工人技术等级标准开展服务员（工人）的岗位培训和技术等级培训考核。

国旅、中旅、青旅三个集团公司，受国家旅游局委托，承担本集团各分支社（分公司）经理的岗位培训任务。部门经理参加各省旅游局组织的岗位培训。

3. 各地要根据不同情况，有计划有步骤地开展岗位培训工作。有条件的地方和单位可以先开展岗位资格培训的试点，通过试点，总结经验，逐步展开。当前还不具备开展岗位资格培训条件的地方和单位，先开展以提高旅游管理水平和服务质量为目的的各种适应性培训。待条件具备时，再开展岗位资格培训。

岗位培训要逐步规范化、制度化，坚持先培训后上岗的制度。今后旅游企业招收新员工，要首先从旅游院校择优录用。从1994年起，大中型旅游企业的领导干部和主要部门的管理人员必须凭《岗位培训证书》上岗，其它部门的管理人员从1996年起均须凭《岗位培训证书》上岗。

三、岗位培训的考核、发证

旅游企业管理人员参加岗位资格培训，经考核合格，发给由国家旅游局统一印制的《全国旅游行业管理人员岗位培训证书》。旅游企业的服务员（工人）经考核合格发给由劳动部统一规定的《技术等级证书》或《岗位培训合格证书》。《证书》是管理人员、服务员（工人）上岗（在岗）、转岗、晋升的基本依据之一。

岗位培训的考核发证是保证培训质量的重要环节。国家旅游局和各省、自治区、直辖市旅游局要加强对全行业岗位培训工作的质量检查和评估。

四、加强领导，落实办学条件，保证岗位培训工作开展

1. 建立健全组织机构，加强对岗位培训工作的领导和管理。国家旅游局成立了旅游行业岗位职务培训指导委员会，下设办公室。办公室设在国家旅游局人教司，各地旅游局也要建立相应的组织机构，负责本地区岗位培训的实施和管理。

2. 落实培训条件。

培训基地是搞好岗位培训的基础条件，各地旅游局和旅游企业要充分利用现有的旅游院校或培训中心开展培训工作。教学计划是搞好培训工作的主要条件。国家旅游局负责制定旅行社、旅游饭店、旅游汽车公司经理和旅游企业主要部门中层管理人员岗位培训的指导性教学计划，制定旅游行业工人技术等级培训考核大纲、考核办法；各省、自治区、直辖市旅游局制定其他管理人员岗位培训的指导性教学计划和服务员（工人）技术等级考核的具体实施办法。

好的师资和教材是培训质量的重要保证。为适应岗位培训的需要，要逐步建立一支专职与兼职相结合的师资队伍。国家旅游局和各地旅游局要举办不同层次、不同内容的师资培训班，提高师资质量。教材的编写需要一定时间，但不能等待，拟采取边培训、边编写、边完善的办法进行。国家旅游局将组织力量，委托有关单位编写旅游饭店、旅行社、旅游汽车公司经理和部门经理岗位培训系列教材。这两部分教材力争在1991年上半年出版发行。同时，还将组织力量尽快编写出版工人技术等级培训教材。

3. 改革教学方法，提高培训效益。

各地要根据实际情况，因地制宜，灵活多样地开展岗位培训。大中型旅游企业领导干部岗位职务培训的时间按两个月到三个月安排。其它管理人员的岗位培训按两个月时间进行。已经参加过全国饭店经理统考取得证书的经理，已经考核合格的课程可以免考，其培训时间可适当减少。后备干部岗前资格培训的时间可视需要适当延长。岗位培训可采取脱产、半脱产、自学等多种形式进行。

岗位培训要根据成人教育的特点进行。要改进教学方法，提倡运用案例开展研讨式、启发式教学，加强实践性教学环节，努力提高教学质量，注重培训效果。

4. 抓好重点，摸索经验，及时指导。

为了及时有效地指导各地岗位培训工作的开展，我局决定上海、浙江、陕西、江苏四省市旅游局作为旅游行业岗位培训工作的重点单位，以便总结经验，指导面上的工作。各地旅游局也要选择一、二个单位作为重点，以点带面，推动岗位培训工作的顺利进行。

表3-1 B.白天鹅宾馆九一年度培训工作进度表

序号	工作内容	项目进度（月份）											
		1	2	3	4	5	6	7	8	9	10	11	12
一	员工培训												
	1.协助旅游职中招考新生							√					
	2.接受职中学生到馆实习				√	√					√		
	3.招考"酒店服务班"学员						√					√	
	4.组织"酒店服务班"学员军训	√							√				
	5.新员工入职培训												
	6.员工"回炉"培训					√							
	7.员工"国防教育"培训											√	
二	主管培训												
	1.拟提主管培训	√					√						
	2.主管管理知识（全面质量管理电视讲座）培训						√						
三	经理培训												
	1.财务管理知识（成本及核算）			√									
	2.统计学基本原理						√						
四	英语培训												
	1.英语强化培训	√											
	2.赴"洛外"预备班					√	√	√	√	√			
	3.常人趣事（英语高级班）												
	4.跟我学（英语中级班）												
	5.宾馆英语（英语初级班）												
	6.英语之角												
	7.英语俱乐部												
五	派外培训												
	1.赴"洛外"进修										√	√	√ √
	2.赴"洛桑"管理学院培训						√	√					
	3.赴"CORNELL"学院培训						√	√					
	4.赴"HIHI HOTEL"培训								√	√			
	5.赴"CPD总经理课程班"培训						√						

序号	工作内容	项目进度（月份）											
		1	2	3	4	5	6	7	8	9	10	11	12
	6. 赴香港理工学院培训									✓			
六	馆内外代培 1. 接受外单位来馆培训 2. 应外单位邀请外出培训												
七	专刊 1. 酒店管理信息 2. 英语园地 3. 培训天地（照片专辑）	✓			✓			✓			✓		
八	部门间沟通 1. 对各部门培训工作进行了解督导 2. 对军训员工进行跟查了解座谈 3. 召集各部培训员进行年中段总结 4. 召集各部培训员进行年终总结			✓			✓✓	✓			✓		✓
九	专题培训 1. 秘书、内勤应用文知识培训 2. 业务操作观摩竞赛、专业知识讲座（前台、饮食、客房等部门）			✓	✓								✓
十	培训中心人员外出考察学习 1. 省、市各大酒店参观、考察 2. 华北、华东各大酒店及培训中心参观考察			✓			✓						
十一	其它 1. 与旅游职中工作联系 2. 与省旅游学校工作联系 3. 与二十七中工作联系						✓✓✓						✓✓✓

二、酒店基层组织培训计划的特点与内容

基层培训计划是酒店培训计划的基础与细胞,是具体落实酒店培训计划的保证。

1、基层培训计划的特点

基层培训计划是由基层部门根据酒店培训计划,针对本部门的培训要求制订的,它具有以下特点:

①基层性:计划只是关于基层部门在某一段时间,对某一项培训要求拟订的计划,它可能是为实现酒店培训计划而拟订的部门措施,也可能是基层部门按要求自行制订的计划,但计划所涉及到的对象只局限于基层部门内部,它既不是酒店的总计划,也不是其他部门的计划。

②详细性:作为最基层的培训计划,将落实到每一个人,具体时间安排、教材、培训方法等,是可以直接操作的,因此要求非常详细,如果是脱产培训,还要与基层部门的工作安排结合起来考虑,不能因为培训而影响正常的工作安排。

③局部性:基层培训计划只是针对某一基层部门而制订的计划,只涉及到该部门的人员需要培训的内容计划,或只针对该部门要求培训的计划,也就是说,其他部门的培训计划或酒店的总体培训计划在基层培训计划中都没有,这种局部性或区域性往往造成某些班组并不把计划形成文字,有的只由班组长口头交待一下就行了。

④灵活性:因为是基层部门的内部培训计划,除了一部分是参与酒店培训部门组织的培训外,都是由基层内部安排,因此常常可根据部门的实际或变动而灵活变动,表现有较大的灵活性,不会因为这种灵活变动而影响其他部门及酒店总

的培训计划的实施。

2、基层培训计划的内容

基层培训计划主要包括培训目标、培训对象、培训内容、培训方式、培训时间安排与培训效果验收：

①培训目标：根据有关标准，酒店的培训计划中提出的要求或基层部门自行提出的具体计划目标，基层培训的目标是十分明显具体而详细的，包括一年内多少人参加多少项培训，参加什么样培训班，自己组织什么样培训，什么标准，以及配套的教学、管理等分项目标，每一项培训要达到的量化要求等。

②培训对象

基层培训计划的培训对象要落实到每一个人，他们在培训时的岗位工作要有善妥安排。

③培训内容与方式

内容主要包括政治思想和职业道德、专业知识、实际技能等。

培训方式有岗位练兵、半脱产培训、全脱产培训、列入培训计划的自学等。

④培训时间安排

要列出基层培训的时间安排表,不仅让被培训者知道,也要让全部员工知道。

⑤培训效果验收

一般以考试、考核、操作表演及评述为主，其中考试为主要效果验收形式。

表 3-2 基层培训单项计划表

部门：　　　　　　　　　　　　　　　　　　　日期：

工作项目	1.规章制度	2.制服	3.平面布置	4.餐桌摆设	5.菜单阅读	6.接受点菜	7.写通知单	8.通知厨房备菜	9.取菜	10.为顾客服务	11.其它
平均培训时间											
姓 名											

注：表内可用数字，分别表示培训完成时间，以及能用记号表示圆满完成工作任务和不愿做某项工作。

管理人员

第五节　酒店基层组织培训的形式与内容

一、基层培训的形式

基层培训的形式多样，如果把酒店培训作为基层培训的形式之一，基层培训还有艺徒培训、岗位培训、小组或系统培训、特殊培训等形式：

①参与酒店总体培训

安排基层部门的职工,参与酒店培训部门组织的各种不脱产、半脱产或脱产的培训班,是基层培训的主要内容。酒店培训部门基于酒店的培训要求,每年都会制定出系统的培训计划,这些计划都要求落实到基层,各基层也有义务配合培训计划,在人员工作安排上,把培训恰当地安排进去,做到培训、工作两不误,这也是基层培训计划的内容之一。

②艺徒培训

艺徒培训是我国工商企业传统的新工人培训方法,给刚参加工作的新工人配一位师傅,艺徒在给师傅当下手的过程中,通过言传身教,主要还是依靠艺徒的观察、模仿与实践逐步获得以操作技能为主的经验,通过几年的努力,直到学会了师傅传授的各种技艺后,获得"满师",才算培训工作告一段落。

艺徒培训法比较适合于技术复杂、情境多变、要求操作应变性强的工种,在酒店业中,以厨师和澡堂服务工实行得较普遍。其优点一是实践性强,从最简单的工序到最复杂的操作,都是在实践中学到的。二是利用实物而不是教具来作培训环境,既提高了效率,又节约了培训的人力、物力和财力。其不足是效率低,一位师傅只能培训一位或几位艺徒,教育质量受师傅个人素质的制约,教育内容局限于前人的经验,偏重于操作技术训练,缺乏理论学习。目前有些酒店已改为专业学校培训,即使还保留这种培训法,也作了较大改进,新式的艺徒培训要求根据学习的目的与技术难度详细制定学习计划,并指定专人负责,分阶段进行训练,因而提高了培训效率。

还有一种淡化的艺徒培训法,即对专业学校或职业高中毕业的学生，新进店后，上岗时指定老职工带领，类似"一帮一、一对红"的方式，并不明确师徒关系，但承担了一定的师徒教学任务，特别在经验和应变能力的传授方面，这种方法在客房，餐饮服务员中较普遍。

③岗位培训

岗位培训是以具有确定条件的应岗、在岗人员为对象，以岗位规范和岗位工作的发展需要为依据，以培养提高履行岗位职责为中心任务，以造就合格的岗位人员，保证岗位培训任务的完成，促进岗位建设为目的的一系列教育训练活动。岗位培训是基层培训的主要形式。

岗位培训是在生产岗位上提高职工技术水平与工作能力的一种有效方法，是以现行生产组织为单位，在实际生产过程中进行基本功的训练。岗位培训要求按照技术等级标准中"应知"、"应会"的要求或国家旅游局关于开展岗位培训工作的实施意见严格培训，认真考核，开展评比，组织验收。

岗位培训的具体方法可根据不同对象采用不同方法，做到因地制宜、因事制宜、因人制宜，一般对基层干部采用短训班的形式，对一线职工则采用岗位练兵、技术攻关，单兵教练等类型。

④小组与系统培训

小组与系统培训又称团体培训，是从军事培训沿引到酒店管理中的一种培训方法。

小组与系统培训主要用于解决集体联合操作作业，如大型宴会的全套服务等。培训采用团体协商、讨论与具体操作相结合的方法，使作业中的每一员经过协作训练，了解自己的角色行为，了解自己的工作在团体中的地位与作用，增强协作精神，因此，被培训者首先要对自己的工作有一定的了解与经验。

小组与系统培训具有沟通团体信息，加强团结协作，提高小组或系统工作效率的作用。

⑤其他特殊培训方式

基层培训的特点之一就是灵活性，因此，基层培训可以采用并创造各种灵活机动的培训方式，以提高学员的学习兴趣与热情，提高学员的培训效果。

技能竞赛，是基层培训中一种较吸引员工的方式，竞赛组织者要给学员一定训练时间及竞赛项目、规定，要切实组织好竞赛，要有一定的奖励办法。

班前会、班后会除了布置工作以外，穿插一些学习内容，如读报、读文件、讨论某一培训项目或题目都是较好的方式。

请一些技能优秀者到班组来作示范表演或讲解，也是一种较受欢迎的培训方式。

把培训内容穿插到基层活动中去，以游戏的方式如竞猜、击鼓传花等，有些甚至会使员工终生难忘。

二、基层培训的内容

培训的内容一般是指知识、技能和态度，基层培训则是以技能为主，即以能胜任岗位工作的培训为主，系统地讲，有以下内容：

①思想政治教育

主要是党的基本路线教育、时事形势教育、职业道德教育、精神文明教育。酒店的产品是服务，服务的目标是要使宾客有一种美的享受，因此，职业美感教育也是思想政治教育的重要组成部分，要使职工知道什么是美，怎样去创造美，使职工能够和善于欣赏自己的职业,从而热爱本职工作,在工作中去发现美、挖掘美、创造美,引导学员掌握职业的艺术,追求并创造职业的艺术化;做到思想美、技艺美、行为美、环境美、语言美、仪容美等。

②基本知识教育

从职工到主管,为了胜任工作,都必须加强基本知识的教育,基本知识,既有一定的标准(这些往往在各级标准如职工技术标准的"应知"中有规定),又是无止境的,一位餐厅服务员,要懂得布置宴会的基本知识,从迎客到送客都做到井井有条,礼貌周到,这是一般的知识要求,如果能向客人介绍菜肴的特点,烹制的方法,营养知识,甚至能用简练有趣的语言讲出菜肴名称如"霸王别姬"、"东坡肘子"、"叫化鸡"等的典故,能用多种语言、多国语言向宾客介绍,这就要有较高的知识水平。

③法律知识培训

酒店职工要懂法、学法,并能运用法律于服务工作中去,用法律来保护自己和维护酒店的名誉。职工在服务工作中出现纠纷是难免的,但如何处理与化解纠纷却是一种艺术性很强的工作,做好该工作除需要经验与技巧外,重要的就是运用法律。东莞有一家宾馆,有一位外宾在房间嫖娼被保安抓住,这位外宾反而咬宾馆有意陷害,要宾馆赔偿,这种听起来非常气愤的事,由于不懂法,不会用法律来保护,居然束手无策,还有处理诸如遗失物品,宾客服务投诉等,都应依据法律条文。

税务知识,也应该进行培训,我国公民的纳税意识较差,很多人都意识不到自己是纳税者,纳税不仅是每一个公民的义务,也是向社会作出的贡献。

④安全知识培训

防盗、防火、防灾、防污染等安全防护，应该是每一位酒店员工的神圣的任务，也是各酒店十分重视的工作，除保安员应忠于职守外，每一位职工，特别是一线职工，都要有这方面的基本知识。安全一般是新职工进店时的培训内容，其实，安全培训应该是定期的、随时都要进行的培训工作。对酒店，除以上安全外，还要对杜绝黄、赌、毒、罪犯流窜、黑社会活动等特别提高警惕，因为酒店是这些犯罪活动的利用场所，也是清除这些社会毒瘤的第一线，每一位酒店职工都要做到临危不乱、机智灵活、高度警惕、勇敢善行。

⑤技能培训

这是基层培训的重点，实践技能大多要在实践中通过操作训练才能掌握并逐渐熟练，这就要求我们的技能培训工作，采用多种有效的培训方式，既集中又坚持日常，既有教师指导又主要依靠自学，既生动有趣又易学有效……各基层部门都有自己的技能培训内容、标准，培训职能部门要配合基层做好技能培训的计划、培训方法，教师及教材或教学场所、设备等的配备工作，使技能培训能持续有效地进行。

⑥礼仪培训

礼仪包括礼貌与仪表，这对酒店的每一位职工来讲都是十分重要的，仪表举止要做到美观、大方、得体，给宾客一种美的感受并不是一件容易的事，酒店各级工作规范有很多有关规定，每一个员工都要认真去做，如女服务员要化淡妆、剪短发、穿平底鞋等，而且要有经常的检查，但这显然是不够的，有些员工养成了一些不雅观的生活习惯，如随地吐痰，走路八字脚，勾着头，说话时紧盯着对方，喜欢架二郎腿等，要改掉却不容易。

礼貌比起仪表来就更难，不是见人就笑、就问好，会几句礼貌语言就够了。礼貌是一种高级的人际关系，是满足人尊重需要的关键,笑要发自内心的微笑而不是皮笑肉不笑,礼貌语言要建立在尊敬对方的基础上，而不是一种过场。这方面的学习也不是一朝一夕的，应该贯穿于工作的全过程。

希尔顿饭店的口号是：饭店的成功，93%靠礼貌，7%是知识和技能，足见礼貌礼仪对酒店宾馆的重要。

⑦食品卫生培训

食品卫生不光是餐厅服务员和客房服务员的工作，应该是每一宾馆员工的工作任务。食品卫生在宾馆服务中占了绝对重要的地位，在一家豪华的餐厅，飞进了几只苍蝇，在一盆鲜美的汤上,漂浮着一只小虫……能给客人好的感觉吗?可以说食品卫生和清洁关系着酒店经营的成败，有些聪明的管理者，往往以卫生清洁作为招徕顾客的手段，这是很高明的，在一些大城市，象麦当劳、肯德基这样的快餐连锁店，为什么顾客盈门，与他们的卫生是分不开的。

国家卫生部门对酒店宾馆的卫生有较严格的检查，随着生活条件改善，食品卫生法规也有相应修改，这些都需要培训。

食品卫生培训，特别是长期保持，要靠基层的培训功能，基层部门要对每一员工的卫生习惯与常识,要经常的检查,如制服脏了，身体有异味，指甲有污垢，未戴工作帽，抓头皮，在公共场所抽烟，捂着手打喷嚏，感冒了仍在工作等等。

由于食品卫生对大众健康的重要性，美国卫生部为饭店业编写了一套食品卫生培训课程，课程共七讲，分三次讲授。

第一讲　细菌学

历史、性质、生长、繁殖、形状和习惯。

第二讲　传染病

与细菌有关的疾病；疾病传播方式，腐烂发酵的原因。

第三讲　昆虫和啮齿动物的控制

由动物和昆虫传播的疾病，生物圈，昆虫和动物的习性，污染与毁坏食物。

第四讲　餐具卫生

对细菌的各种有效措施，正确的餐具消毒。

第五讲　食品处理与大众健康

食品保存，冷冻和变质；动物生命；细菌和食品中毒、传染的关系。

第六讲　个人卫生

洗手、休息室卫生、制服、仪表、擦手毛巾的使用。

第七讲　洗涤和消毒措施

正确使用洗涤剂，蒸气，漂白粉等的选用。

第六节　酒店基层组织培训的方法与技巧

基层培训的方法与技巧是提高培训质量,普及培训对象,使培训达到预期效果的保证,前人的培训经验为我们提供了许多可借鉴的好方法、好技巧,每一个培训者应该一方面参考这些经验,一方面在自己的培训实践中加以发挥,创造出适合本单位的培训方法来,并不断总结与提高培训技巧。

一、酒店基层组织培训方法

培训一般分成理论学习与实践培训两大类，但又不宜截然分开，因为理论与实践要紧密结合。适宜基层培训的方法主要有：

①讲授法，由老师在课堂上讲授，学生在课堂上听讲，这种方法由于从小学到大学主要都是采用此法，故较习惯，它适合于较系统的理论知识培训。

②操作示范法，这是最常用、最有效的基层培训方法，除由教师亲自示范外，还包括用教学电影、幻灯和到同行中去参观学习。

操作示范法的程序是：1）讲授，或放教学电影、录象、幻灯、或去参观。讲授一般是在培训现场，由教师讲解操作理论与技术规范，也可以是模拟的地方或工作场地；2）学员模仿演练，教师指导；3）学员独立演练，教师纠正错误动作，直到学员符合标准。

操作示范法的关键是教师，一定要认真筹划，按照规定的标准和程序身体力行，反复示范、操作、耐心指点。

③讨论法，又分问题讨论法和案例讨论法。问题讨论法是由培训者提出讨论题，并设定一定的限制条件，组织和引导参加者开展讨论并给予指示，最终得出正确的结论。

案例研讨法是把实践中的案例让受训者进行分析、研究，并提出自己见解，最终通过分析比较，找出一种最佳解决方法来。

讨论法的对象应是有一定实践经验并需要进一步提高的员工。讨论法成功与否的关键是所提出的问题或所列举的案例有否典型性、普遍性、实用性、指导性。案例最好是现成的，也可以用虚构的案例。

讨论法有利于启发和挖掘学员的分析能力、判断能力、比较能力、决策能力和创造能力，是一种省时而且有效的培训方法。也是颇受学员欢迎的培训方法。

④角色扮演法，这是一种将学习和兴趣结合起来，带有一定游戏性质的方法。

由几位学员扮顾客，几位学员扮演服务员，大多数学员则扮演观众，可同时表演正确的和错误的操作方式。然后由观众指出其正确之处和错误之处，甚至可以争论或给予奖罚记分。

角色扮演法不仅可以教育学员如何改正不正确的操作，还有助于通过角色改变而发现自己及他人的问题，让服务员扮演顾客或洗碗工或相互反串，更可以加强彼此的沟通与合作，消除隔阂。

⑤自学指导法，对于高中毕业以上学历的学员，用指导自学的方法往往是很有效的，这类职工已经具有一定的自学能力，对他们学什么、如何学、学多久进行指导，并用定期检查甚至用考试来巩固自学的成绩，一方面培训的投入少，学习时间大多利用业余时间，各人自由支配，另一方面可以提高职工独立思考的能力，自我阅读能力等学习能力。也解决了培训人员少、工作紧张，抽不出培训时间来等困难。

自学教材分两种，一种叫自学指导，有的又称工作指导，即自学的方法、内容介绍，自学的时间安排及考试办法、范围等，以便使培训正规化和系统化；另一种即自学内容材料，为了有统一的培训要求和培训教材，缩短培训时间，除书面教材外，还有供职工自学的录音带、录像带、电影片等。为了克服缺乏面对面教学所具有的交流和激励作用，在自学期间还可组织适量的教师面授辅导，主要用来回答学员自学时提出的问题。

⑥四步培训法，四步培训法是第二次世界大战时美国在职培训规划提出的一个培训职工的简要方案。对解决战时人

员培训的特殊需要起了良好的作用。酒店工作，特别是酒店生意兴隆，顾客盈门时，服务工作主要靠服务人员的手工操作，因此，会感到有些象战争时期那样需要大量人手，要用一种较规范，较快也较有效的培训方法，而实践证明，四步培训法是较适宜的一种。

四步培训法的步骤是：

1）准备——明确培训目标，制订培训安排，落实培训教材，做好学习动员工作，使学员愿意学习。

2）操作示范——讲授，解释与表演每一操作动作。一次讲一个动作（或章节），强调重点与安全因素，要慢而有耐心，反复示范，不要超过学员的一次性接受能力，反复示范。

3）实习——让受训者实习所学工作，说明步骤与重点，让学员重复操作，观察与纠正错误，进行表扬与鼓励。

4）上岗操作——在有批导的情况下，让学员正式上岗操作，经常检查，鼓励和提问，在学员取得相当进步时，结束辅导。

二、酒店基层组织培训的技巧

基层培训的技巧主要是指培训者的教学技能，一是要掌握多种技能，二是要针对不同的培训对象发挥自己的技能。主要的技巧是讲授、示范、指导与沟通。

1、讲授，是培训的主要方式，不同讲授水平者讲授同一内容，在学员中产生的效果是截然不同的，要掌握好讲授的技巧，必须做到：

①备好课，根据教学大纲，制定授课计划与教案，俗话说："你要给学生一杯水，你得有一桶水。"因此多准备教学

材料，特别是案例，对讲好课是十分重要的。

②了解学生，学生具有什么程度和经验？这样才不致于"曲高和寡"、"对牛弹琴"、"班门弄斧"、"教非所愿"……

③上好第一课，第一课能否吸引住学生，使他们对学习产生兴趣，对你这位教师产生信心，是非常关键的，心理学有一"前摄抑制"的规律，指在信息传递过程中，最早获得的信息对而后的信息有一定抑制作用，也即我们平常讲的"第一印象"。

④提高口才艺术，这是一个要靠长期努力才能办到的基本功，口才修养越高的人，越能用简洁、动人的语言进行讲授，也越吸引人。

表3-3 "如何进入客房"培训分时授课教案

培训项目	如何进入客房	时间
培训目标	训练结束时，学员应知道如何进入客房的步骤	40分钟
培训标准	要等客人从房内回答，如果没有回答，要等5秒钟才能打开客房房门	
培训工具	房间钥匙，客房门	
培训方法	讲解与示范相结合	
讲课	教员清楚地解释如何敲门以及应等待多久让客人作出反应	10分钟
示范	教员示范如何敲门（用指关节敲），以及用卡片钥匙开门。如果房门上挂着"请勿打扰"牌或上了双保险，就不要敲门。	10分钟
练习	学员按照教员所示范动作重复做一次，即如何敲门、开门。	10分钟
测试	①为什么要等待客人反应？②为什么需要用指关节敲？③为什么不能敲挂有"请勿打扰"牌及上了双保险的门？	8分钟
总结	在进入客房前得先敲门，并等候客人的反应（每敲一次门需等候5秒钟）	2分钟

2、示范，即培训者的演示，要注意以下几点：
①示范前要反复练习，力争做到"熟能生巧"。
②示范时要边做边讲，并突出提醒学员，那些是关键部分，那些容易出错。
③对于错误的动作，要反复纠正。

示范者的示范动作应该是优秀的、出类拔萃的，这样才能在学员中建立起威望，因此，示范者一定要努力做好示范动作，特别是手部动作难度较大的工作，如厨师刀功、点心时的点心制作、宴会餐巾的折叠、客房床铺的整理等。

3、指导，在学员模仿或练习时，教师的指导往往很关键，指导者本身应掌握，学员容易在哪些方面出错，从而进行针对性的指点，教师对教学的难点和重点要了如指掌，对学习规律非常熟悉，在指导学员模仿或练习时，还要根据学员对操作逐渐地熟悉和掌握，在每一阶段可能出现的难点和重点，例如指导学员学习游泳，有的学员从未下过水，有的对下水已很熟悉，对前者就要指导他如何去熟悉水，了解水压对身体的感觉，如何适应这种感觉，并学会闷水，指导者要告诉学员，即使喝点水，呛一、二次水也是很正常的，游得很好的人也难免喝水和呛水。当学员熟悉了水性后，再教他们手和脚的动作，指导他们如何手脚同时运动，直到如何浮起来，其间一方面要及时指出关键动作，纠正错误动作，对每一个小动作均给予肯定并鼓励，同时经常鼓励学员，离成功已经不远了，对有一些习惯性错误动作，不能着急，要求非在一次练习中改过来，这样往往适得其反，使学员变得紧张，越不容易掌握。如学游泳先教学员闷头、憋气、手脚并用，这样容易掌握，也容易浮起来，但只能游一口气，一抬头就会"手忙脚乱"，甚至呛水，这时不如就练到此为止，第二天一下水就让学员抬起头来,有的几乎一次成功,对不成功者稍加指点也基本上能成功。

4、沟通,沟通不是专门的培训技巧,但在讲授、示范和指导时都需要沟通,沟通不仅靠语言,也靠非语言,如体语、手势及使用教具。

语言沟通的第一步要建立起信息交流渠道,如讲授——听讲,问—学渠道。一般的学习按排会为讲—听渠道的建立创造条件,学员事先都知道是来听课的,老师在讲台上一站,或有主持人介绍,或先写黑板,这一渠道便基本建立起来了,但也不尽然,要在学员中建立起讲课者的威望来,还得靠教课者的口才艺术,其中开场白往往是很关键的。

问——学渠道的建立,则完全要靠讲课者或示范指导者了,教师在提问时一般要注意以下几点:

①对所提问题,要事先有准备。

②提问的气氛要尽量轻松,努力解除被问学员的紧张心理,多用启发式提问。

③对一时答不出来的学员,要善于引导与启发,一方面解除负担,一方面开动脑筋。

④要留一定时间给学员思考,不打断学员的回答。

⑤要尊重被问者,避免对立情绪,避免盘问态度,更不要在提问时挖苦对方或夸耀自己。

体语是很重要的语言方式,它是指一个人伴随语言时,甚至没有语言时用眼神、面部表情、手势及身体姿势所表现出的情感及信息,有的语言学家认为,人的语言信息70%靠体语,只有30%是靠口语,足见体语之重要。

体语往往比言语更直率、更可靠,有人嘴上在撒谎,但他的眼神或坐卧不安的体态却暴露了他的撒谎。体语也是表现一个人举止文明的很重要的组成部分。课堂上虽然是老师讲学生听，但自然有信息交流，学员会用是否全神贯注，是否交头接耳，是否自由散慢等来反应对老师授课的兴趣与评价，有经验的教师不仅在姿式、手势及表情上反应自己的知识与经验，而且会留心学生的体语反馈，知道哪些是该讲快一些，哪些是该讲慢一些，哪些该重复讲，哪些该省略，一带而过。

体语的训练也是长期努力的结果。

巧妙地使用教具，也是一种很重要的沟通方式，现代科技的发展，为教学配制了多种教具，特别是视听教具，能帮助学员加深理解，提高学习的兴趣，视听教具一般分两类，即硬件和软件。硬件是指设备，包括电视机（录相机）、录音机、电影机、幻灯机、讲台、活页架、示意板、黑板、银幕等。软件是指通过特定的硬件来开展介绍过程所使用的材料，如电影胶片、幻灯片、投影片、活页图纸、录象（音）带、图表等。

教具是死的东西，只有培训者灵活地运用它，才能起到辅助教学和沟通信息的作用。因此在使用教具时应注意：

①要根据学员的特点适宜选择教具，使使用者能真正起到沟通的作用，这就要求是易懂的、简炼的、精确的、现实的、使用方便的。

②培训者对教具的使用应是熟练的，而且即使再熟练，也要用前试用一下。

③一定要坚持教具是辅助工具的原则，不要喧宾夺主，造成分散学员注意力的后果。因最好是有需要显示才拿出来，显示后即收走。

培训技巧是艺术性很强的工作，每一位成功的教师都应努力掌握这一技巧,并在实践中应用它,在应用时创造与丰富它……

第七节 酒店基层组织培训的评估

基层培训评估是酒店培训评估的组成部分与基础,即依据培训的宗旨、目标和标准,运用科学的评估手段,对基层培训的全过程及其结果,从学员、教学及培训管理三方面进行评价、鉴别和监督。评估是提高培训质量、完善培训措施,达到培训目标的重要手段。

一、酒店基层组织培训评估的意义

培训工作是一系统工程,我们在培训准备工作前必须做好预测,培训工作中要努力接预定的目标和标准去实施,培训完成后要进行考核。但是预测与实施都要靠结果来反映、来评定,一般来讲,两者是有一段距离的,或者还有一段差距,或者已超过了培训的预想的目标,即使正好完成任务,达到目标,在预测与实施过程中也还是有一定的经验教训可以吸取的。及时地对培训工作进行评估,有助于总结经验,对以后的培训工作起促进作用,使以后的培训计划、培训内容、培训方法及教学组织都更符合实践,更完善而有实效。

通过评估,对基层管理,特别是基层管理的培训职能,能有一客观、公正的评价,从而摸索出一定规律,即哪些培训适合基层培训,哪些要由酒店培训部门来培训。

通过评估,也可以对基层职工的教、学及培训管理有进一步的了解,有哪些职工可以胜任哪项教学任务,有哪些职工还要进行或加强哪些方面的学习,在哪些方面通过培训能有发展前途,做到心中有数。

在培训评估时,要坚持科学性与可行性相结合,知识、能力、态度全面评估,定量与定性相结合。

二、评估的过程与指标体系

1、基层评估一般应按以下过程进行:

①确定评估者、评估目标,制定评估指标体系与标准,选择评估方法。

②按评估方法进行评估,核实评估结果,收集评估资料。

③研究评估结果,进行加工整理,对定性评价结果要用"0-1强制法"或"0-4强制法"进行定量转化、对定量结果要进行检查,将一些错误数据删除或改写。最后用统计优化法评出确定意见来,并向有关方面反馈,以利实事求是地评估出培训的效果来。

2、评估的指标体系

对培训的效果评估,应该是设立多项指标,并将这些指标按学员、教师、管理者三类分类,最后构成评估的指标体系。

基层培训评估,主要是学员的评估指标,一般指标体系见下图:

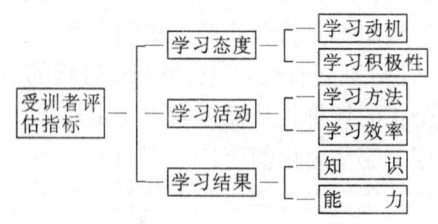

```
                    ┌─ 学习态度 ─┬─ 学习动机
                    │           └─ 学习积极性
受训者评估指标 ─────┼─ 学习活动 ─┬─ 学习方法
                    │           └─ 学习效率
                    └─ 学习结果 ─┬─ 知  识
                                └─ 能  力
```

图 3-5　受训者评估指标

三、学员学习评估

学员学习评估并不是考核每个学员的学习成绩,而是一种对学员培训效果的宏观评估。这种评估将对学员开始学习到运用的全过程进行评估,学员学习评估,是基层培训评估的重要内容。

1、学员学习评估内容

学员学习评估的内容主要是三方面,即知识、技能和态度,知识大多可通过学习考查成绩来检查,是定量评估,技能则既可通过考试,也可通过技能考核,还可根据工作表现,因此是以定量为主,有一定程度的定性评估。态度的评估主要是指通过培训后在工作态度、劳动纪律、合作精神及人际关系方面的进步,态度是一种心理表现,按照管理心理学的态度理论,学员的态度建立,态度迁移和态度转变都较复杂,对态度的评估,多是定性评估。

2、学员学习评估的方法

评估小组可以采用多种方法,然后综合各种评估成绩,便可获得较全面、可靠的结论。

①学员自我评估

自我评估是成年人的一种经常性的心理活动,职工在培训中,尤其会产生这种日常性的,内省方式的自我评估,以检查自己的学习进度、质量和成绩,改进学习方法和增强学习自信心,培训时,定期地安排学员自我评估,如要求学员写学习心得、小结等,或组织座谈会、评比会等,都可以促进学员的自我评估活动。

②组织评估

由培训组织对学员进行培训效果的评估，最常用的即是学习结束的考试。除此之外，组织专人调查也是组织评估的常用方式之一，调查的对象除了学员的老师同学外，还有同事、亲友，这类评估，不论产生的是正激励还是负激励，对学员学习行为都有明显影响。

③社会评估

职工学习的社会评估一方面是来自于宣传媒介，另一方面是职工家庭、邻里、同学和同事，社会评估大多与组织评估结合进行。对学员也有一定激励作用。

④具体评估方法

主要有笔试法、提问法、观察法、调查了解法及成果发表报告法。

表 3-4　几种测定方法对评估对象的作用

评估方法 评估对象	提问法	个别了解法	成果报告	笔试测验法	实验测验法	观察法
知识	O	△	O	O	—	—
技能水平	O	O	—	△	O	O
精神状态	O	O	O	—	△	O

注："O"为适用；"△"为可以适用；"—"为不适用

四、培训教学评估

依照一定标准，对培训的教学过程、教学行为、教师水平、教学效果进行评估，有利于调整教学方法，改进教学质量，提高教学水平。教师是教学活动的主导，对教学评估，在培训评估中也起作主导的作用。

1、**教学评估的内容**

教学是一综合系统工作,其评估体系应包括:

①教学计划与实施情况

计划是否符合实际,目标与职工程度是否一致,完成计划程度,教学秩序是否正常,教学结构是否合理,教师配备是否周到。

②教学内容与效果

内容是否符合大纲,是否符合实际需要,学员对教学任务所规定的内容掌握了多少,学员通过培训,除在知识、技能方面,还有那些收获,特别是思想政治方面。

③教学方法

教学方法是否符合学习理论,是否受学员欢迎,教学方法的科学性与先进性,教学技术手段与教学工具是否合理,教师的方法有否特色,教学气氛是否良好,教师代表是否得体,师生沟通程度如何等。

2、**教学评估的方法**

①教师自我评估

教师在教学中,对照教学目标,教学计划及教学任务,也根据学生学习的反馈进行自我检查,自我评估,通过评估,发现和肯定自己的成绩,积累经验,也找出差距与不足,以利改进自己的教学工作。

②学员对教师评估

大多采用调查问卷表式,定期或不定期地向学员发表,征求意见;也有座谈会形式,当面听取学生意见,可以请任课老师在场,采用讨论式,也可不请教师,采用问答式,调查内容从教学态度到教学水平,甚至包括仪表仪容等。

③组织听课及调查

组织听课是一种普通提高教学水平的方法,也可以用于培训评估,听课后的座谈会,往往是一种好的评估形式,除此之外,向教辅人员、学员家属进行调查,也是一种较好的方式。

五、培训管理评估

基层培训的管理,是培训职能部门和基层管理部门共同来执行的,对基层培训的管理评估,主要是指评估基层管理部门的管理职能。

1、基层培训管理评估内容

基层培训管理评估包括两方面内容:

①基层管理的培训职能

基层管理应不应该具有培训职能,这种职能应控制在什么范围内,它与培训职能部门的培训职能有何关系,基层管理部门应如何发挥培训职能,把培训工作与其他基层管理有机地结合起来。

②基层培训管理的绩效

在基层培训中,哪一个基层部门工作较好,有何成功的,那个部门较差,有何教训,基层培训有哪些自己固有的特点和优势,各部门是如何看待与利用这些特点和优势的等等。

③通过对基层培训管理的评估,为企业培训管理及企业管理提供第一手资料。

2、基层培训管理的评估方法

①基层管理部门自我评估

主要采用会议总结或书面总结的方式,基层组织首先要进行调查研究工作,在此基础上,根据规定或上级的指示进行会议总结或撰写书面总结,该总结也应为基层管理的档案资料。

②组织评估

由上级组织或培训职能部门对基层培训工作进行定期或不定期的检查、评估。这种评估可以弥补自我评估中的不足,便于发现问题和发现典型,为上级部门的自我评估提供第一手依据,也是对基层管理的一种激励,表彰先进、督促后进。

具体的评估办法与学生评估及教学评估相类似,即建立指标体系,进行调查研究,运用科学方式评估出正确结论来。

第四章 酒店基层组织质量管理

质量管理，是关系到酒店生存与发展的重要问题，也是基层管理的重点，因而本书以一章专门论述。由于系统的需要，本章节会与部分章节中的个别问题重复。由于阐述问题的角度不同，所以仍然保留。

第一节 酒店服务质量与服务质量管理

一、酒店服务质量管理概述

1、关于质量和质量管理的基本概念

质量、质量管理，是我国酒店管理中的最基本的概念之一。然而若干年来，对这些有关概念的定义和理解，有一定差异。这既有碍于质量管理标准认定，也有碍于更好的全面实施质量管理，恰逢此时，国家技术监督局颁布了中华人民共和国国家标准 GB/T19004.2《质量管理和质量体系要素第二部分服务指南》，这一标准采用了国际标准 ISO9004－2《Quality management and quality system element－part 2: Guidelines for services》，即中国服务质量标准开始全国与国际惯例接轨了。在《服务指南》中，对有关于服务质量等一系列概念做出了明确的规定。这就为酒店服务质量管理提供了标准和依据，我们在以下使用概念及对概念的解释完全按照此标准进行。

①什么是 ISO、ISO9000 族标和 ISO9004

ISO，是国际标准化组织（International Organization for Standardization）的简称。成立于 1947 年，是一个非政府性国际科技组织，是世界上最大的国际标准制定和修订机构，也是联合国工业发展组织的甲级咨询机构。ISO 的工作范围包括：1、促进各国国家标准的协调和统一，要求各国成员团体出版各自标准；2、提出成员团体协调一致的国家标准；3、安排有关成员团体及其技术委员会工作情报交流；4、同有兴趣的其他国际组织进行协作。根据行业和专业的不同需要，ISO 目前设有 200 多个技术委员会（TC），与质量管理密切相关的是：TC176，TC176 于 1977 年成立，称为"质量保证标准化委员会"。TC176 于 1987 年更名为"质量管理和质量保证标准化技术委员会"。ISO 已成为世界最权威最具广泛基础的标准化组织，世界上有 100 多个国家和地区加入。TC176 是一个非常重要的委员会，它负责有关质量管理和质量保证方面的标准制定及相关的研究工作，世界上有 50 多个主要国家参加了 TC176，并积极采用了它所制定的标准。我国是 ISO、TC176 的正式成员国。

ISO9000 标准是一套质量管理和质量保证的国际标准系列，简称 ISO9000 族标，我国等同采用的 GB/T19000 族标则是与之相对应的中国质量标准体系。ISO9000 族标包括 5 个标准（加上 ISO8402《质量术语》一共是 6 个）其中，ISO9000 是指导性标准，是标准的标准，称为母标准；ISO90001－90003 是规范性标准（是指企业为满足合同规范的外部质量保证，供需双方共同遵守的标准）；ISO9004是基础性标准（是指企业为满足外部质量要求而建立的内部质量体系标准）。ISO90004标准的起草国是美国，它是在美国国家标准的基础上，参照法国、英国、加拿大、德国等其他国家一些标准编制。

②什么是《服务指南》？

《服务指南》是ISO-9000-GB/T19000系列标准的重要组成部分。服务这种产品具有极为明显的自身特点和要求。因此《服务指南》不是一般酒店那种供顾客参阅的服务项目的介绍，而属于质量原则性的标准，旨在指导服务性组织和工业服务部门的质量体系的建立，它对服务质量体系的建立提出了特定的标准化要求。即，质量优质服务并不是喊出来，也不仅仅靠小姐的微笑、主动热情就可达到，还必须通过科学的标准化服务质量体系来保证。《服务指南》适用于各服务行业，其中也包括了餐馆和酒店各部门。

③什么是服务组织？

服务组织在质量管理是一个基本概念。它的定义是：向顾客提供自己产品和服务的公司，商社、行号、社团。按照国际惯例，也称"供方"式"商务的第一方"。从实际情况看，任何一个服务组织都不可独立存在的，常常与其他单位发生业务关系，这些与服务组织紧密联系的单位与部门叫分供方。我们一线部门的基层组织是服务组织的构成部分。而酒店的供货，供应动力等有关单位则是分供方。

④什么是需要？

需要，这一概念在服务质量体系是一个十分关键的概念，因为我们服务许多标准都是建立在满足需要这一尺度之上的。对于需要我们可以从三个不同的角度去理解。

A. 明显需求和隐含的需求：在合同环境和法规环境下，需求中的明显需求是给定的和明确的，例如，在五星级酒店，当客人走进酒店时，行李员的服务，餐厅上毛巾、冲茶水的服务都是给定，这些服务如果不到位的话，顾客可以投诉要求赔偿，但有些服务则是隐含的，并不在规定范围之内。例如客人在酒店要写作并且做一些剪辑工作，此时笔中墨水用完，又无剪刀和胶水，到楼层服务台寻求帮助，发现他们只配备了纯蓝和黑墨水两种而无蓝黑墨水，正当客人感到遗憾时，服务员飞快地跑到客房部中为客人寻找到这些物品并送了上客房。又如一次笔者在广州华泰"大将军"餐厅参加婚宴，临时才发现忘了拿红封包。无奈中，我怀着侥幸心理试着问服务员有无红封包，没想到服务员说"有"而且很快送了两个十分精致的红封包。我的要求是一种潜在的、隐含的、仅仅是一种希望。

B. 物质的需求和精神的需求。服务组织是以自己的人力、物品、设施、设备以及服务程序去满足客人物质的和精神两方面不同的需求。对于物质和精神的需求，不同的人既有共同的一方面又有差异的另一方面，共同需求造成了酒店服务与设备的许多共同的地方，而差异性需求形成了不同类型、星级酒店的区分。商务客人对酒店的档次，商务活动方便性以及通信系统的灵敏性要求较高，甚至一些银行、证券及期货交易商，希望酒店能够24小时提供股票交易、金融信息等。而度假村客人对商务中心要求并不高，仅希望娱乐项目更多些，让他们更好的放松、休闲。

C. 社会需求与个人的需求：社会需要，尽管没有明示规定，然而在许多场合是顾客和服务组织必需共同遵守的社会公德，社会规范。例如酒店在服务中不能违背社会对道德、伦理、公共安全、环境保护等方面的要求。在遵守社会公德的情况下，酒店应尽量的满足客人的个人需求。例如，北京王府饭店，曾经接待过一位有洁净癖的客人，他要求客房一尘不染，一片雪白，王府饭店认为这要求虽是十分特殊，但不违背社会公德和规范，于是尽力为客人创造了一个洁白如雪的客房，让客人感到十分满意。

⑤什么是合格？

ISO 规定，能满足需要的产品，服务在质量上是合格的。不合格就是不符合规定的需要；缺陷就是不能满足预期的需要和合理的期望。三者有着明显的区别。

以酒店内提供的服务为例，解释什么是合格、不合格和不能满足三个概念的区别。在酒店中当客人进入餐厅中，领位员对客人说：你好，几位，并引客人入位冲茶，上香巾并递上菜牌介绍和协助客人点菜，这些规范程序都属于是合格。而点菜以后，上第一道菜时，汤不热、冷盘解冻不好，这是不合格。而上菜时拖至 20 分钟后才上来这属于不能满足。因为餐厅中用餐人较多，厨房炉头不够，无法达到规定标准。这是在目前条件下无法克服的缺陷，为此是不能满足。可见，不合格的问题表现在能够满足需要而没有做到。而缺陷的关键在于目前还无法满足需求。三者是有明显的区别。

⑥什么是质量？什么是质量管理？什么是全面质量管理？

质量：ISO 解释为，反映实体满足规定和潜在需要的能力之总和。

这个概念中难点是实体。1991 年 ISO 引用了一个新的概念——实体。它既包括产品，又包含了活动、过程、组织（单位）或人，概括的面更广，抽象程度更高，质量所涉及的范围更大。

质量管理,制定和实施质量的全部管理职能。

质量管理明确指出,其包括了两大方面的内容和过程,其一,质量管理包括了制订质量方针和实施质量方针两大过程。质量方针是长期发展战略的一个组成部分,必须由最高管理者批准,并形成书面文件。从其纵向看,质量管理包括了质量方针,质量目标和实现质量方针的目标的质量体系三大部分合成。从横向看,质量管理又包括了质量策划,质量改进,以及实现质量控制而构建的质量环和为满足规定需要,可从内部、外部进行证实的质量保证活动。质量管理的核心是确定职责,全员参与获得经济效益。

全面质量管理指的是一个组织以质量为核心,建立在会员参与上的一种管理,其目的是通过顾客、本组织成员和社会受益来达到长期成功。

⑦什么是质量控制?质量环?

质量控制,是为了达到质量要求所采取的作业技术和活动。

在这个定义中关键词是"作业技术和活动"它的含义是:质量形成的全部过程(质量环)的控制。"作业技术"主要是指作业技术和管理技术,构成控制手段和方法。其目的是以预防为主,监督视察质量环的各个阶段和每个过程的运作状况,并寻找,排除其中产生质量问题的因素,从而满足质量要求,取得预期结果。"活动"指运用作业技术进行有计划,有组织的工作,综上所述,质量控制、质量环、内部质量保证相互联系、交叉、补充,在一定条件下相互转化。控制侧重的过程,内部质量保证注重的是控制的结果及其证实,而质量环及其各阶段是他们活动的对象。

质量环,从识别需要直到评定这些需要是否得到满足的各阶段中，影响质量的相互作用的活动的概念模式，质量环由影响产品，服务质量的相关活动构成，这些活动从"识别需要"开始，结束于"评定需要"，由此可以从质量过程和阶段分别加以管理和控制。

⑧什么是服务？

服务是我们接触最多的概念，严格地说，不少从事服务工作的人，对服务的概念并没有理解得全面和透彻。

服务：为满足顾客需要，供方与顾客接触的活动和供方内部活动产生的结果。

在此概念关键词是我们首先必须理解的是顾客，过去普遍的认识认为酒店的顾客就是那些到酒店中消费的客人。事实上ISO认为顾客的含义更为广泛。其包括了所有的消费者，同时还包括了购买者、使用者、第二方式其他受益者和受愿者。因而顾客可以分为两个层面，第一个层面是外面顾客，是主要的服务对象，是供方活动、服务产品设计的中心。另一个层面是指内部顾客；内部顾客指的是服务组织内部的部门、班组和个人。ISO90004-2对内部顾客服务要求十分严格，认为内部服务质量影响整体质量，内部失控将导致服务不合格。例如人事部等部门即是职能管理部门，又是为服务第一线服务，他们服务素质的好坏，直接影响员工的士气,向心力和凝聚力。而饮食部，厨房前道工序是为下道工序服务的。如果切菜不合规格就会影响的烹调质量，会使一些菜受热不匀影响到菜肴的色、香、味、形。所以顾客含义的重点是外部顾客，但是内部顾客也不容忽视。

上述对于概念的解释仅是对这些概念最基本的，抽象的定义。关于质量管理方面还将有其他需要进一步明确的概念，我们将在附录中全文引用《服务指南》。

2、酒店服务产品是由有形实物加无形的服务组成

服务是最具有自己特点和特征的一种产品。

做为服务产品其内在服务含量和实物含量是不一致的。它们可以分出三类：

```
              服务含量低   服务含量中   服务含量高
   实物产品   ←─────────┼──────────→   服务产品

              旅游商品      酒店服务      导游服务
                销售
```

图 4-1

在酒店中各部门的服务含量也不是整齐划一的，存在着自己的差异性。

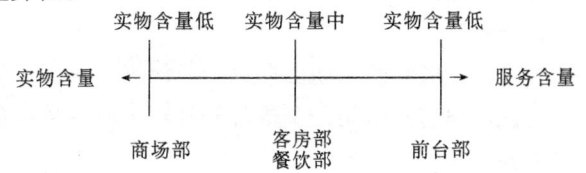

```
              实物含量低   实物含量中   实物含量低
   实物含量   ←─────────┼──────────→   服务含量

               商场部       客房部        前台部
                          餐饮部
```

图 4-2

然而无论服务含量是低还是高，在酒店的服务产品中，一部分是以实物的面目展现在人们面前，另一部分是以服务的面貌向客人展示，这也就造成了酒店服务结构的特点。

酒店服务产品的构成：

①酒店的设施，设备及用品

其中包括：酒店建筑物，酒店内部装修，及各种配套的设备：计算机管理系统、中央空调系统、消防监控系统、给排水处理系统、电力设备系统、电梯控制系统、通讯设备、音响系统、供热系统等。还包括了各种物品：例如水杯、布草、

员工工衣、餐具等等。

②环境

环境指的是酒店营造出的一种氛围。这种氛围既有有形实物又有无形的服务共同构成。这种无形的服务，尽管它的过程也许人们看不到，然而这种服务的结果却是酒店气氛的组成部分。在环境中既有从装修中体现出来的气质又有从服务中表现出来的洁净。试想一池装修得十分美丽的家乡水，其中的水却是死水，散发着臭气，一盆婀娜多姿的剑兰却已有几支花落垂头，实在是十分扫兴。光亮的大理石上面几个带有泥巴的脚印，一盆盆怒放的鲜花却插得既无主题，又无层次。氛围可以有不同风格，然而任何一种氛围中，却不允许有不协调的地方。酒店产品中环境是十分重要的。

③服务

服务，此概念的内涵已在上一节谈过，现在主要从概念的外延去认识它。这是一个概念外延较宽的定义，在酒店业中它主要包括了：

A. 礼貌礼仪

服务员礼貌礼仪、个人卫生、谈吐、笑容。这些虽然给客人的是一种内心感受，但却十分重要。它满足了客人的精神需求。

B. 卫生

据不完全的调查，客人普遍把清洁卫生放在他们需求前两位，由此可见清洁卫生的重要性。清洁卫生包括了环境，卫生设备及各种用品，也包括了食品饮料等方面的卫生，还包括了服务员个人的卫生。

C. 服务态度

主要表现在对客人的热情服务、主动服务和周到服务等方面，服务态度来自于对服务工作的认识。

D. 服务项目

主要指的是向客人提供的服务内容是否满足客人在酒店中的需求。服务项目是变化的，随着客人的需要在变化。而且任何一间酒店都不可能100%的满足客人的要求。在考虑成本和客人需求满足的情况下，尽量协调好这对矛盾。

E. 服务的技术与技巧

服务技术：是服务员向客人提供服务时表现出来的操作，方法和作业技巧。

服务技巧：是服务技术在不同场合下，不同时间中，对不同对象服务时，适应具体情况而灵活恰当的运用。

其中包括了接待艺术、语言艺术，应变处理、推销艺术、投诉处理，索赔艺术等。

F. 服务效率

服务效率是服务工作的时间概念，是提供某种服务的时间限制，它通过用三种不同方式去表现。其一，用工时定额表示固定的服务效率，例如不少酒店规定一天八小时，服务员应打扫14间客房，每间房约用半小时清扫完毕。其二、用时限表示服务效率，例如总台登记入位时间每位客人不超出3分钟；从点菜到第一道菜上台不得超出15分钟。其三是一种时间概念，虽然它没有明确的时限标准，是靠客人的感觉来衡量的效率，例如酒店的电梯，按计算应安排多少部，但实际上，客人心情不同，或各层客人上下不匀时，都会造成客人产生等候时间过长的感觉。这种感觉有时需要考虑如何改善电梯的运作，另一方面也可以在电梯口安上镜子，让人们整装或修饰自己，以达到从心里感觉到时间很快流逝。

④食品、饮料

食品和饮料是酒店服务产品中的助销产品,它由原料、制作、食用方式等多方面构成了它。食品和饮料既有实物又凝结了厨师的技艺和创作艺术,是两者的结合品。

⑤安全状况

酒店服务产品毫无疑问的包含了安全要素,而且它是服务产品各要素的基础。安全首先应该让顾客从环境的布局、各种设施、设备的安置上产生一种心理安全,这点是十分重要的。人到了陌生地方,首先一个感觉是不熟悉,并由此而产生的不安全心态。例如在广州住惯了有防盗网和防盗门的房子,走进上海或北京,一下子没有了这些,反而感到不安全。相反,上海、北京人到广州一看满目的防盗网犹如监狱一样,马上感到广州也许强盗,入房贼很多,否则人们为什么如此防范,为此产生的也是一种不安全感。因此,酒店应在环境和设施上创造出安全氛围。

此外,应该切实做到防火防盗,疾病防治和阻止侵犯骚扰事件的发生。

3、酒店服务产品的质量特点

①酒店产品是有形实物和无形劳务构成的,其质量特点也由此而形成。有形的实物构成的服务质量,是指以实物形态向顾客提供使用价值。表示在酒店的有形证据下可以让顾客对服务质量的某些方面可触摸、观看、直接去感受与酒店服务工作有关的一切有形实体,例如设备、设施的先进性、方便性和舒适性是客人看得到,感受到的。另一方酒店产品的质量的无形性是指以劳务形态向宾客提供使用价值,使用后虽然劳动形态消失了却给客人留下感受。

基于服务质量的上述特点,就为服务质量标准和检验带来了一定的问题,在提供劳务这方面很难用仪器去检测,也很难采用纯量化的标准。

为此，酒店通过两项标准去衡量和控制酒店产品的质量难题，也构成了酒店服务质量管理特殊的一面，这两项标准一是服务规程，二是服务标准化指标：

服务规程：主要是用描述性的语言对服务动态过的过程作出规范的规定。例如在不少酒店在服务规程中规定，服务员入门前必须先敲三声门，如客人没有应答时，再敲三次，再没有应答，才可以用钥匙开门并自述是服务员进来干什么。这是对服务的程序及程序中每个环节的规定，服务员只有严格按此规程操作，方可保证劳务的质量。笔者曾在一家三星级酒店接受过一桩投诉：某天晚上半夜二点，客房中两位女宾客已安然入睡，突然房门被从外面打开，两女客惊叫起来，门关上了，门外传来一阵阵笑声，有男声，也有女声。两女宾被惊吓的面无血色，急忙叫醒住在隔壁房间一同出差的男客人到自己房间保护，三个一起坐到天亮，急忙向客房部投诉。客房部接到投诉，深感事态的严重性，一边向常务副总汇报，一边着手调查。调查的结果十分可笑，原来一个新服务员晚上查空房，当时灯光较暗，看不清门牌号码，错把这间住客房，当成是空房，想进去检查，在进房间的时候，她完全没有按服务规程去干，拿起钥匙开门直入，听到房间中的尖叫声，也没有按服务规程的要求自报家门，而是迅速关上门。自己先笑了起来，恰逢此时保安员来巡楼，两人一起哈哈大笑，门外人倒是开心之极，门内则惊魂未定。

由此可见，服务规程在酒店服务质量的体系中占据了十分重要的位置，它是对服务的保证。

服务标准化：是用描述性的语言对有形实物静态状况做出核定标准的规定。例如规定大堂保持的温度，草地应剪多高，等等都属于服务标准化规定内容。

②服务质量的整体性和个别对象的特殊性。

实物产品是由部分构成整体的，服务也是由部分构成整体的，然而两者却有很大的区别。实物产品每一部分虽然不可能独立于整体而存在，然而它却是一个标准件，可以对它进行更换或者整个产品退货，重新换其他的物品。然而服务质量表现出来的特性却不一样。服务是由一次次具体服务构成，每一次具体服务都影射出整体服务质量。使顾客产生一种心理评判，而形成酒店的整体形象，形成客人对服务质量的看法。因而在酒店服务质量管理中有一个流利的公式 100－1＝0，它告诉我们在100次服务中每次都是优质，只要有一次出了差错就会满盘皆输、前功尽弃。当然有的服务失误可以用最好的服务来补救，有的却不行。某客人在广东东莞虎门一家宾馆餐厅吃饭。小姐有礼貌，服务态度也不错。然而，当一位男服务员端着一碗汤进来时，却让客人大倒胃口。只见他留着长长的指甲，指甲就在汤碗边守卫着，实在令人恶心，客人匆匆吃了一点菜就走了。心里发誓再也不踏进这家酒店了。不难看出，服务质量是由服务的每个环境紧密配合而形成一个整体。任何一个环节的疏忽都会造成大祸，都会造成对整个服务的否定。

③酒店服务质量由规范化服务与个性的服务组合

酒店的服务是以个性为主？还是由普遍性为主？这在酒店服务质量问题上常常是争论不休的论题。当强调服务个性时，就偏向于服务的个性化，强调服务规范时，就强调服务的普遍性，事实上，酒店服务质量是普遍性与特殊性的组合。

首先从人的需求来看，不少需求是绝大部分客人共同的需要，例如：要求受到尊重，要求安全、要求清洁、要求服务的热情。同时人们的行为规范中，有许多也是共同约定而成的。为此对服务的普遍需求，始终存在于人们的共同要求之中，这也就构成了服务质量的普遍性，这些普遍性的需求，才使得酒店可以根据自己的客源市场去制定一些服务规范和服务标准。

其次从客人的个性心理特征来看，由先天的遗传和后天文化、社会、经济、民族等种种差异从而造就了一个个相互区别的个体，这些个体在兴趣、爱好、气质、能力以及各自的价值观念都有或大或小的区别。这种区别造成了个体需求方面的差异。这就是需求的个体性。正是这种个体性要求我们服务中的个性服务。可见，服务的规范化与个性服务并不矛盾。规范化服务来源于每个个体共同点，而个性服务，强调的是个体差异性。所以构成服务质量组合中即需求服务的规范化、标准化要求。又有个性服务、超常服务的需要，两者结合才真正达到满足客人的需求，提供优质服务。这种普遍性的服务和个性化的服务同时存在同一服务过程，是酒店服务质量区别其他有形产品的服务质量的显著特点。因为许多有形的产品往往是通过不同的型号，规格去适应不同的需要。普遍性和个性化很难同时统一于一个产品中。

④服务质量评价的一次性

服务产品，特别是酒店的服务产品是表现为它只出售的使用权，即客人购买的只是使用权，而没有拥有权，每一次的使用后，就是服务产品的使用价值的完结。服务质量也是由一次次服务过程的质量所构成的。因而对服务质量的评价也是一次性的了。例如，在客房的白色床单上发现了毛发，尽管只有二根，但客人马上感到，这是服务员的疏忽，而把别人睡过的床单没有更换就给我用了。尽管我们也许可以解释，也许可以用最好的服务补救,然而这次服务过程毕竟在客人心中留下了阴影,补救却无法擦去。这是服务质量评价的一次性特点。这种特点要求我们必须做到:从宏观和系统的角度出发,在整体标准、意识观念、控制方法、质量保证制度上作出决策并落实执行。更要从小处着眼,认真注意每一个环节,每个细节。服务规范和标准,必须制定得更具体,更完善并且尽量的量化。

由于酒店服务质量拥有上述特点,为此我们在质量管理和控制中应该有自己的特点和办法。

4、酒店服务质量管理体系

①质量管理历史沿革

酒店服务质量体系,包括质量保证体系和质量管理体系。它是指酒店以保证和提高服务质量,向顾客提供满意的服务为目标,运用系统论的原理和方法,把各部门、各环节的质量管理活动严密地组织起来,形成的一个责权分明,相互协作,相互促进的有机整体,即质量管理网络,这种认识来源于全面质量管理。

质量管理在企业中是一个比较古老的问题,早在泰勒创立他的工作方法时,就已经被提出来了,并采用了检验的方法去保证质量。从此,质量检验就成了企业生产中的专门工序,从生产工序中分解,独立出来。挑出废品,自然保证了产品的质量,然而这是一种事后检验,它始终无法解决废品产生这一难题。早在1924年美国的贝尔研究所的休哈特运用数学统计学的原理,提出了控制生产过程中产品质量问题,但由于种种原因,这种方法始终没有在企业中普遍采用。

第二次世界大战初期,质量管理更上一层楼,走向了统计质量控制阶级。当时美国大量民用企业转向生产量工产品,由于质量无法在动作过程中就得到控制，造成了废品率高，而引起产品按时交货时，于是美国国防部率先采用了休哈特提出的统计质量控制，并广泛的在军工生产企业的使用。统计质量控制的主要方面是用统计图表对质量进行控制，使产品质量得以提高，并大大降低了产品成本。但由于，这一阶段过分强调数理统计方法，对有关组织管理工作有所忽视，使人们普遍认为质量控制是数学家的事，高不可攀，因此望而生畏。这种心态严重影响了管理作用的发挥和数量统计方法在质量控制中的普及和应用。

全面质量管理是质量管理的第三阶段，它是在本世纪六十年代，是由美国的米兰、费根堡提出的。当时企业竞争一天天加剧，一些新的问题提到了管理者的面前。首先，在产品质量中引入两项新的指标。一是"安全性"二是"可靠性"。其次，系统的概念、原理和技术出现了，做为一种方法论，它要求把质量问题，做为一个有机的整体去进行分析、研究，并从系统的角度去考虑质量控制。第三，在管理理论上提出了"民主管理"这一全新的认识，与此相适应在质量控制问题上，出现了依靠工人自我控制的"无缺点运动"和"质量管理小组"。第四，在一些国家开始了"保护消费者利益"的运动，并成立了各种形式的消费者组织，这是牵动亿万人的敏感问题，因而很快形成了一股势力，并迫使政府通过制定法律限制厂商用劣质货和广告骗人。这使质量管理中又诞生了"质量保证"和"产品责任"两个概念，在这样历史时期，在消费的迫切需求下，费根堡和米兰的"全面质量管理"诞生了。当时米兰、费根堡提出的全面质量管理（英文简称TQC）主要观点有两个：第一，要生产满足用户要求的产品，单纯依靠整理统计方法是很不移的，企业还需要做一系列的管理工作。第二,产品的质量有个形成、发展的过程,其中包括了市场调查,产品研制设计,制定标准,制定生产计划、采购、配备设备,加工制造,工序控制、检验、测试、销售和销后服务等环节,这些环节是一环扣一环,相互联系,相互制约、相互促进,形成了螺旋式上升的过程,质量就是在这样一个螺旋式的过程中不断形成,上升并且周而复始的,每一个循环,产品质量就提高一步。而全面质量管理就是要管理所有这些环节的活动。

②全面质量管理特点

第一,全面质量管理的质量是广义的,其不仅管理产品的质量,而且还要管理产品赖以形成的工序质量。什么是工序质量,它是指工序能够稳定地生产出合格产品的能力,通常用工序能力指数来衡量在工序中,包括了操作者、机器设备、原材料、工艺方法、环境等五大要素。当五大要素中配合适当,经常保持在正常状态,工序质量就高、产品质量就稳定,反之就可能出现不合格产品。除了工序质量外,全面质量管理更为注重的是工作质量。工作质量是指围绕着产品的质量,离开了工作质量的改善,产品质量的提高是不可能。因此,全面质量管理要从抓工作质量入手,工作质量的提高,不仅可以保证和提高产品质量,而且有利于实现成本降低,供货及时,服务周到,以全面的质量提高来满足用户的要求。

第二,全面质量管理是以预防为主,以提高产品的适用性为目标的全过程管理,它把质量管理从单纯的事后检查而提前到前馈控制上来,不错,质量检查在任何情况下都是必不可少的,然而质量检查必竟是消极的,它充其量只是挑出废品,而不能防止废品的产生。对于服务质量而言,这种以检验为质量管理的主要方法就更不能奏效。而全过程的质量控制，从产品的设计开始一直到产品的售后服务都必须进行质量管理。服务和设计包含了丰富的内涵，它不仅指服务产品中有形实体的设计，还包括了服务程序、服务规程、服务标准和服务项目等一系列设计。设计的关键问题在于为顾客提供适用的，满足顾客需要的产品。比如，客房的装修、布置、色彩等等都要满足客人的需要。上海商城波特曼大酒店，是一座宏伟、辉煌的五星级酒店。但是　大厅内和大门外,公共区域的独特装修，却引来了一些台湾、香港等受中国传统文化影响较深的人士的批评，他们感到波特曼表现出来的的似乎是中国冥文化，而不是中国传统喜庆文化。因为在中国传统文化中，黑色代表的死亡，而残缺美并不是中国人可以接受的审美观点，然而波特曼对于欧、美客人来说，却是一座可以接受的五星级酒店，他们的审美观中，没有中国传统文化的影响，因而欧、美客人占据了波特曼约70％的客源。这个例子很好的注释了酒店在它的设计中是否满足了客人的需要,满足了那部分客人需要问题。我们并不赞成迷信、风水；然而在今天文明世界中，迷信和风水还有上升的趋势。不少人对这些东西十分迷恋，为此酒店在设计中不得不考虑到这些东西，甚至包括了对各种宗教信仰的心态都是我们在设计中应该注意到的问题。自然，产品的设计中顾及到的因素还有许多。总而言之，酒店的产品从设计阶段就已经存在着是否满足客人的需求的质量问题。波特曼大饭店，如果它面对的是台湾和香港客人的话，也许就算是一件不合格的产品了。然而它在自己的欧美市场又是深受欢迎的。又比如，客房服务，过去在客人进入客房后，服务程序规定,服务员应该到房间送香巾、送开水。然而，多数客人感到这并不方便。于是这几项服务已从部分酒店中消失了。过去,客人需要开水就由服务员送上，现在部分酒店已按客人需求，加以改进，在客房中安排了电热水器，随时有热水供应，而不被服务员打扰。

第三，全面质量管理是全员性的管理。产品质量好坏是许多工作和许多生产环节活动的综合反映，它涉及到酒店中所有部门和所有的人员，因此提高产品质量要依靠所有人员的共同努力。

首先从组织管理角度来看，全面质量管理的含意就是要求企业各个管理层次都要有明确的质量管理活动内容。上层的质量管理则重于质量决策，制定企业的质量方针、目标、政策和计划，并统一组织和协调各部门各环节的质量管则要实施领导的质量决策，运用一定方法，找出本部门的关键式必须解决的事项，再确定本部门的目标和对策，更好的执行各自的质量职能。对基层工作进行具体的业务管理；基层管理则要求每个职工都要严格地按标准及有关规章制度进行生产和工作，这样一个酒店就组成了一个完整的质量管理体系。再从质量、职能上看，产品或服务质量职能是分散在企业有关部门的。要保证和改善产品式服务质量，就必须将分散在企业各部门的质量职能充分发挥出来，都对产品式服务质量负责管理，各部门之间相互协调，齐心协力地把质量工作做好，形成全成员质量管理。

第四，全面质量管理用以管理质量的方法是全面的，多种多样的，即实行综合性的质量管理，概括说，这种方法目前有三大类：一种是数理统计方法，所谓数理统计方法指的是，用统计方法进行质量控制，这些技术包括频率分布的应用，主要趋势和离散的质量控制图，回归分析，显著性检验。另外两种是改变组织管理的方法和改革技术的方法。全面质量管理认为：广泛运用科学技术的成果，尊重客观事实，尽量用数据说话,坚持实事求是科学分析,树立科学的方法论上,才能真正的把影响质量的各种因素控制起来。

综上所述,我们可以十分清楚地了解到:全面质量管理不仅仅是一种反馈控制,它是一种全过程、多方法、全员性的质量控制。

在上述论述中,我们共使用三个概念 QM—质量管理,QA—质量保证和 QC—质量控制,那么三个概念的区别在那里呢?

质量管理习惯上为称之为 QC。质量控制也翻译成 QC,实质上两者是有一定区别的。质量管理正如我们前面所解释的,是对确立和达到质量目标所必须的全部职能和适动的管理。包括质量方针目标的制订及其组织的实施。而且包括了质量控制活动。而质量控制关键之处在于它主要是一种方法和手段的总称,这种方法和手段体现在保持某一产品过程或服务的估量中所采取的。质量保证,是指使人们确信某一产品、过程或服务的质量所必须的全部有计划有组织的活动。这种活动的标志或结果,就是提供"证据",目的在于确保用户和消费者对质量的信任。最近,在北京、上海等城市开展的服务行业的"承诺制度",就是服务行业质量保证。这种"承诺制度"表示,一经承诺就必须在"承诺的时限中保证按质、按量完成任务,否则就赔偿消费者的损失。而由旅行社率先推行的,旅游保证金制度,也是这一质量保证的表现。

③酒店业质量体系管理的建立

那么,对于酒店行业而言如何去建立自己服务质量体系呢?

在 ISO 中指出质量体系中主要包括了建立质量体系的五条原则:(1)质量体系的关键方面;(2)管理职责;(3)人

员和物资资源；(4)质量体系结构；(5)与顾客的接触。其中,管理职责,人员和物质资源,质量体系结构三者构成了服务质量体系的三个关键方面。

在服务质量体系中第一个关键问题是如何保证顾客满意。

在《服务指南》中有一句至关重要的话：只有当管理职责,人员和物质资源以及质量体系结构三者之间相互配合协调时,才能保证顾客满意。这也是国际标准为旅游业确定的不可辩驳也不容辩驳的服务主题——保证顾客满意。

保证顾客满意,是说起来简单,做起难的事。对服务员,基层组织的管理人员而言,最难的是如何理解和贯彻"客人总是对的"这句格言。斯坦特勒先生的著名格言："客人永远是对的"。来源服务中一段真实的故事。一天一位怒气冲冲的客人,走到一位主管面前说,他刚才与一位服务员争执了起来,然后让主管评判谁是对的。主管望着这位满脸通红的客人,请他复述争执的过程。然而,客人一口咬定,无须了解事件的过程,只就此事的发生做了评价。这位主管人员为难了。他想了想后说：我认识这位服务员已经二十多年,他的脾气很好,从来不与人争执,发火。今天如果他与你争执起来,可能是你错。客人听完这一席话,二话不说就退房离开了酒店,这件事触发了斯坦特勒对服务新的认识。此后,在他管理酒店中制定了"客人总是对"的原则。这条原则中国大陆得到演变和发挥,有的说"客人就是上帝",也有的说：

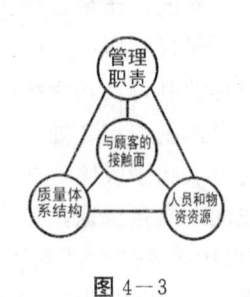

图 4—3

"客人是衣食父母",它告诉人们:顾客的需求在服务中至高无上,这些格言成为处理服务员与顾客之间关系的一种准则,保证酒店产品质量的标准之一。

什么是"顾客总是对的?"顾客可能总是对的吗?这实质上说是两个问题。从唯物主义的观点来看,顾客不可永远都对,更不可能事事都对。然而"顾客总是对的",特指在处理服务员与客人的关系上的原则,也就是说把客人当成对的去处理各种纠纷和问题。在酒店中,经常碰到的是当客人的要求在服务规范之外时怎么办,是让客人去适应服务组织,去适应服务规范,还是尽量满足客人的需要?尽量,也就意味着并非事事都能满足客人的需要,但要竭尽全力而为。在一次"酒店客房部、前台部经理上岗培训班"上,许多经理就向校方投诉说,早上没法睡觉,服务员七点钟不到,就敲门打扫卫生。一了解,原来服务员七点半交班,交班前,她必须把客房打扫干净了才能交班。当时我问她们,为什么不能晚点,我们是八点钟用早餐,服务员的回答是不可能,因为交班时间是不能变更的。还有一次,作者住在一间十分漂亮的宾馆,中午休息时,正当作者刚进入梦乡,突然被一阵敲门声吵醒,原来是服务员来送开水,把休息全给搅乱。一问才知道,这家宾馆,素来接待是以旅行团为主,一般旅行团早上出去要到晚上才回来,因而中午送开水不会打搅客人。这也是服务规范与客人需求的冲突,应该以谁为中心呢?在这里是客人对?还是坚持服务规程呢?这里,每个从事酒店的员工都有了正确答案。曾经有一位客房主管与笔者共同探讨。她说,他们是二星级酒店,按国家旅游局的规定,可以两天一换床单(对同一个客人而言)。但有的客人不理解、要求酒店必须一天一换。她问怎么办?建议是,先用婉转的语气向他陈述国家旅游局的质量标准,然后告诉他,如果他需要可以破例为他每天都换床单。客房主管问为什么这样做?首先要让客人了解到,并不是酒店方面失职而不换床单。这很重要,因为这其中有个酒店的声誉和形象问题,但一定要用婉转的语言让对方认识,而不是在让对方认识的过程,让客人感到羞辱和不安。而在此条件下,表示我们随时准备满足客人的特殊要求。必竟这种要求一天一换床单的客人不是很多,即便满足了他们的需要,也不会太多地增加酒店的成本和人力。(这类客人只占该酒店客人中3%—5%)。

这几个例子从不同的侧面反映了一个问题:当客人的要求与酒店的服务规范不相符合时,作为服务人员在处理时有无原则?有!这就是"客人总是对的",站在客人的角度去考虑问题,你会更容易理解客人需求。

另外一种情况,就是碰上态度、脾气不好的顾客,他在发怒时,他也是对的吗?回答仍然是肯定的,对!因为客人发怒一般有两个原因:其一,是服务员或酒店方面确实犯了一些小差错、小疏忽,引起了顾客的过激行为或语言,那么从人之常理来看,是我们有错在前,客人发怒在后,解铃还需系铃人,只有我们承认客人是对的,我们有错,而不去计较客人的态度,才是解决问题上策,否则只会是以油拨火,越烧越旺。其二,客人错了,整件事从头到尾都是客人错了,但由于服务员强词夺理一味强调自己的正确,为了挽回自己的面子,结果大伤客人自尊心,而大吵起来。

总之酒店能否为客人着想,关系到酒店形象和长远利益,笔者曾在一家星级宾馆设宴送一位即将出国的老师,大家十分高兴,一人点了一个最喜欢的菜,其中有一道菜叫"宫爆肉丁"。片刻,首先上来的就是"宫爆肉丁",大家拿筷子拨了一下，发现菜中尽是油渣，而无肉丁，于是很和气的问服务员，是不是上错了菜，服务员也很客气，说我去问问。结果一去不复返了，于是又叫了一位穿黑衣服的主管，请她解释一下，她眼睛向上一翻，用十分傲慢的口气说："我们××大酒店的宫爆肉丁就是这么炒的"。把一行人气得不得了，也许消费是不懂，贵酒店油渣也就是肉丁，然而也不能用这种态度去对待客人。况且油渣是油渣，肉丁是肉丁，两者有本质区别。自然笔者修养很好，没有去据理力争，而是把油渣当肉丁吞进肚子里。从此以后足有三年时间，都牢牢记住"油渣＝肉丁"的教训，无论在什么情况下都离该酒店远远的。

"以顾客为中心"的服务真正的难点不在于上述问题，真正难点在于碰到下流的顾客或者低素质的顾客怎么办。低素质的顾客，常常由于文化水平不高，文明程度不高，而做出一些让人无法理喻的事。例如：明明房间放有痰盂，却偏偏把一口浓痰吐在地毯上，刁难服务员。对于酒店全体员工而言，实际上肩负着把文明风气带给社会，提高社会人们素质的义务。早在改革开放初期，广州是率先把高档酒店向社会开放，向市民开放的，酒店对社会开放，自然会有些不文明的风气带进了酒店，服务员们坚持用文明去感化不文明，去教育市民。过去市民上到酒店餐厅，有的让孩子到处撒尿的，也有服装很不整洁的，然而，在酒店的高雅环境下，在服务员彬彬有礼之下，不文明的人渐渐感到惭愧，逐步改变自己的行为，所以有人曾问：可以在五星级宾馆猜拳吗？我回答是："你进去就知道"。当他走进五星级酒店，那里的气氛让他开始变得文明。所以不文明的客人是客观存在的，然而我们可以做到的是去感化他们，创造一种文明的氛围让他们也文明起来（仅仅有感化就行了吗，这个问题放在下个问题再讨论）。

如果碰的是下流的客人怎么办？这种情况虽不能说常常碰见，但实际上也会不时的出现。曾有一位迎宾员，两眼泪汪汪地问笔者，有些下流的客人摸她们的手臂怎么办。在其他一些服务行业，这也是屡见不鲜的事了，为此1996年7月29日《羊城晚报》曾经发表了署名文章"空中服务'委屈奖'，一个无人愿意领的奖项，要求制裁下流乘客的呼声日高"的文章披露：从1993年至今，中国已有十几家航空公司为空中服务员设立了"委屈奖"或类似于此的专门奖项。中国空中服务第一个"委屈奖"产生于中国北方航空公司。这是三年前由深圳开往大连的一次航班上，乘务员刘艳在收拾餐盒时不小心碰到了一位女乘客伸出过道的脚，餐盒打翻了，该乘客抓起餐盒摔到刘艳的脸上，并辱骂不止，刘艳含泪忍让。为此"北航"要求全体服务员学习刘艳这种委曲求全，旅客至上的服务意识。"委屈奖"由此而设立。1995年，我国两大航空公司、中国国际航空公司和中国南方航空公司也设立类似奖项。但是空姐们几乎没有人愿意领这个奖。在航空公司要求服务员一让再让，委曲求全下，我们看到"南航"乘务队800多名空姐中，绝大部分遇到过"刁蛮旅客的刁蛮行为"，"南航"从1995年开始到报社发稿时，已发出了10个"委屈奖"。"北航"大连乘务队平均每个月发生一起遭非礼事件。虽然有旅客表示必要的时候可提供现场证明，证明空姐的无辜，但民航决策层对此类事件的消极态度让业内外人士觉得有"纵容"之嫌。

新加坡航空公司是以服务质量誉满世界的航空公司，他们如何去处理这类事件，该公司驻广州办事处的负责人表示，他们把主动权交给了空姐，如果她给故意摸她腿的乘客一个耳光，新航会认为"这是维护尊严的一种自然反应"。他还说如果发生不愉快事件时,新航必须在空姐个人尊严和企业形象之间做一选择的话,公司会选择前者,因为"没有员工的的尊重就没有企业形象"。目前各界要求制裁下流乘客的呼声日高,就连广东省副省长张高丽在某次航班上留言写道:"除了乘务员有礼貌的服务外,对不讲道德的旅客应给予有力制裁"。

问题虽然是航空公司首先提出来了,然而,这仅仅是航空公司一家的问题吗?显而易见,整个旅游业都面临着同样的问题。在酒店行业,不文明的客人,故意污辱女服务员的客人并不少见,我们一贯的态度都是委曲求全、忍让,也许这是沉淀了几千年的中国传统文化的反映:"和为贵"、"忍为上"。然而今天航空公司的同行们提出了新的问题,"忍气吞声"能否改变这种现象,仅用感化的力量行吗?对此问题,答案是:忍让不是唯一的办法,但只是办法的一种,必要时可以选择其他方法。服务员并不低人一等,也有自己的人格、尊严。对待下流的客人,应根据不同问题,寻求不同的解决方法,要做到有理、有利、有节,同时呼吁中国的饭店法尽早颁布,既要保护客人的利益,也要维护服务员的尊严的法律。

在服务质量体系中涉及到的第二个关键问题是:旅游服务质量管理职责。管理职能就是制定使顾客满意的服务质量方针,并对服务质量体系予以开发,使质量方针在质量体系的有效运行中得以实施。

质量方针,又叫质量政策,它是企业各部门和全体人员执行质量职能和从事质量活动所须遵守的原则和指针,是统一协调企业质量工作的行动指南,也是落实"质量第一"思想的具体体现,通常酒店的服务质量方针由酒店高层管理人员负责并做出承诺,管理者应提出以下诸方面的质量方针,并形成文件。

这些文件包括：所提供的等级；服务组织在质量方面的形象和信誉；服务质量的各项目标；在追求质量目标中所采取的措施；负责实施质量方针的传播、理解、实施和保持。其中包括了下列几方面原因：首先，我们来理解什么是等级。在我国酒店业普遍存在一种看法，也就是等级越高，档次越高，也说明了质量越好，人们常常用服务产品的价格去衡量酒店的服务质量，因而有人因为从二星级的酒店上升为三星级酒店时而敲锣打鼓。认为这是酒店更上一层楼，进步了。这些都是对等级误导而产生的错误认识。等级——对功能用途相同的产品或服务，按照适应于不同需要的特殊或特性而进行分类式分级的标识。因而①等级反映的是需要方面的预定差异。或在无预定的情况下被公认的差异，它着重强调功能用途和成本的关系；②就满足需要而言，高级产品或服务不一定有满意的质量，反之亦然。一家五星级的酒店服务质量不如一家小客栈服务质量的可能是存在的。在广州被人们公认的服务质量上乘的酒店，不一定是那些五星级酒店，而是一家名不经传的四星级的"胜利宾馆"受到行业内外人士赞扬。笔者曾以一般客人的身份三次走进该宾馆，三次都是带酒店业同行，不打招呼去的，以消费者身份到宾馆。其中一次带着30多位餐饮部部门经理以上的管理人员去喝茶。一顿早茶下来，令得各位同行赞叹不已，另一次是带着一家五星级酒店的同行去用早茶，也令五星级酒店的同行们叹为观止。俗话说：外行看热闹、内行看门道。得到同行人士的赞扬不是那么容易，越是同行越容易挑剔。反而，在一家五星级酒店参观，酒店同业人受到傲慢的对待，感觉到一种"华人与狗不能入内的屈辱"。所以等级并不是服务质量的标志，而仅仅是表示出满足不同层面客人的需求和成本上的差异。

在我们用数字表示等级时，数字越小等级越高，而用符号表示时是个数越多等级越高，五星在中国酒店业中已是最高等级了。

其次，企业形象与声誉，这也是企业的CIS战略。企业形象和声誉当然是领先酒店自身的质量为基础，依靠媒体而传播出去，然而，在传播的过程中，应该也同时必须建立一个观念意识，行为识别和识觉识别的企业识别系统，使顾客一看到识别标志，就认同它的服务质量、服务特点。

再次，服务质量应达到的具体目标。

质量目标是根据质量方针的要求，企业在一定期间内所要达到的预期效果，即所规定的数量化目标，可根据达到目标的期限长短，分为长期目标和短期目标。质量目标是企业目标体系中的组成部分，它应力求数量化，以便于统一领导层的思想，成为激励员工的动力，有利于日常的考核和评定，促进目标的实现，对于基层管理人员而言，关键问题是将酒店已经确定的总的质量目标，细分为自己班组的小目标和措施，通过对小目标的实现，而达到保证酒店总目标的实现。

第四，质量措施。

目标是质量管理努力的方向，以求达到的目标。目标的实现，仰仗着质量措施，需要有切实可行的措施做为它的具体保证。否则，质量目标就是一纸空文，也许它很伟大、很宏伟，但都可望不可及。无法实现，目标的实现不仅仅要有一般措施，而且要靠具体措施才有实现的可能性。

第五，全员岗位职责。

酒店的质量目标，是由每一位员工岗位的工作质量构成的，ISO进一步明确了把酒店服务的质量目标分解到岗位，落实到个人。因而对于全员岗位职责是我们基层组织更需要注视的问题。

为了保证质量目标的实现,旅游企业的全体员工都应明确自己职责和权限。

职责,包含了双重含义,既有与消费者、购买者直接接触的质量职责,也有酒店内部各部门之间的协调、合作以确保对外服务质量的职责,也就是说不仅是一线的员工有职责,而且二线的各个部门也有确保质量的职责,他们有为服务而服务的职责。当然,不同的岗位,职责是不一样的,例如中、高层管理人员拥有的是抓服务质量的职责,而我们基层组织则是创造质量的人。分工不同,但都对质量负有不可推卸的责任。

权限,指是是授权和限权。两者在服务质量的体系中,都是十分必要的。试想,一个服务人员面对深夜入住的客人,没有打折扣的权力,只会赶走客人或让客人不满。餐饮基层管理人员如果没有一定的餐饮的折扣权,会让那些熟客和关系单位大失所望。当然,这并不是几块钱或者几十块钱的问题,而是面子,自尊心的问题,一定的折扣让客人感到关照和受尊重。同时没有一定的授权,影响了处理问题的时效,最终是激化矛盾。而另一方面,没有限权的话,就会让人人都随心所欲地处理问题,结果只有一个,混乱!因此在质量管理存在着权限问题,权限的大小应视具体情况,具体分析,根据酒店的规模、档次、经营的客户以及员工的素质,管理人员的配备等问题而综合处理。目前有的酒店在餐饮部,授予基层管理人员一定打折扣的权力,凡是熟客,关系户,都给予一定的打折,而无须申报部门经理,这在餐饮业疲软的情况即保证了薄利多销,稳住了一批熟客常客,又让客人得到一种心理的满足。又比如,有的酒店客房部规定,前台接待员平常有打八折的权力,而到深夜班对入住的客人可以打六一七折。这也是考虑到深夜客人的特殊性,给予的一种服务优待。

在服务质量体系中涉及到的第三个关键问题是:人员与物资资源,也就是我们行内常说的"软件"和"硬件"的问题。服务是人与物的结合,而且人的因素第一,在人的诸多因素中,关键的地方还是人的积极性与主动性的问题。现代行为科学告诉我们:"激励,从广义上说,就是调动人的积极性。从狭义上讲,激励是一种促进人们行为的手段,是使人们能够自己产生希望的行为的手段,是使人们能够自己产生希望的行为的原因",(刘吉等编的《领导行为学》湖北人民出版社1989年版)为此在《服务指南》中把人的因素以及员工激励放在首位,它意义在于,一个旅游企业的服务质量必须通过每一个人来保证。激励包括以下3个方面重要因素。

(1)"人尽其才,物尽其用",让员工在能够展现自己能力、长处的岗位充分发挥,这是有效的激励方法。人都有自尊心,人在工作中要有自信。有自尊、自信才有可能发挥自己的能力,发挥自己的主动性和积极性。恰到好处的工作岗位会让员工产生成就感,成就感又促使人们的自尊、自信。形成良性循环,激励人们积极性发挥。

(2)创造良好的工作环境,使员工全身心投入工作。工作环境是工作质量的一部分,有什么样的工作质量就有什么样的产品质量,两者在一定意义上相辅相成。

(3)员工的积极性主要表现在三个方面:①是员工的创造性;②是员工的参与性;③是员工之间的互助,配合与协调。因而在酒店服务质量的管理,应当鼓励和提倡员工这种精神。

(4) 目标激励,在目标管理理论中,十分重要的创造,就是每个员工都了解自己组织的目标认识和掌握自己的目标,通过对目标的逼近和完成目标,产生一种自觉的行为,因而,在质量管理中"目标"本身也是一种激励因素。

(5) 奖励与惩罚,这都是对质量问题的合格行为的鼓励和对错误行为的否定。奖励的措施很多,例如行政奖励:即给予有功员工一定的,具有权威性的嘉奖、立功等等鼓励。此外还可以有物质奖励、表扬、宣传和升职等奖励。惩罚的手段也有很多:行政惩罚,物资惩罚、降级、舆论批评等等。奖励和惩罚应当针对不同员工,不同的事件,不同的性质,适当选择奖励和惩罚的方式和手段,才真正起到激励作用。

(6) 不断提高员工的技能,不断进行继续教育,让员工产生一种向上的动力,感到一种永无止境、永不能停步内在精神的鼓舞。

服务培训,也是激励内容组成部分,在第三章中已经得以阐明,在此不再重复。

④服务质量体系结构

服务质量体系结构是服务质量系统的第三只脚,只有管理职责,人员和物资资源及其服务质量体系结构三相协调了,才能创造让顾客满意的服务质量体系。

服务质量体系结构是由组织结构、职责、服务程序和资源四方面共同组合形成。其中包括了质量环、质量文件体系和内部质量审核,三大内容紧密关联。

其中建立质量文件,是关系重大的一个步骤,也是目前各酒店的薄弱点、服务质量体系的基础是一整套完整的质量文件体系。而建立质量文件体系本身就是一项标准化的工作。

质量文件中包含了:

(1) 质量手册，这是酒店质量纲领性的文件，具有战略意义。它内容主要由：质量方针、质量目标、组织结构（包括了质量管理委员会、TQC 小组等一系列保证质量的组织设置）岗位职责、质量体系组成部分的全部要素和规定，质量措施等。

(2) 质量计划，是专项的质量文件。

(3) 程序，指的是质量计划要得到贯彻，而同时提出运作操作程序，没有运作程序，计划还是计划，不会付以实现。

(4) 质量记录，这是按质量是程序进行过程中对各项有关的质量信息的记录。也是具体的、标准化的基础工作。其中包含了质量目标达到的程度，旅游者满意程度、质量评审、服务质量改进成果，质量趋势分析，质量评审、下属部门工作业绩，技能培训效果，与竞争对手的比较，质量改进措施与效果等，记录必须细致、准确和及时。

(5) 文件控制，服务质量文件在使用中，也需要规范化管理。主要有下列几个方向，制衣主管和保管制度。文件使用由主管批准才可以借阅。确定使用和发放的范围，根据酒店内部和外部的意见及时补充和修正文件，使其成为跟踪顾客需求，反映旅游者满意程度的真实资料，不能使用的文件应有如何撤销和作废的制度。

二、酒店服务质量保证——承诺制的建立

"承诺制"是这一两年正在服务行业兴起的一种服务质量保证制度，最早见报的是旅行社的承诺。如果，旅游过程中货不对板的话，赔偿。1996年上半年，承诺制又在其他一些以劳务为主的服务行业悄然兴起。受到北京、上海、天津一

些城市居民的一片称赞。1996年8月上旬,天津医药公司近百家药店向公众发表了承诺制,"不卖假药,发现一片假药赔偿二万元"。这一切虽是星星之火,但我们希望能够成为燎原大火、带动整个社会,而不要昙花一现。

酒店业,虽然不是服务行业承诺制的发起者,却是服务行业承诺制的先驱之一。

从国外引进的全套酒店管理模式中,本来就存在着承诺制的内容。例如在前台接待中,对客人预订客房的承诺,是酒店业中使用的最普遍的一种承诺制度,特别是确认预定和保证预定,双方通过预定——确认的程序,已经达成了一定的协议,其中保证预定,使酒店与客人之间建立起了一种更可靠的关系。这种确认一旦遇到特殊情况没有得到保证时,酒店必须负责,把客人用车送到同档次的酒店,并且承担其中的交通费和负责用电话、传真通知客人亲朋好友的费用,并在问询处设置有关方面的档案资料以便查寻,争取第二天在客人同意的情况下,把客人接回本酒店住宿。所有这些,都是酒店管理中推行一种承诺制度。在餐饮方面,部分酒店也推行一种保证服务效率的承诺制。"无锡大饭店",是一家四星级的饭店,在餐饮部推行了关于服务和上菜限时的承诺制,超出酒店规定的服务和上菜时间,整顿饭由酒店方面支付费用。

这种承诺制度,目前只是部分酒店,部分部门使用,没有成为一种广泛的系统,没有成为服务质量保证体系中的一个环节。

为此,我们应该探讨酒店承诺制产生的的前提和建立承诺制的机制。

1、酒店承诺制建立的必要性

酒应服务质量的承诺制的是服务质量改进的必然的建立。

其一，使顾客放心和满意。服务产品与实物产品不同，他不可能实行"三包"，这是由它服务产品的特性所决定的。因而服务产品怎么让顾客放心呢？始终使人们困惑，承诺制在一个方面为顾客解决了这种担忧。

其二，承诺制是酒店树立企业形象，建立良好信誉的重要手段，酒店的信誉是以服务质量为基础的。酒店如果回头客能占酒店客源的70%，酒店就可立于不败之地了。而承诺制是争取大量回头客、常客的有效方法。

其三，通过承诺制的建立，实际上是建立一个外部质量控制网络，通过消费者的监督、投诉，反过来促进酒店内部质量水平提高。

2. **酒店承诺制建立的条件**

酒店承诺制范围是很宽的，承诺什么？如何承诺？是建立承诺制的先决条件。而这一条件又是以酒店现状为依据的。试想一间酒店质量上不去，设备陈旧，不符合星级标准，而偏要承诺一些高的质量服务，结果是与承诺制的宗旨背道而驰，丧失信誉，因而承诺制建立首要的条件是酒店质量水平的保证。

酒店承诺制是以质量为尺度去衡量服务的，在建立承诺制中这个尺度如何交给顾客，则是承诺制能否有效推行的关键之处。因为承诺制可以建立两种不同的承诺，一种是有限承诺，一种是全面承诺。全面承诺是建立在全面详细的质量保证之上的，并非每个酒店都能做到。例如法国巴黎的里兹饭店，闻名于世的承诺："没有里兹饭店办不到的事"，而它为顾客所做的一切，恰恰证明了这一承诺。从而使顾客认为，如果里兹饭店办不到，那它就不是里兹饭店了。当然敢于这么承诺，他一定拥有一流的人才和经济实力。没有酒店一流管理人员，没有里兹那个聪明而又灵活的脑子，没有里兹坚韧不拔的性格，没有哪位旅馆经理敢于立下如此誓言。因而能否做到全面承诺，问题不在于胆量，而在于质量。能够做出全面承诺的酒店，必须是一流酒店。目前，我们绝大部分酒店只能做到有限承诺。

要把衡量酒店的尺度交给顾客，则尺度必须清楚明白，尽量的量化。承诺制应该建立在具体保证之上。一般来说承诺制应该让顾客真正感到放心，而不是虚晃一枪，仅仅是一种宣传手段，造成某种轰动效应。如果我们的承诺仅是一些空泛无内涵的华丽词语，是没有意义的。例如我们承诺，提供一流的服务，殷勤好客的服务态度，高质量的酒店产品。这些保证，某种意义上是什么承诺也没有。什么是一流，具体包含了什么内容，有没有公认的定义和指标，因而如果达不到标准顾客也无法拿出证据，要求酒店方面赔偿。

所谓具体的承诺：保证3分钟办完入住、离店手续。保证预定的客房永不落空等等。具体、明确，甚至可以用数量做为它的质量尺度，真正让顾客放心。

要做到具体的承诺，给予顾客的凭证也必须清楚明白。例如开单后，第一道菜在10分钟送到客人手中，那么你就必须在菜单上注明具体开单时间。如果你要承诺决不多收顾客一分钱，你用电脑，收款机打出来的帐单必须清楚明白。我们现在的菜单，通常只列有：杂项、酒水、海鲜、厨部几个综合项目，让顾客无法知道每道菜具体价格，享受了什么优惠，是不是真的优惠了。有的餐厅说最低消费多少，多少。最后告诉你已经达到最低消费了，客人不知道是怎么达到的，根本无法算清自己的帐目。凭证不清晰，公开，是阻碍承诺制实施的一大障碍。因而要真正让承诺制发挥作用，应该公开标准,详细注明各种帐单。

上海王大悟教授主编的一本关于质量体系的书中,曾记载了成都银杏粤菜楼成功的经验之一,就是要通过高透明度充分赢得顾客的信任,下面请看该餐厅一张高透明度的帐单:

银 杏 酒 楼
CHENGDU GINKGO RESTAURANT CO., LTD
中国四川成都滨江路16号 订座电话:6666688

NO. 0010746	开单员:164	日期:94.8.17	桌号:304

		细目:			
		青岛扎啤	1扎	60.00	60.00
茶位	8.00	鲜榨果汁	1杯	20.00	20.00
烟	0.00	香炸金银馒	1打	18.00	18.00
酒水	80.00	潮州拼盘	2例	70.00	140.00
厨部(即"菜肴",		白灼基围虾	0.5斤	146.00	73.00
编者注)	835.00	潮州凉瓜排骨煲	1例	60.00	60.00
打折 20%	167.00	例汤	1例	30.00	30.00
服务费 0%	0.00	清蒸膏蟹	1斤	168.00	168.00
共收银	756.00	清蒸红石斑	1.2斤	230.00	276.00
		蚝油时蔬	2例	35.00	70.00
		水果(赠送)	1例	0.00	0.00

表 4—1—1

在这张帐单上有总帐、有细目,甚至连啤酒的牌子,果汁的性质,菜肴的全称都打印出来了,每个菜的量,也清清楚楚。而且帐单上连酒店出错,以及出错后处理都显示出来。当时王教授他们要的红石斑鱼,结果上来的是灰斑鱼。客人发现后,指出为什么上灰斑,而不上红斑。经理解释这里的红石斑鱼很少,多数是灰斑。如果客人不满意,则可以换。但如果考虑到酒楼损失太大的话,则可以让全部菜肴打八折,赔偿损失。双方就此达成协议。这段用餐中的小小插曲,在那份公开的帐单中都反映了出来。

为了便于比较,我们在这里出示另一份帐单供参考。

餐厅 Court:	汤	25.0
	鱼	38.0
	鸡	20.0
服务员号 Server:	烧腊	38.0
	合计	121.0
	52 合	121.0
吉号 Table:	00#007B11/08/96　PM12:03 经手-B
	52 按	121.0
	茶	3.0
	饭	8.0
多谢光临	小菜	4.0
	茶	15.0
	烧腊	50.0
	酒	21.5
	小计	222.5
	10+.G	22.3
	食品	-18.6
	合计+	105.2
	52 合	226.2
	00#0011B11/08/96　PM12:42 经手-B
	52 合	226.2
	其他	226.2
	00#0013B11/08/96　PM12:49 经手-B

表 4-2

3. 顾客承诺制内容设计

在承诺制中，承诺的内容是至关重要的。通常在海外的一些先进酒店中主要就下面几方面提出承诺。

①服务态度的保证

这种服务态度的保证是面对所有顾客的一种承诺，例如友好、热情、主动，这包括酒店中各个部门，每个员工都应达到的标准，除了一线员工面对来店消费的顾客外，二线员工面对外来办事的，送货上门的供货商，也应如此。曾经有一家酒店办公室主任，故意刁难供货上门的鲜花商人，蛮横无礼的责问别人为什么面带愁容。供应商说："没有啊！"主任则一口咬定，是供应商对她不满意，怒气，造成的。接着胡说八道了一顿。供应商虽然不是消费者。但她给酒店送鲜花，要求酒店有关部门配合一下，是理所当然的事，此时此刻供应商与该主任之间已经形成了另一种关系，服务与被服务者，主任扮的是被服务角色，而供应商则是服务者，服务态度是服务质量重要保证。

因此服务态度，是一个酒店全体员工都必须注意到的服务质量关键点，又是在酒店任何时空条件下都必须保证的服务质量，也是酒店首先应该考虑到而且是最难做到。

②服务效率的保证承诺

服务效率常常是顾客十分关注的问题之一，如果某一家酒店，办理手续慢，电话接通时间慢，而且上菜时间慢，电梯运行慢，必然引起多数人怨声载道。造成较坏的影响。因而对服务效率的承诺往往是承诺制内容的重要组成部分。

③服务标准的承诺

对顾客的服务质量保证内容中，包括对服务标准的承诺。首先星级酒店有对顾客星级服务的标准承诺，任何星级酒店，都必须按照国家旅游局制定的星级标准向顾客提供服务。其次，可以对酒店服务项目进行承诺。笔者在一家三星级酒店进行暗访调查时，就是按三星级的具体规范、去评分的。其中有一项在服务指南中列出的项目：24小时送餐服务，便电话要求送餐服务，然而餐厅的工作人员回答是：交易会期间因为工作很忙，因而已经取消了送餐服务。"服务指南"指出的酒店服务项目，是酒店对客人承诺的服务，岂可以因为繁忙而不顾客人需要，随意取消呢？所以服务标准中首先包含了提供的服务项目。另外在具体服务项目中，有一个时间规范和标准，在什么时间提供什么服务。广州中国大酒店，曾有这样一个案例，一间2点30分收市的餐厅，迎来了几个客人，此时恰好是2点25分，距离酒店该餐厅关门仅有5分钟了，这时厨师和服务员已经开始收拾东西，准备下午营业了。迎宾小姐如何应付这些客人。事实上请他们进来，重新烹调是不太现实的事，但是酒店承诺的是2点30分才不是供服务，也就是说只要有30秒钟，都不能拒绝客人在外。在两难境地，迎宾员颇有外交风度的说了一句话："先生，我们餐厅2点30分关门，您是否介意。"有礼又有理，在继续营业的5分钟中，由于种种原因，也许菜肴的品种会受影响，你们自己选择吧。据说98%的客人都会离开，奔向大酒店中的其它餐厅，而且他们也丝毫没有感到这里有服务质量问题，也没有感到酒店的承诺没有兑现。当然毫无疑问，如果他们坚持留下，餐厅仍会为他们继续服务。而且这是在酒店中还有其他餐厅营业的情况下发生的，如果是深夜，如果周围只有独此一家餐厅，自然应该把这些客人当成特殊对象，即使加班加点也要搞好。但是一个大酒店在餐饮上通常拥有不只一人的餐厅，而且服务时间是交错连接的;就可以让客人自己选择就餐地方了。

④产品等级的保证

酒店的建筑、设施、物品等具体产品,即被称为硬件的产品,对它们如何进行质量承诺呢?可以对它们设施装备按星级去进行承诺,因为中国酒店业发展到今天,已经有了自己的用品的星级标准。五星级、四星级……酒店的窗帘、电视、拖鞋甚至洗衣袋等等一切设施、设备和物品都有了十分具体,量化的质量标准,所以以星级标准去承诺,也是具体的和符合实际情况的。

⑤承诺制的适用区域

部分酒店,内部各部门有些转让了经营权,对此,有人提出质量保证的适用区域应是自己经营管理的那部分。当然,这是方法之一,并不是唯一。有些部门,有些酒店,他可以选择自己经营的那部分承诺,这样比较保险容易控制。然而,当客人走进酒店时,除了行业人士和熟客中的一部分外,多数人是不了解什么是酒店自己经营的,什么是别人承包的。而把酒店做为一个整体,反映出来的是整个酒店形象,而不是一个个具体的服务项目,特别是服务态度等方面,因而可以这样认为,仅划出自己的区域承诺,并非上策。因此,酒店在承包项目选择时,就应该注意选择服务标准与自己接近的,甚至更好一些的,在签约时承包单位同时应该与酒店方面签一份质量承诺文件,保证在那些比较敏感服务项目,容易引起顾客不满的服务,以及其它关系到酒店形象的地方做出质量承诺。如有顾客投诉则按承诺制的同一条款处罚与赔偿。

⑥承诺制应有打击假劣产品、提供合适产品的保证

全国性的打假活动,似乎在实物产品的生产和销售中搞的轰轰烈烈,然而在酒店业提及的较少。(旅行社方向的产品也有提出打假,因为有的线路和食宿标准与向客人宣传的不

符合)。是不是酒店业中没有呢？酒店业实际也存在伪劣产品和假冒商品的。油渣充当肉丁就是一例,有时卖烧鹅以鸭子充鹅,以饲料鸡冒充本地鸡,以一般产品代替高档产品,时有发生。因而打假,防止伪劣产品出现,也是酒店应该做出的承诺。防止假的和伪劣产品,主要在下面几点中特别注意(1)产品品种,鸭与鹅根本是不可以混淆的不同品种,不能以鸭代鹅、尽管做成烧鹅,教人吃不出其中的奥妙。(2)份量,每道菜的份量也常会被人假冒,本来规定是一斤的,实际才有九两。

(3)新鲜的变成冷冻的。龙虾新鲜的、活的价钱较贵,于是有的酒店就采购已死的龙虾,然后用较浓的调味掩盖后卖给顾客。客房同样,电视是坏的,抽水马桶漏水、空调制冷不佳,都属于是伪劣商品。酒店业的打假防假冒、防伪劣,也是承诺制中的重要内容。

承诺制中除了对上述主要内容的承诺外,应该根据自己的特点和本酒店敏感的质量问题,提出自己的承诺,这才会真正促进在承诺制下质量水平的提高,而不是浮现在表面,仅是一般的宣传手段。

当然承诺还必须是在自己努力下能做到,否则承诺是毫无意义的。

承诺制除上述应该涉及到的内容外,一份完整的承诺保证中应该包含了对不满意地方的纠正措施和赔款保证。

承诺制使顾客信服和对酒店最具有的约束力的内容是,当质量不符合承诺条件时,就必须做出赔偿或必须进行纠正。通常是进行纠正还是进行赔偿,应由双方考虑,一方面可以由酒店方面纠正措施,例如,如果由前台做出了确认的预定,特别是保证预定的话,如果客人到了后,没有房间了,酒店方面选择的方法是用最好的服务去补救。有时错误已经发生了，甚至无法补救了，则应该由客人选择处理方法。

承诺制度真正成为切实可行的制度，就必须在他的内容中包含了操作程序和方法：向谁投诉，怎么投诉等等都应有交待，否则承诺制推行起来，仍然存在着问题。

第二节 酒店基层组织质量管理

在上节我们对整个酒店的质量管理作了一个较为详细的概述。目的是为了让基层管理者明了，酒店整体的质量管理，建立一个全面的质量管理意识和概念。在本节，我们将对基层组织在质量管理中充当的角色、承担的责任、履行的义务及其质量管理在基层组织中的具体实施进行论述。

一、酒店基层组织质量管理的主要内容

酒店全面质量管理是"三全"的管理，即全过程的管理、全员参加的管理、全方位的管理。酒店要认真落实全面质量管理，就应该，也必须从基层组织做起。为此，我们应该深刻理解基层质量管理的重要性。

1、酒店基层组织质量管理的重要性

①酒店基层质量管理是酒店质量管理的基础。服务基层组织是服务产品的诞生之地，也是服务产品质量的形成之地。只有服务人员从举手投足开始严格按照服务规范去做，坚决执行好服务质量标准，才使酒店的质量管理落到实处，真正拥有坚实的基础。

②酒店基层组织管理是酒店质量管理的重要环节，一项

服务，一段服务用语出现了问题。殃及的是整个酒店的形象，这种例子已是屡见不鲜了。只有每一个基层组织都把好质量的关，才能保证酒店服务产品优良。

③基层组织是群众参加质量管理的阵地、岗位。服务产品如同其他商品一样，是共同劳动的产物。每个员工积极投入到质量管理中去，酒店的质量管理就有了广泛的群众基础。酒店真正实现质量管理，就必须动员群众，教育群众，组织群众参加管理。日本从1962年开始经过十年努力，组织起一百万个质量管理小组，有一千万员工参加。美国人对此评价很高，说在美国，最重要而没有被充分利用的，就是工人的经验、学识和创造性。社会主义的酒店员工是主人，更应当，也更有可能最大限度地调动起来和组织起来参加质量管理。服务员参加质量管理的阵地和岗位就在基层组织，质量管理小组是服务员进行全面质量管理的重要形式。而基层管理人员是服务员参加全面质量管理的直接组织者和参与者，在基层质量管理中要发挥核心作用。

2、酒店基层组织质量管理的内容

①对本班组人员进行质量教育

酒店基层组织质量取决于五大要素：人、设备、原材料（物品）工具、服务规程和环境因素。其中人是决定因素，对人进行质量教育，主要包括思想教育、技术教育和管理知识三个方面的教育以便提高服务员树立正确的服务态度，树立"质量第一"的思想，提高质量意识，提高服务水平和素质。从而充分发挥人的主观能动作用。

在质量教育中首要的是树立正确的服务态度。服务态度决定了服务员的服务行为。记得一位加拿大快餐联锁店的总经理曾问笔者：你们中国人提出微笑服务是很有意义的，关键问题是如何让服务员微笑。有人回答说这是靠培训，要教会服务员如何笑，如何笑得可爱。然而，这并不是根本，培训出来的笑，仅仅是一种脸部表情而不代表服务员的内心活动，试想一种服务员训练出来一种标准笑容，而内心对服务工作深感厌恶的话，那笑能够导致优质的服务行动的产生吗？笑也许可以训练，但真正的微笑是发自内心的，对服务没有正确认知的服务员，只会微笑而不会去感召客人、创造不出优质产品。因而质量教育首先是服务态度的教育。

人的态度，从心理学上看，是人对所处环境中的各种事物的看法，好恶以及行为倾向。态度决定人的行为，决定人的生活方式。

服务态度，是指服务人员对服务环境中的顾客和服务工作的认知、情感和行为倾向，它是服务质量的重要内容。认知，指的是服务员对顾客和服务工作的认知和理解，即对二者总体看法。情感，是指服务员对顾客和服务工作的热心程度，例如对客人的关心、体贴、热情、或者冷漠、厌烦？对工作是满腔热情还是毫无兴致？行为倾向，是指认知和情感形成后，服务员的行为反应，即对顾客采取何种可能性行为，怎样对待服务的工作等等。

服务态度不是天生的，而是在服务环境中逐步形成，并带有浓厚的职业色彩。服务态度是有对象性的，它主要指向顾客和服务工作的状况而形成。是主体（服务员）和客体（顾客）相互联系而形成的，缺少那一部分，都不会形成服务态度。服务态度是由认知、情感和行为倾向组成，无论是认知还是情感都会对服务的行为倾向发生决定性的影响。也就是说，对服务工作缺乏正确的认识，不会有优质的服务产品产生。对服务工作缺乏起码的喜爱，也会产生冷漠、懒散、不耐烦的低劣的服务态度。通常态度一经形成之后，就不会轻易改变，服务态度是可以改变的，并将持续较长一段时间，从而构成人们性格的一部分。然而服务态度是可以改变的，服务态度是服务员投身于服务环境的那一天才开始形成的，因而经过教育，培训和学习以及政治、经济等因素的制约，服务态度是完全可以改变的。这也就告诉我们基层管理人员：服务态度是可以通过服务实践、通过服务态度的教育，获得或逐步形成正确的服务态度。

当我们认识到服务态度是后天形成的，并且可以通过教育而逐步树立正确的服务态度时，剩下的问题是：如何教育，引导服务员形成正确的服务态度。

什么是正确的服务态度？

对于服务态度正确与否？评判的最终权威是顾客！权威人士葛罗劳斯曾明确地提出"感知服务质量"的概念。认为服务质量是一个主观范畴，它取决于顾客对服务质量的预期，即预期的质量同其实际感知的服务水平即体验质量的对比。为此服务态度正确与否，是以客人的感知为尺度。这并不意味顾客的需求没有普遍性东西。事物有着它的共性和普遍性。尽管世界上没有两片完全一样的树叶，但世界上也没有两片完全不同的树叶。人的需求是各种各样的，但也有共同的东西，普遍存在于特殊性之中，共性存在于个性之中。众多顾客在其差异性，特殊性的感知中存在着的共性和普遍性。

顾客对酒店服务质量心理标准，通常在下列五个方面考虑：

a. 可感知性：可感知性是指产品的"有形部分"其包含了设施、设备、物品及服务人员外表等等产品。顾客常常借助这些有形部分去形成感知服务的第一印象，并会借助有形部分去部分把握服务的实质。

b. 可靠性：

可靠性是指酒店准确无误地完成承诺的服务。许多优秀的酒店通过可靠的服务来建立自己的知名度和信誉度。

c. 反应性：

反应性指是酒店随时准备愿意为顾客提供快捷、有效的服务。对于顾客满足需求的时效问题反应了酒店的服务导向，即是否是顾客的利益是第一位。服务传递的效率问题是关系到顾客的感觉、顾客印象、服务企业形象以及顾客满意度的重要因素。

d. 保证性：

保证性是指服务人员友好态度与胜任能力，它增强顾客对酒店的服务质量的信心和安全感，友好态度是顾客受到欢迎和尊重的首要条件、而胜任能力是顾客信心和安全感的保证。大多数顾客都希望服务员在一些方面成为自己的参谋和顾问。

e. 移情性：

是指酒店要真诚地关心顾客,了解实际需求并予以满足，使服务富有"人情味"。使服务员与顾客之间更易于接触，易于沟通以及对顾客更容易理解。

基于上述对顾客服务质量的心理标准，因而我们可以把顾客对服务态度的要求归纳为：

亲切感、主动感、诚恳感、耐心、周到、安慰、热情和高效率。从顾客需要得到感受片间去认知抽象的服务态度。

基层管理人员在谋求服务态度的改善提高服务质量时，首先应该注重形成正确的服务工作的认知。目前，我国在顾客与服务员的关系有着五花八门的看法。不少看法，例如服务员与顾客之间是仆人与主人的关系，服务员与顾客之间是子与父的关系，或者说在实际工作中服务员与顾客之间是父与子的关系，都是不正确的。为什么？应当正确去理解"顾客总是对的"，这一准则，或者说应当限定该准则的使用范围，任何真理只要它脱离了一定范围，那就是谬误了。服务行业的准则也是如此。"顾客总是对的"，不是建立在贬低服务员人格、尊严基础上的，不是以牺牲服务员为代价去换取的。这个问题的核心和实质是服务态度的出发点：对服务工作的认知。

对酒店服务看不起，认为服务员低人一等的看法，由于酒店服务工作自身的特点和几千年以来的封建文化在今天人们头脑中依然残存，依然存在。改革开放初期，大酒店以其鹤立鸡群的豪华、优势、一度吸引人们，引起短暂的辉煌。随着百业的兴起和酒店服务工作自身特点，对酒店服务工作的不正确认知及沉渣泛起，正在潜移默化毒害我们的服务员对本职工作的看法。由于对职业上的自卑感引起两种行为倾向：一是由于自卑而形成了强烈的自尊，自己看不起服务工作，更怕别人看不起自己，从而在心理上形成了很强的敏感性和自卫心理，恰如鲁迅笔下的阿Q。一旦主观感觉到顾客不尊和冒犯，当即"予以回击"，想以此保卫自己的人格和尊严。这是一种病态心理，是形成良好服务质量的大敌。二是厌恶服务工作，看不起自己，行为谨小慎微，唯唯诺诺，缩手缩脚，服务态度拘泥呆板。

这里有一份问卷调查的结果：
(1) 你为什么要到酒店当服务员？
福利好　　　　　　　　　　0%
薪金高　　　　　　　　　　0%

爱好	19%
暂时找份工做	43%
比以前的工作条件好	14%
随便打份工做	23.8%

（2）你认为客房服务员的工作

是一份高尚的工作	4.8%
是一份很好的工作	0%
是一份过得去的工作	23.8%
是一份下等工作	4.8%
是一份辛苦的工作	66.7%

（3）作为服务员你自己觉得

很自豪	0%
有点自豪	4.8%
无感觉	71.4%
有点自卑	19%
很自卑	4.8%

这些调查结果可以从一个侧面反映出服务员对服务工作的认知。对服务员工作提不起兴趣，不感兴趣占了大部分，甚至于近24%的服务员认为该项工作是低人一等而产生自卑感。

所以在服务态度教育中的第一问题是：坚持自我尊重和自我提高。

俗话说："欲得人重，必先自重。"服务态度的改善要求服务员热爱自己的服务工作，尊重自己的职业，要充分认识到服务工作是一份社会分工，它与人们的社会生活和经济生活相关。不存在高低贵贱，所以不可以妄自菲薄，因而客人与服务员之间不是主人与仆人的关系，而是服务与被服务的关系，不是父与子的关系，而是平等关系。

有一个幽默故事，很恰如其份的反映了这种关系。一位大酒店的门僮，为某位电影明星拉开车门，明星傲慢地对门僮说，你为我把汽车清洗一下，要注意这可是昂贵的房车。服务员彬彬有礼地回答到："是的，夫人。你放心好了，我也有一辆同样的汽车。"

著名的里兹——卡里顿酒店。在服务员与客人的关系上有自己独到的见解，提出：女士、先生为女士、先生服务。我也是先生、女士，为之服务的也是先生和女士，这里面有那么一份自尊、自豪，甚至一份骄傲。只有把自己的职业看成是一份应该受到尊重的职业，才能发挥自己的主观能动性，才能更好地提供服务行为。

广州花园酒店曾提出一个口号："顾客第一，员工第一。"有的人从逻辑上指出它的矛盾性。认为第一只有一个，而不可能有两个。也许在形式逻辑中，它违背了逻辑法则。然而世界就是矛盾的。两个第一并列，说明了花园酒店管理层对酒店经营、管理的不同视角，从酒店的服务对象而言，当然以顾客的需要为对象，它是第一位的。而从管理而言，摆在首位的则是员工，员工是酒店赖以生存的宝贵财富，只有依靠员工，以员工第一，才有可能造就"顾客第一"，员工第一是基础，顾客第一是员工第一的展现，是员工第一造就的成果。管理就是在这种矛盾中运行的，没有什么绝对的东西，管理就是在多变的环境中寻找那个适合于环境的方法，寻找适合于管理方法的关节点——度。

自尊、自爱是建立自我提高基础之上。每个人的文化修养的职业修养对他的职业观念和处世态度都有影响。所以基层组织在培训员工提高服务质量，端正服务态度时，首先注意到的是自身文化素质的提高，自身业务知识的学习和服务技术的提高，并提高自己的心理素质，如忍耐力，自制力和稳定乐观的心境，树立良好的职业观念，才能保证良好的服务态度。

在质量教育中处于第二位的内容是组织服务员学习掌握使用服务规程、认识服务标准。服务规程是针对服务过程中，顾客普遍的，共同的需求而制定的服务程序。一些酒店在开业前，就已经制定出来，然后用以指导员工的岗位培训，熟习服务程序。然而，也有一些酒店规程是贴在墙上的装饰品。培训过程中并不以服务规程为标准，上岗后又把服务规程丢在一边。也有的酒店，服务规程是抄袭其它酒店的作品，不结合实际，根本无法在自己酒店中推行。

因而对员工进行上岗前培训时，必须有一套完整的适合自己酒店实际的服务规程。基层管理人员无论他是来自于那一家酒店，或者是来自于那一间学校，操作过程必须遵循本酒店的服务规程，同时必须记熟，充分理解，贯彻执行。服务员对服务规程丢认识和掌握主要依赖于基层培训。上岗前，要让服务员背熟、掌握服务规程并且能达到按服务规程去操作。上岗后，在工作过程中基层管理人员，还必须手把手的教会服务员掌握实际的操作。在岗位工作中的培训与教育，必须让服务员对服务规程既知其然，又知其所以然，只有知道为什么这么干，才有可能发挥自己的主观能动性。

服务规程的教育重点放在对执行服务规程的监督方面。在不少酒店，看到服务员为了方便而宁愿不按服务规程操作，不少经理和总经理常常为此而指责人事培训部没有培训好。有时候责任不完全在培训部，我们的教员在培训时是按服务规程去培训服务员的，但是服务员到了岗位上，为了方便自己，而牺牲服务规程。这里关键问题是基层管理人员的督导了。你睁一只眼，闭一只眼，服务人员自然就会胆大妄为了，置服务规程而不顾。

除了服务规程外，服务员应该记熟服务标准，自觉去实现服务标准，并且达到互相监督的作用。每一位服务员，每一道服务工序都是上一道工序的检验。必须把不合格的服务产品杜绝在萌芽状态。

近几年来由于服务员流失率较高，造成部分岗位劳动力紧张，因而不少服务员是在不了解服务规程和服务的情况下，匆忙上岗。也有的酒店由于不重视服务规程和服务标准，根本就缺少这部分的教育，在上一节我们已经阐述过服务规程和标准在提高酒店服务质量中的重要地位。最后，再一次指出服务规程教育的主要课堂就在基层组织。

除了服务态度、服务规程和标准的教育外，在质量教育中，应该不断进行完善外在的服务行为的教育。服务态度是服务员对服务工作的内在看法，最终要通过服务员外在服务工作表现出来，同时外在服务行为反过来反作用也能改变服务态度。

服务行为的完善实际上分为两种类型，第一种类型是改变原来行为的程度，但方向不变。也就是在原有基础上再上一层楼，这种形式心理学上称为一致性完善。另一种是以新的行为倾向取代旧的行为倾向，方向相反，即摈弃原来不良的服务行为，取而代之的是新的，受顾客欢迎的服务行为，这种形式称为不一致性的完善。

服务行为的完善应侧重以下三个方面。

第一，改变服务表情。人们认识服务员的内心是从面部表情开始，同时对人内心的认识大部分集中在以面部表情的认识。面部表情是人内心的窗口。"面如冰霜"、"拒人于千里之外"等表情，使客人感到无声的"逐客令"。在服务中，常会见到一些服务员工作时有条有理，而脸上毫无表情。让客人误认为，服务员不高兴为他们服务。

改变表情的重要一关是让服务员笑，让服务员发自内心的自然和轻松的微笑。笑是积极情绪的总的代表，是服务员心理和生理健康的标志之一。微笑所产生的心理效应是多方面的。微笑服务会使顾客产生快感、安慰感，使顾客感受到礼貌、欢迎、热情之情。从而满足其"受尊重"这一心理需要。

第二，改变形体语言。服务员的形体语言是由行走，站立的姿势、手势和操作动作等一并汇总形成的。人们生活在不同的文化氛围中，会形成不同的形体语言。这里首先要了解不同民族，文化同一形体却表现出的不同含义，同样是树起大姆指，有的表示"好，第一"的含义，有的表达方向，也有的则代表不好的意思，由于服务员来自于不同的环境，文化熏陶出的形体各不一样，因而培养出一种代表酒店精神风貌，反映服务员良好的形体语言是十分必要的。

培训服务员良好的形体，主要从下列几方面努力：

(1) 仪容仪表

仪容仪表是指人的容貌、外表、姿态、服饰等，是人的精神面貌的外在表现。在服务过程中应该对客人留下什么样的精神岁月呢？热情、大方、清洁卫生，充满精神活力，是最主要的方面。在人的各种感觉中，对人的认知产生的影响是不同的。普遍认为视觉占75%，谈吐印象各占16%，味觉占3%，嗅觉和触觉各占3%，人的形体语言是视感觉的组成部分。

· 233 ·

因此在基层组织服务质量教育中，要教会服务员正确的打扮。首先在面容、发型上要整洁，披肩长发，也许会给人一种飘扬潇洒之感，然而它的负面感觉是不够卫生，因而发型应以端庄、大方、清洁为准。笔者曾与一批批客人数次到一高档酒店用餐，其中一位男服务员服务举止温文尔雅，只可惜梳了一个怪头，把头发一半染成黄红色。结果几乎每次吃饭都有人对此议论纷纷，感到不舒服。做为一个普遍的人，你可以自由选择自己的发型。然而，做为一名服务员你的仪表代表了酒店形象，必须以大多数客人的接受态度为标准。牙齿的清洁卫生也是人的仪表仪容组成部分。所以我们按传统要求服务员每天清洁面部。男士、女士经常清洁头发，不留型发，男士不留胡子，不留长发，有些五星级酒店服务员的鼻毛不可长出鼻孔，注意适当修剪、女士不梳披肩发，每天梳型。每天刷牙数次，女士要在上班前，化上淡妆，有些人对化淡妆不以为然，不少酒店服务员有的化妆，有的不化妆，参差不齐，实际上化淡妆是一种对客人的尊重，也能够让自己容光焕发，神采奕奕，但化妆一定要淡雅自然，浓妆艳抹给人的印象是娇艳轻佻的感觉，容易引起客人反感，为此每个基层组织管理人员要根据自己的岗位及班次，教会员工化妆，并且选择同样的口红色调。万不可选黑色，莹光系列和一些妖艳的色调，应以接近唇红的大红色为主。白天妆可以淡一些，晚上由于灯光作用可以比白天略深少许。此外对女士而言，饰物也要适当。一般情况下服务员除了手表外，上班时（除酒店规定的之外）不应当戴任何饰物（头花、胸针、胸花、金项链等等）。这些东西一方面容易防碍工作，另一方面易引起客人的反感。服饰也是仪表仪容的组成部分，酒店员工的服装一般都会有统一工服。而且工服如何穿，才给以良好的印象，则会因人而异。在一间酒店，笔者一连三天发现一位服务员的工服上少了一粒扣子。这会使客人联想到什么呢？连续三天没换衣服？对自己穿着都马虎的人，在服务工作又会是怎样？工服应该按规定要求去穿。工服大小一定要合身，服装必须保持清洁卫生，在广州中国大酒店冷餐会上，一些厨师由后台走到前台为宴会现场表演烹调，那些洁白，一尘不染的工作服让顾客感到洁净，对他们烹调的菜肴顿时产生信任和安全感。对服装问题，基层管理人员除了教育员工正确穿着时，有责任向高层反映本岗位对服装款式、色泽和选择的要求。负责岗位服装设计的人，并不一定了解各工作岗位的操作，服务特点。例如有的酒店为客房清洁班服务员设计了"一步裙"的套装，这对客房服务员是极不方便的。试想穿着一条迈不开步子的裙子，怎么方便清洗浴缸。因而基层组织管理人员可以结合本岗位的实际情况提出自己的意见。个人卫生也是仪表仪容的组成部分。留长指甲，身上有异味都会引起客人反感，产生厌恶，例如服务员对于自己的孤臭，不加以处理的话，在对客人面对面服务时，会让客人恶心，讨厌从而影响服务质量。

上述这些都是我们提高质量教育中不可缺少的一环。

（2）姿式培训

姿式培训包含两个方面，一是服务人员应采用什么样的姿式才是正确的姿式。二是不同国家，地区和文化教育下对姿式有什么特殊的要求。

首先看第一个问题，正确的姿式是包含那几个方面？其包含了站立姿式、坐姿、走姿、手势动作。站立服务是酒店优质服务的基本要求，也是服务员服务过程常用的一种姿式。它是一种静力造型的外在表现。站姿的优雅、庄重可以展现

· 235 ·

人的内在气质、修养和风度。有的服务员在站立的时候喜欢东斜西靠或单腿抖动，十分难看。优美的站姿要挺胸、收腹、眼神自然平视前方或巡视服务对象。巡视服务对象是十分重要，我们有的服务员站立后，常常凝视某一方面，而不看服务对象，以至于服务对象多次寻求服务都毫无反映，给了顾客一种冷漠的感觉。此外双肩自然放松，保持水平，身体重心向下，两手自然下垂或在体前交叉。随时保持向客人服务的姿式。双脚站立男性与女性有区别，男性服务员双脚分立与肩同宽，身体正直平稳。女性服务员站立要双脚成"V"字型，膝盖和脚后跟靠紧。

坐姿

坐姿是服务员另一种常用姿势，通常表现在与客人座谈，征求意见、收款、预定服务以及参加会议等的时候。坐姿的要求也是优美和端庄。同样可以体现人的气质、修养和风度。

优质服务对坐姿也有基本要求：到坐椅前半部分入座，椅子可以移动时则轻轻移动椅子坐下后双脚并起，如坐在沙发或不可移动的椅子时，则自然的坐下不要后靠在椅背式半躺在沙发上，这给客人一种懒散，疲备式精神不集中的感觉，缺乏对客人的必要尊重。坐下后双脚并拢，双手自然垂于身体两侧或放在腿上面。女性服务员入坐前要用手把裙子抚平然后坐下避免裙子折皱，影响外观形象，双腿千万不能叉开或挠二郎腿。和客人交谈应把身体的正面对着客人，并集中精神注视客人的表情聆听客人谈话，并根据实际情况，调整自己面部表情以示尊重。坐下后要精神饱满，两眼不可盯着固定的位置，防止眼神呆滞。双眼在平视的基础上，要环顾左右，以便随时发现客人的需求而提供及时服务。

走姿

行走属于动态美,行走的速度和姿态应该根据酒店的风格,环境与氛围有所适当要求,体现自己的风格。海南岛海口市有一家餐馆"东北人"它的整个装修与流露出来的氛围都洋溢着东北人热情、火辣的感情,它的服务员的行走,通常是以快步与小跑为主,表情出东北人特有的热情和快捷服务,东北文化在祖国的天涯海角表现得淋漓尽致。创造出餐馆的独特环境。

所以行走既体现了个人的体型与气质,也表现了酒店气质与风貌。通常行走在不同的特色的岗位是有所区别的。日本餐厅中行走要表现是日本人的典雅,优美;西式餐厅表现出来的是庄重,优美。而快餐厅中表现出来的是快捷和效率,所以有的快餐店让服务员穿上旱冰鞋以利于提高行走速度。

行走除了要适应酒店自身的特点,也有一些共同的要求:首先行走姿势要正确、收腹、挺胸,身体重心略向前倾,两腿自然前后移动双臂前后自然摆动,并注意摆动幅度,不可太大。行走路线正对前方形成直线,两眼平视、重心落在脚址上,两腿既不能向内形成罗圈腿又不能向外撇,形成八字步,抬头挺胸,肩部自然放松;上体保持垂直平稳。

在行走过程,要面带微笑,注意前方,行走若与客人相遇,应主动微笑问好,并给客人让道,待客人走后再前进,平时行走的路线要靠右走,不要走在道路中心。

引导客人时,先向客人问好,用手指引方向,然后在右前方引导客人!身体略向客人方向侧身。保持1.5—2米距离,既不可离客人太远也不可太近。在上下电梯时,应按住按住按键,让客人先进,出电梯时应先出,同是按住外面的按键,保证客人安全出入电梯。在与客人交谈时才走在客人侧面半步式基本保持平行,转弯时应先向客人指示方向。

手势

手势是一种极富有表现力的形体语言,它常常配合语言,面部表情强调某一方面的重点。有时手势本身就是一种语言。手势常常有三种类型:一是交谈礼貌手势;二是指示方向的手势或表示内心感情的手势;三是业务操作手势。在服务过程中具体运用时必须根据需要而灵活掌握。从服务质量的角度去要求手势主要有下列几个方面:动作要优秀、协调、能移较准确的配合面部表情和语言的内容与语调高低,动作应该自然,符合规范,不要故意做作,同时适合规范和在适当的幅度中作手势,使用双方都能共同理解的手势。

在做手势时要注意尊重客人的风俗习惯,例如竖起大姆指在中国,日本是顶好,赞扬的意思,但是对于澳大利亚人而言,则是一种污蔑,用手指做成"0"字状,美国人是表示平安和满意,日本人认为是钱,中国人则认为是零。小姆指拉在一起,中国人表示友谊式打赌,阿拉伯人则表示断交,吉普赛人则表示让人厌恶、滚开的意思。"点头不算,摇头算",在斯里兰卡、尼泊尔、加利亚、希腊等国家点头表示否定反对,而摇头则表示肯定同意。另一方面,我们应该根据客人的手势了解客人的习惯、国籍和风俗,尽量了解在社会发展中出现的各种新的手势和其他行体动作,例如广东、香港一带常用双指敲桌子,服务员应理解这是一种感谢的信息,并用微笑回应。

第三,对于服务人员外在服务行为的培训就是包含语言,语音和语调的语言艺术的教育。

人们对语言的运用,常常会因为文化的差异出现一些误区,或因文化不同而引起不愉快,例如称呼问题,中国人的传统习惯是我尊敬你,而让你比我长一辈,所以见了人后常常以高辈份称呼别人。见了比自己略大一点的称阿姨、大哥、大叔或是大伯之类。然而，对于现代人来说，被别人以高辈份称呼自己，使自己感到已不年轻了，是一件十分不愉快的事情。

在使用语言中，我们一些服务员有另一方面误区是，声音低些、小声点也许表现得文雅、斯文一些，因而在上菜报菜名时，把语音吞在喉咙里，谁也听不清楚上来的是什么菜。

也有的服务员，不能用正确的语调表达自己的意思，结果一句好的话，反而引起顾客的不满。

更有的服务员错误使用语言，导致服务员与客人之间爆发矛盾或是使原有矛盾火上浇油，如此种种都是由于不能正确使用语言而引起的服务质量下降。特别是在今天，由于服务人员文化素质的下降，此类问题表现的更为突出。某一酒店座间卡拉OK到即将结束时，突然两名客人，宣称不付款，以示抗议，原来当天晚上客人较多，该桌的客人只轮到了两次唱歌机会，已经不满意，当他们向服务员投诉时，小姐反自以为理直气壮，不客气地抨击这种投诉，说："今天晚上这么多人唱歌，你轮到两次已经不错了，你还想怎样？"最后一句话是对客人不满起了加温作用，使客人顿时勃然大怒，拒绝付款。这就是在酒店服务中常常发生的"一句使人笑，一句使人跳"现象。也是语言产生的负面效果。

在基层组织管理中对服务员进行的质量教育，应该让服务员正确认识语言艺术在质量管理中的地位和作用。

首先，语言是服务者与被服务者之间情感交流，提供优质服务的桥梁。

通过语言人们或多或少地会流露出内心的情感，而情感又是酒店提供优质服务的基础，顾客住、吃在酒店，真正感受到的优质服务,是通过情感交融而达到一种界境,而语言艺术,正是沟通酒店宾馆和客人之间的感情的桥梁。"有朋自四方来"初来乍到,生疏、不安、常常会困扰着顾客的心,一句热情的问候、互相之间的交谈,情况介绍,让客人找到了感觉,找到了安全感。交谈使客人熟习的环境和酒店产品和服务,从而达到沟通感情的目的。

其次语言艺术是了解客人需求,提供优质服务的交际工具。

满足顾客需要的前提是充分了解顾客的需要,唯有此,才可能提供恰如其份的产品和服务。语言交谈是了解客人需求的最佳交际工具。因而服务员应该学会正确的介绍酒店的服务和产品,全面准确了解客人的需要,在了解客人需求中要注意具体注意产品名称、特点、价格、服务项目、服务时间和服务方式等几个方面的问题。特别注意酒店所在地使用的一些名称,词语与宾客使用语言之间的差异,必要时必须解释清楚。例如北方人对广东、广西一带的"生肉米粉"常常不知其含义;生肉?是生吃的肉,还是什么?必须解释"生肉"即为"新鲜肉"。又比如"炒油菜"在广东与北京含义就有所区别"炒油菜"在广东泛指一切带有绿色叶子青菜的一种烹调方法。而在北京"炒油菜"似乎特指某一种油菜的烹调形式。又比如广东人把日本语直接音释过来,称生鱼片、生龙虾片为"刺身"。而在其他地方则直接了当的用生鱼片、生虾片。所以当你了解这些情况后,必须考虑到这种语言上的差异。我们在培训时也可以将日常经常出现的这类问题汇总,再教给服务员,以避免产生歧义。

通过语言了解,还应该充分认识顾客的气质、性格、文化背景、经济状况,以便提供顾客满意的产品和服务。当然这种了解有时可以是直接了当的,有时候则需要迂回侧击,避免涉及到客人的隐私。笔者在深圳"富临酒店"入住登记时,小姐为了保证客人的舒适直接了当的问:"您是要吸烟房还是要不吸烟,您是要一张大床的标准间还是要拥有两个单床的标准间。"这种语言的询问,有利于服务员更好的提供适合客人的产品。但有的问题则不可以那么直接了当了,看到一男一女登记住房,万不可一眼认定这就是一对夫妻。而应侧面地观察:有无结婚证,有无住在同一门牌号码的身份证。如果仍无法把握的话,则应该询问客人怎么开房,把问题留给客人自己去解决,相互了解是提供个性和服务的前提。

再次,语言艺术是消除误解,维护酒店财物,正确处理投诉从而提供优质服务的重要手段。

误解、差错在酒店服务中是难免的,有时责任并不都是由于服务员造成的。解决这类问题更需要高超的艺术。下列几个案例从不同方式说明了这一点:

广东省某一宾馆,这一天晚宴迎来了即将东渡日本参加中日围棋赛的聂卫平,用餐之中,突然停电,当年又没有应急灯和馆内自己的发电机。本来停电已经令人不快,更何况宴会的主角是一位即将参赛的棋手,可以说一道阴影出现在聂卫平的心里。这里餐厅经理一面布置服务员点上蜡烛,一面用轻松、愉快的口吻说"黑暗只是暂时的,光明一定到来"。话音刚停服务员点燃了烛光。这一句解围的话,使棋手顿时开朗。

某一二星级宾馆,由于客人房间床罩烧了一个洞。服务员告诉客人,损坏酒店物品者必须赔偿。赔偿费是50元。客人不满,一口咬定不是自己烧烂的,服务员认为客人抵赖。为此双方争执,服务员想到维护酒店的财产利益,客人也自有道理，同时维护自己的尊严，坚决否认是自己烧的。问题僵持在那里。这时一小伙子，该楼层领班走上来问清事情的原因，和颜悦色的对客人说：我相信不是你烧的，可是昨晚上你来了许多朋友，其中不少人是吸烟的，会不会是他们中某个人所为呢？"此时此刻，领班说话的语调、语言的委婉性都维护了客人的尊严，又为客人寻找到了一个下台阶，客人马上转变了态度，同意赔偿。这其中，客人的自尊，以及已经否认烧床罩的行为，导致客人拒绝承认是自己烧的。事实上，也完全可能不是客人烧的。是否是客人烧的，和要不要赔偿的关系是微妙的，因为赔偿的原则是你租用的房间内的财物有损坏现象，租用人应该根据情况赔偿。也就意味着不是客人烧的洞，有时候客人也要赔偿。所以这其中既有自尊心的问题，也有理解上的差异。

　　从这两个案例来看，正确使用语言艺术，既可以消除误会，排解人们内心的阴云，同时在保护客人的自尊心下又维护了酒店的财物。

　　正确使用语言艺术的基础和前提是了解客人的心态，这是十分重要的，找到问题的症结所在，才能恰到好处的使用语言。

　　由于语言艺术的重要性，必须经常教育员工正确使用语言艺术。

　　正确使用语言艺术，应注意下列几方面：

　　第一，服务员应注意语调，原则上是应该做到语调要柔和、适度而不刺耳，清晰而不模糊。在实际工作中同样一句话，由于采用不同语调，表达方式不一样，就会产生截然相反的语言效果，会使旅客产生不同的心理反应。适当的语调犹如春风拂面，暖人心肺。它体现着主人对来客的尊重程度，影响顾客在酒店内消费心理的情结。

第二，学会正确使用语音。语音如果纯正，不仅听起来悦耳，还使人产生愉快感。反之语音不正，油腔滑调，或满口土语方言，不仅会使旅客听不懂，而且给使顾客产生不快，我国地域广大，人口众多，各种方言也十分繁杂，有着"十里同乡不同音"的说法。笔者曾随同华东地区的客人乘飞机到广州白云机场，一下飞机满耳都是叽叽咕咕的粤语，以使从机上下来的客人感叹说：我们来到了外国。解决语音最现实的方法是"大家都讲普通话"，因而服务员的普通话是最基本的交际工具，必须学好，用好。此外，要求掌握本地客人和主要客流地区使用的方言以及在三星以上的酒店加强英语，日语学习，特别是英语，不仅仅英美两国使用，欧洲许多国家人民都会使用，在亚洲经济较为发达的香港、澳门、新加坡、菲律宾使用英语的人也不少，因而在涉外接待中英语是第一位常使用的交际语言，而日本是我国最大的客源国，每年到华旅游人数较多，也应该掌握的一门外国语。

第三，以掌握服务用语为特点并熟练使用。服务语言与一般的人际交往语言存在着一定的差距。服务语言拥有下列五个特点：

灵活性

服务语言艺术是一种特殊的口头语言，因而它较少固定的语言模式，常常是在特定的情景，根据不同的对象，随机应变，灵活运用，应酬万千。据此灵活原则，服务员除了掌握规定的必要的服务用语外，不必机械的照搬照套。由于顾客来自四百八方，他们的文化、修养、气质、习惯、年龄、职业、性格、爱好都有差异，因而说话也应该根据不同的对象，选择不同的语言。例如，不少五星级酒店规定，餐厅的迎宾员在欢迎客人时应说:"你好,欢迎光临,请问几位"。这对一些较少光临酒店,做事不紧不慢的人也许适用。然而对常到酒楼吃饭,性格较急,赶时间的客人,恐怕就不太适用,常常客人已走过服务台,奔向餐厅了,而迎宾员长长的句子还没念完,造成被动局面。这时微笑和简单的问好也许就足够了。对日本客人常常是鞠躬,反复说谢谢。如果我们把这套搬到欧美客人身上,也许会引起相反的结果,认为你太虚伪了。因而,服务员应以灵活、自然、流畅、亲切,具有感染力的语言风格去接待不同的客人。

职业词汇为主:

服务语言是一种职业用语,语言的主体是以职业词汇为主,这种职业用语包含了介绍服务产品时的常用术语,介绍当地环境专业语言,以及在服务中常用的敬词、歉词以及征求顾客需求的询问语为主。因此对职工进行教育时应注意这一特点,学会在使用语言时注意使用服务语言,并不断丰富职业词汇,使服务语言有血有肉,充满生机,并形成自己酒店的风格。

时代感较强

酒店是个开放的小社会,每天南来北往的顾客使酒店同时成为一个信息中心,也使服务语言具有较强的时代印记。服务用语,表现了酒店的形象,服务员的文化素养,在使用语言时不可用庸俗的、不合时代的服务用语,讲究语言的高雅成分,体现整个社会文明。

主动、被动和特定语言三种形式是服务用语较为突出特点:

主动用语,是指服务员主动的向顾客招呼。例如:"您好"、"欢迎光临"等等。

被动用语，是指服务人员在回敬客人的致谢时所使用的礼貌用语。例如"不用谢"、"没关系"等等。

特定语言，是指在特定环境下使用的语言，例如服务员说的："请稍候"、"让您久等了"、"走好"、"欢迎再来"等等。

这三种常用的服务用语，表现了服务员的热情、恭敬、尊重等心情，满足了客人自尊的需求。

二、不断完善和严格执行质量指标

质量指标，不是给人参观的展品，而是对质量进行控制、检查的工具，同时又是酒店要达到的质量目标的分解。目前酒店管理中的质量标准存在着两大方面的问题：首先相当部分的酒店质量标准不全，甚至没有。例如，某五星级酒店的管理实务中仅有岗位责任制、服务规范，却没有把服务标准单独列出来而是混合在岗位责任制和服务规范之中，使人们不易了解和掌握。而酒店一些工序较复杂的部门，例如餐饮部就有相当数量的酒店没有计量标准。每道菜份量上的的差异常常根据感觉来把握，有时多一些，有时少一些。还有的有质量标准但是不贯彻执行，缺少监督、检查环节。笔者曾在一家三星级酒店"暗访"，连续三天都要了水饺，结果第一次18只，第二次22只，第三次20只。那么这么一盘水饺到底多少才符合质量标准呢？20只！标准是有的，但份量多少，全凭借手的感觉，在餐饮方面，我国中餐的标准化远不如西餐。不少酒店，西餐厨房的工作台上常常有一只"台称"，不断的检验配菜的价量，而中餐厨房里常常少见这样的"台称"。

这些现象提出了一个严肃的问题：首先应该制定严格、全面的质量标准。不同等级酒店的标准应该有所差别。例如，三星级酒店应用什么样的香皂，用多少克重的毛巾，窗帘应有多宽，什么材料制成，酒店内均缺乏标准，往往由几个人商议而定，或由供货单位拿几个样板来选一下就算了。人们常常赞叹"麦当劳"的成功。这种成功不是从天而降，唾手可得的。而是以它的质量为基础，一步步发展起来。在全世界建连锁企业，保持原汁原味的汉堡包，炸薯条，实际有许多障碍，然而靠严格、全面的质量标准，保证了全球质量品质，"麦当劳"的质量标准上仅从数量上看，可以与一辆小汽车的质量指标相毗美。

  我国酒店业的手工操作太多，又太多依靠人的经验性，中餐的厨房加工又太多的强调自己的复杂性，而放弃了制定详细质量标准。因而因人而异，因时间而异出现的质量问题，几乎成了中餐质量不稳定的重要原因。有的酒店想出挂牌上岗的新招，把厨房师傅的特长，专长公布在食客面前，让食客们自由选择，促进厨房内部的质量竞争，达到优胜劣汰。这不失一剂促销良药，但无法从根本上保证产品质量。保证质量关键之处，应该是建立、健全质量标准。

  制定全面的、完善的质量标准仅是第一步，必须使基层组织的质量指标在经济责任制中落实到人，落实到每个岗位。并且做好原始记录，成绩可能考核。凡是酒店制定质量标准，工序纪律、服务规程、设备物品管理制度，次品管理制度，交接班制度，都应该严格执行，并且同经济利益挂钩，必须指出这些规章制度的执行对服务产品质量有着重要的保证作用。

三、搞好服务现场管理，实现文明生产

现场，指的是服务的具体场所和具体服务过程。服务现场管理，是基层组织对服务质量控制的最有效和最重要的方面。

一般对于酒店而言，服务现场质量控制主要包括下列几个方面的管理控制：

1、服务资料供应的质量控制

从基层组织来看，不同的基层组织有不同的物资资料。酒店物资资料一般分成两大类。一是提供顾客需要的各种物品。例如，各种低价易耗品、各种布草、各种食品饮料等。另一类物品是服务过程中使用的，如吸尘机，各种清洁药水和工具，餐厅的煤气炉、小推车、行李车等等。优秀的物资是优质服务的重要保证。

做为基层组织主要是对自己使用的物质严格把关，不使用不合理的物品，从物质使用上坚持使用合符标准的物质，并且根据市场反馈的信息，充分了解顾客对使用物品的意见，并及时反馈这类信息，帮助采购部更好地对物品选型。并本着节约的原则，做好物品管理工作。

2、服务设施、设备的质量管理

服务的设施、设备是完成服务的重要工具，是达到服务质量目标的重要保证。因而对本班组使用的设施、设备进行质量管理，在不少场合，都会发现让人见怪不怪的事实，那就是，私人东西容易常用常新，而集体使用的物品则易损耗，残旧甚至丢失。这说明，集体使用的物品在管理上容易造成你不管、我不爱护、大家财产不心痛的局面。因而设施、设备

的管理应该与工程部订立维修保养合同，专人负责，每个设施或设备都建立一套档案，内有设备出产地、型号、维修保养的具体联系人，设备使用、维修状态，注意事项等。并定期检查、维修。发现问题和隐患及时纠正，修理并记录在案。同时一些设备专人使用，严格按照操作规范去做。

3、服务安全质量管理

服务安全质量管理，是要求基层组织对服务过程的安全问题严格按规范去做。

基层组织管理人员，首先要向服务员要求，严格的执行和落实服务安全质量管理制度。并坚持以"预防为主"的原则。有目的、有组织地分析服务全过程，尽可能发生重大事故的关键环节和隐患处所，制定预防对策。要求全基层组织的每个人着眼于发生事故的苗头。以便采取相应措施，制定本组织的应急计划和措施，免于措手不及，尽量减少事故损失。经常清理工作场所，改善服务现场的安全条件，增大安全系数，提高服务安全质量。

4、服务卫生质量管理

指的是基层组织必经严格根据卫生的质量要求。为了养成讲卫生习惯，防止各种疾病感染，对服务现场进行质量管理。服务现场的卫生状况体现了一个服务企业的服务质量和企业形象，因此，加强服务卫生质量管理十分重要。

服务现场卫生管理在基层组织中主要注意几个方面的问题：

抓紧，抓住本班组影响卫生质量的关键部分，加强制度教育，服务过程中的现场控制，并且加强班前会、班后会的总结和重点强调。加强上岗前食品、卫生防疫检验认证制度，不合标准的一律不准开绿灯。

严格执行卫生防疫规定，以自检为主，预防为主。

将贯彻卫生防疫制度与经济责任制挂钩，什么岗位出现问题什么岗位负责。

5、服务环境质量管理

前几章已经说明，酒店出售产品中包括了环境。环境质量直接影响了酒店形象，是顾客判断质量好坏的主要标志之一。因而每一基层组织管理的区域都要注意执行区域内的环境制度，严格执行酒店制度的服务环境质量标准。基层管理人员在不断有巡视中及时发现问题，纠正错误，并且把服务环境区域质量划分到岗位和个人，纳入经济责任制。

6、服务规范化管理

服务的规范化，是保证酒店服务质量的关键管理模式，这种管理模式具体实施在服务的全过程，因而现场管理是具体落实执行服务规范的主要组成部分。现场管理严格要求服务员认识了解本岗位的规范化，严格执行，管理人员在现场督导服务员的执行，及时纠正执行中出现的问题，并且检查做好原始记录与服务员的经济责任制挂钩，提高他们的责任心。

此外现场管理还应该侧重于服务人员素质和职业道德督导，服务技术的现场指导和服务艺术和应变能力的督导，现场管理就是要在服务现场全面地对服务的各个部分进行监督和指导，从根本上保证服务质量，真正发挥基层管理人员在现场的管理作用。

四、建立质量管理点和进行服务过程控制

质量管理点：指在服务现场在一定时期内，一定条件下，对需要重点控制的质量特性、关键部分，薄弱环节，及主导

因素等，采取特殊的控制措施的方法，实行强化管理，使工序处于良好的控制状态，保证达到规定的质量要求。

质量管理点的管理工作主要包括两项工作内容：质量管理点的设置；质量控制点措施的实施和落实。

1、在本基层管理组织，在自己本组织提供的服务范围中会出现重点的岗位、重点的服务部分和容易出问题的设备等等，这些都是控制的难点、重点。各基层组织应该把自己服务区域的质量控制的难点、重点做为质量管理点，采用必须的手段、方法和工具，加强管理。

2、在酒店服务现场质量管理点设置的原则是：

a. 质量不稳定、容易出现服务差错的服务区域和程序。

b. 顾客投诉较多的服务程序与服务区域。

c. 对服务过程有重要影响，对下道工序有重要影响的关键质量部分。

3、实施质量管理点的步骤：

a. 明确标示出控制点的服务规程、质量特性、质量要求、检查方法和采用的控制手段。

b. 由有关人员找出影响质量的主导因素，对主导因素规定明确的控制范围和有效的控制要求。

c. 对有效的控制范围和手段，纳入酒店的制度，并实施和检查。

第三节　酒店基层组织质量管理的基本方法

质量管理的方法，涉及的知识面较宽，有些教学方法也较深。现阶段基层组织管理人员对较深的方法暂时掌握不了。应该掌握一些常用的方法。

一、PDCA 循环法

PDCA 循环是一种科学的工作程序，是质量管理的基本工作方法。

PDCA 是英语 Plan（计划）、Do（执行）、Check（检查）和 Action（处理）四个词首字母的组合。它反映了做工作必须经过四个阶段。这四个阶段循环不停地进行下去，所以称为 PDCA 循环。

P 阶段，就是根据要求，通过调查、设计、确定的目标和措施，在计划阶段，要具体回答如下几个问题：

干什么，谁去干，什么时候干，在何处干，怎么干，并对几个问题问一个为什么？为什么要干这个，为什么要他去干，为什么要在这个时候干，为什么要在这里干，以及为什么要这么干。

D 阶段，就是按照所制订的计划和统计实际地干，具体落实和实现计划的要求，这就是执行阶段。

C 阶段，就是对照计划，检查执行的情况和效果，及时发现实现现实计划过程中的经验和问题，这就是检查阶段。

A 阶段，就是根据检查的结果采取措施、巩固成果、吸取教训、以利再战。这就是总结阶段。

这种一般管理方法工作程序，作为质量管理的基本方法来说，则可以具体化为以下八个步骤。

第一步，分析现状，找出存在的质量问题，对于存在的质量问题，要尽可能用数据来加以说明。在分析现状时，切忌自满情绪，即认为"没有问题"，质量"到顶"。存在这种思想，就不能发现质量问题，进而改进服务质量，在发现质量问题以后，要向自己提出三个问题，第一，这个工作可不可以不做？第二，这个工作可不可以同其他工作结合起来做？第三，这个工作能不能用最简单的方法去做，又能达到预定的目标。

第二步，分析产生质量问题的各种影响因素，这要逐个问题，逐个影响因素加以分析，切忌笼统。

第三步，找出影响质量的主要因素。影响质量的因素是多方面的，从大的方面看，可以有人，设备问题，生产环境、服务规程等方面的影响，要想解决问题，就要诸多影响因素中，找到主要因素，找到主要因素的主要方面，以便从主要因素的主要方面着手，切实解决质量问题。

第四步，针对影响质量的主要因素，制订措施，提出改进计划，并预计其效果。措施与计划必须具体明确，为什么要制定这一措施或计划，预期达到什么目标，在那里执行这一措施或计划，由谁或那个小组来执行计划，什么时候开始，什么时候完成，如何执行，等等。

以上四个步骤是 P 阶段的具体化。

第五步，按既定的计划执行措施，即 D 阶段。

第六步，根据活动计划的要求，检查实际执行的结果，看是否达到了预期结果，即 C 阶段。

第七步，根据检查结果进行总结，把成功的经验和失败的教训都纳入有关的标准，制度或者服务规程之中，巩固已经取得的成就，防止重蹈覆辙。

第八步，提出这一循环尚未解决的问题，即本次循环遗留下的问题，并将它转入下一次 PDCA 循环中去。

第七、第八步是 A 阶段的具体化。

以上所讲的 PDCA 循环及其在质量管理中的具体内容，

即我们通常讲的四个阶段八个步骤。

PDCA循环有三大特点：一是PDCA循环有大小之分，从全酒店出发：基层组织的PDCA循环是小循环。而全酒店是大循环，部门是中循环。从基层组织自身来看班组的循环是大循环而每道服务程序，每一个岗位，每一个人是小循环。班组的循环是最基本的循环，只有基层组织的小循环才有可能完成全酒店的大循环，循环的关键在于转动，只有转动起来，才有可能解决质量问题。

图4-4

二是螺旋式上升。PDCA是螺旋式上升，周而复始的运动，每一次循环的完成，就意味着前进一步，质量有所提高，有如上楼梯一样，循环的结果是登上了更高一层的楼梯，解决了一个或数个质量问题，质量水平有所提高。

三、在推动PDCA循环中，关键在于A阶段总结，就是总结经验，肯定成绩，纠正错误，以利再战，这是PDCA循环可以上升的关键所在。如果仅有计划、执行、检查三个阶段，没有将成功和失败的教训纳入有关的标准、规定和制度的经验之中，就不能巩固成绩，吸取教训，也不能防止同类问题的再发生。因此推动PDCA循环，一定要有始有终，抓好总结阶段。

按照PDCA循环的四个阶段，八个步骤进行改进质量的活动，需要利用大量的数据和资料，并对质量数据进行收集、整理、分析，从而对质量状况做出科学判断。

案例选介（一）（上海锦江饭店，PDCA循环法的应用）（选自任百尊先生《中国人怎样管好饭店》）。

上海锦江饭店以"客人不能及时拿到电传"为重点运用PDCA方法：

（1）课题选择：

根据"先易后难，逐一解决"的原则，确定了"以客人不能及时拿到电传"为重点作为主攻的课题。

目标：①通过这一活动，把营业部从预订房间、问询、住宿登记、结帐、电传收发等一系列环节的质量活动，用必要的制度、方法和手段组织起来，形成一个围绕优质服务这个宗旨而进行活动的有机整体。②从"事后处理"的落后管理变为"事先预防"的科学管理。

（2）现状调查：

饭店经常接待大量的国宾、参加国际会议的客人和商务客人。电传作为快速传递信息的媒介已发挥出越来越重要的作用。作为饭店服务项目之一，电传的收发工作做得怎样关系甚大。在传统做法上一份电传的收发过程是这样的：

（当值台员打电话至客房，客人恰巧不在房时）

①电传员——②值台处——③总机——④留言——⑤客人——⑥领取。

正是由于这种程序上的缺陷，致使客人迟收电传的情况时有发生。当客人提出投诉后，不得不上门道歉。

其结果：①耽误了客人的事情。②影响了饭店的声誉。③在经济上遭受了损失。

（3）因果分析：

在查明现状的基础上，通过讨论，以"为什么客人不能及时收到电传"为题进行了因果分析。从分析中发现，如有一方通知客人不及时、房号查错、忘记通知或客人不明白电话机上红灯亮的原因、留言信号发生故障等都会造成客人迟收电传情况的发生。

（4）主要原因的调查：

借助因果分析法，通过由此及彼、由表及里的分析，一致认为电传不能及时送到客人的主要原因是在电传收发工作中存在着多环节的状况，特别是电话留言这一环节，其出现问题的可能性最大，而且某一环节出了问题，很难查明是哪个部门、某一个人的责任，往往会出现互相扯皮、推诿的现象。

（5）对策与措施：

确认了"多环节"是主要原因后，对症下药，制订了以下的办法。

①加强思想教育，提高大家对工作的责任心。②改变了过去客人有电传时用电话通知的方法，采取发书面通知的方式。③明确岗位责任制，合理分工，各负其责。④一旦收到电传，即刻发送通知单，并具体注明日期、地点、签收人等。

（6）效果：

通过以上办法的实施，取得了以下成果：

①从某一时期频繁发生这类情况，变为迄今消灭了这现象。②提高了经济效益及办事效率。③这种快速的传递方法为客人所称赞。④提高了饭店的声誉，为竞争创造了有利条件。⑤变事后处理为事先预防，从管结果变为管因素的效果。

（7）巩固措施。

从以上效果来看，所采取的对策及措施是行之有效的。为了巩固这一成果，又进一步采取了以下措施：

①班组长带头层层把关，负责督促检查电传的收发情况，

保证新措施的实施。②修订岗位责任制，把这一定下来的措施补充到岗位责任制中去。

二、质量管理分类处理法（ABC方法）

质量问题分类处理法，也叫 ABC 方法，这一方面主要根据两方面的原理，一方面人的精力是有限的，一段时间内只能致力于1—2件事的处理。另一方面，在所面临的众多管理问题中。必然会有主要矛盾与次要矛盾之分。必有矛盾的主要方面与次要方面之分。因而对质量问题进行分类，目的是通过分类把性质不同的数据，以及错综复杂的影响质量的原因及其责任划分清楚。观出头绪，找出能大为方法。分类不是简单的分组，而是把收集起来的数据按照不同的目的区分开来，根据一定的标志，把性质相同，在同一生产条件下收集的数据归在一类，使数据反映的事实、原因、责任等暴露的更明显、更突出，便于找出问题的症结，对症下药。

常用数据分类法有，按不同时间分，按服务人员分，按设施、设备分，按操作方法分，其他方法。

例如，可以分为服务态度问题、操作程序问题、外语水平问题、设备保养问题、酒店安全问题、产品质量问题等等。然后把问题的数量，发生的效率将质量问题分为 A、B、C、D 不同的等级。A 类问题是发生的次数多，涉及的问题较集中，约占投诉总数 70% 以上。B 类问题是涉及的问题范围一般，发生的次数也相对少一些。约占投诉总数的 20%—25%。C 类问题，发生的面宽，但发生的次数少，约占投诉总数的 10% 左右。解决问题时先致力解决 A 类问题，这样做可以使酒店的服务质量有了明显改善和进步。同时防止 B 类问题上升，并对 C 类问题加适当注意。因为 C 类问题偶然性较多或因某些不可抗的因素。

案例选介（二）

广州某酒店，客房部楼层服务班通过对宾客投诉、客人意见表和检查服务时发现质量问题，运用 A、B、C 方法进行分类如下表所示：

表 4-3

具体质量问题	质量问题分类	每类问题发生的次数	占全部问题发生总数的比例
高层建筑不能开窗空气不够新鲜	服务规定	140 次	70%
电视机有时图象不清楚	设备维修	50 次	25%
个别服务员在客房走廊说话声音太大	服务态度	10 次	5%

根据上表分类，服务规定的问题发生次数最多，占总数 70% 以上，是 A 类问题，要重点解决，服务态度问题发生次数最少，只占 5%。因而是 C 类问题，中间状态的问题是设备保养与维修问题占了约 25%，所以是 B 类问题。

然后根据问题的排列，首先解决 A 类问题，防范 B 类问题上升，然后逐步加以解决。C 类问题，应该通过教育和现场管理、预先控制。

三、因果分析图法

这一方法，在质量管理中又叫特性因素图，又因其特点而称为树枝图或鱼刺图。它主要功能是同于分析质量问题产生原因的一种因素。在我们基层组织中,虽然一个质量问题产生了。但也有可能是多因的,为了查明产生某种质量问题的原因,采用了"诸葛亮会"的办法"集思广益"、"群策群力"在此基础上将群众意见反映在这张图画上,探讨一个问题的产生原因要从大到小,从粗到细,寻根问底,直到具体采取措施为止,其形式如图。

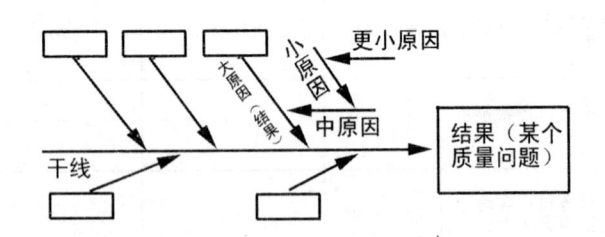

图 4-5　因果分析图

制作因果分析图,应该注意的事项有:

(1) 影响质量问题的大原因,通常是五个方面:即人、机器、材料、方法、环境;

(2) 要充分发扬民主,并把各种意见如实纪录下来;

(3) 原因分析应当细到能采取措施。

(4) 大原因又包括许多具体原因,因此把大原因作为主要原因还不能解决问题,必须层层深入,找到具体关键的环节。主要原因可以用画排列图或其他方法来确定,然后用方框框起来,以引起注意。

(5) 画出因果分析图,定出主要原因后,应到现场去落实主要原因的项目,再订出措施去解决。

(6) 措施实现后,应再用排列图等检查其效果。

案例选介(三)

某酒店洗衣房的洗涤班的洗涤织物不干净。

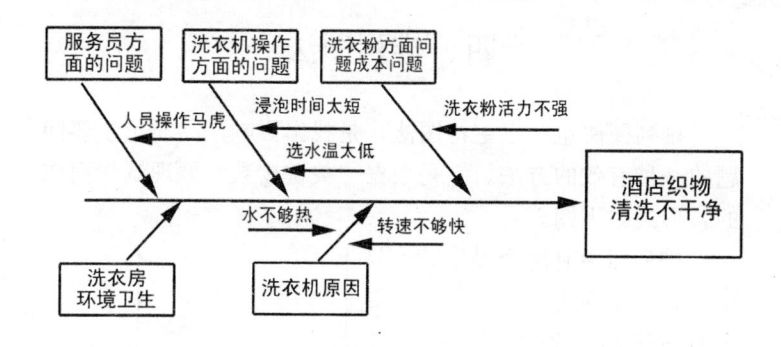

图 4-6

某酒店基层组织:洗衣房的洗衣班。质量问题表现在洗涤的织物不够干净。特别是餐厅台布,留有黄痕。

这里涉到影响质量问题的主要原因是:服务员的服务态度,认真程度;机器的性能,洗涤剂的质量以及操作程序。洗衣班对这些问题展开民主讨论,认为在这些大原因中都有更进一步的具体原因,例如服务员方面的具体原因是人员操作马虎。而洗衣机操作也有两方面具体原因,一是衣物浸泡时间太短,洗涤剂还没有渗入到织物中去,二是水温选择的不够高,洗涤剂质量也有问题,该酒店用的是低档洗衣粉,而之所以选低档洗衣粉关键的原因是由于控制成本。此外洗衣机本身也有问题,一是转速不够快。二是水温只有45℃不够高。

· 259 ·

在诸多原因中，主要原因还是洗衣粉的质量问题，如果选用高一档次的洗衣粉，在此现有水温下，织物仍然可以洗净，只要改用较好的洗衣粉，略为改进操作，端正服务员态度，质量问题就会迎刃而解。

于是制定改进措施、实施措施，并用排列图来检查效果。

四、排列图法

排列图法也叫巴雷特图法，是找出影响产品质量主要问题的一种有效的方法。它是根据"关键少数"原理制作而成的，形式如下图。

排列图中有两个纵坐标，一个横坐标、几个直方形和一条曲线。左边的纵坐标表示频数，右边纵坐标表示频率（以百分比表示）。有时，为了方便，也可把

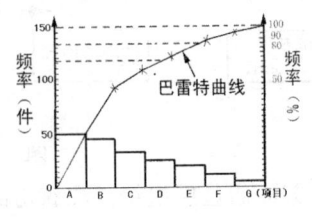

图 4-7 排列图法

这两个纵坐标都画在左边。横坐标表示影响质量的各个因素，按影响程度的大小自左至右排列，直方形的高度表示某个因素影响大小。曲线表示影响因素大小的累计百分数，这条曲线称巴雷特曲线，通常把累计百分数分为三类，$0-80\%$ 为 A 类，累计百分数的 80% 因素，显然它是主要因素；累计百分数 $80\%-90\%$ 的为 B 类，是次要因素，累计百分数在 $90\%-100\%$ 的为 C 类，在这一区间的因素是一般因素。

制作排列图时，应该注意：

（1）一般来说，主要因素最好是一、二个，最多不超出

3个,否则就失去了"抓关键的少数"的意义。要考虑重新进行原因的分析,分类。

(2)纵坐标可以用件数、金额、时间等表示,原则上是以更容易找到"主要因素"为准。

(3)不太重要的项目很多,横轴会变长,一般把"不再重要的因素"列入"其他"栏内。因此,"其他"栏总是横轴的最末端。

(4)确定了主要因素,采取了相应措施之后,为了检查出"措施效果"还要不断画出新的排列图来。

第四节 酒店QC小组的建立与运行

在所有的质量管理中,突出反映的特点是一个"全"字,做为一名基层组织的管理者,只有在全面质量的思想指导下,才能使服务质量得到保证,也就是说,要当好一名好的基层领导,必须有整体观念,从企业的方针目标出发,明确本基层组织在整个酒店质量保证体系中的地位和作用。积极组织和参与质量管理小组的活动,为实现质量目标而贡献力量。

一、QC小组概述

1、QC小组的定义

QC小组是质量管理小组的简称(英文Quality Control)的缩写,是指在生产现场或工作岗位上的职工,围绕企业生产、管理、经营方针与目标与现场存在的问题,以提高人的素质,改进工作质量、工程质量、产品质量与服务质量,优化现场管理、安全生产、降低物耗、增进效益为目的。自愿组织起来的组织形式。

QC 小组通常从工业企业角度出发，分为现场型的 QC 小组，服务型的 QC 小组，攻关型的 QC 小组和管理型的 QC 小组。

服务型的 QC 小组，一般以交通、邮电、商业、旅游、服务业等第三产业的职工及工业企业的后勤部门的职工为主组成的 QC 小组，以提高服务质量、推动服务工作标准化、程序化、科学化，以增进经济效益和社会效益为目的，在各自的岗位上开展 QC 活动。服务业的 QC 小组多以选择优质服务、安全生产、加速资金周转，提供多功能服务等主要内容为课题，取得了显著成绩。

2、酒店 QC 小组的性质和特点

QC 小组是群众性质量管理活动的一种有效的组织形式，是员工参加民主管理的新发展，是实践经验与管理方法相结合的产物。

酒店 QC 小组的基础是生产现场和服务现场，其成员主要来自于服务第一线的员工。并与我们酒店的基层组织相互依存，然而 QC 小组与服务基层组织又有区别。基层服务组织是酒店的基层组织，主要任务是保证完成上级下达的生产、经济、技术等各项指标，而 QC 小组是群众性组织，既可在某个基层组织内自愿结合，又可以跨班组，部门自愿结合，组建 QC 小组。它的指导思想，活动范围，活动方式和活动目标等又高于基层组织。主要目的是改善人际关系，提高人的素质，改进质量、增进效益。QC 小组与基层服务组织相比较，具有广泛的群众性。明显的自主性，明确的目的性，严密的科学性和高度的民主性特点，并且有协作、奉献、求实、创新的精神。

目前世界上拥有最多的 QC 小组的国家是日本。1992 年全日本登记注册的 35 万个。参加 QC 小组活动的共有 550 万余人。占日本职工人数的 10%。日本 QC 小组来源于美国，在美国世界著名质量管理专家戴明和朱兰两位美国博士的传授和帮助下，日本于 1962 年成立了第一个"质量圈"而后又改名为 QC 小组。

中国 QC 小组的成立，关键在于两个基础之上。其一是我国建国以来企业管理方面的民主管理为建立 QC 小组奠定了良好的基础。早在 50 年代初就涌现出一批以马恒昌小组、毛泽东机车组、郝建秀小组、赵梦桃小组等坚持"质量第一"模范生产班组。60 年代又涌出大庆等"从严要求"、"质量信得过"小组，创出有中国特色的班组民主管理、质量过硬的企业管理经验。例如，"三老四严"、"四个一样"和"质量回访"、"质量信得过"等等。纺织行业还开展了"无差错活动"。

上述几种形式和群众性质量管理活动。都取得了显著成绩，为日后的 QC 小组的建立与发展奠定了良好的基础。

改革开放，为 QC 小组创立了外部条件。QC 小组是改革开放的产物，是我国多年民主管理的经验（两参一改三结合），同国外先进科学管理方法相结合的产物。

1978 年 9 月，北京内燃机总厂在学习、消化、吸收日本的全面质量管理经验的基础上，诞生了我国第一个 QC 小组。

(3) QC 小组的宗旨和作用。

在中国，坚持 QC 小组活动，必须坚持下面三个宗旨：一是改进质量、降低消耗、增进效益；二是提高员工素质，激发员工的积极性和创造性；三是创造心情舒畅的生产，服务和工作的环境。

坚持上述三项宗旨，QC 小组活动才能发挥下列几个方面的作用。

a. 有利于开发智力资源，提高人的素质。
b. 预防质量问题，并不断进行改进。
c. 有利于改善人际关系，增进团结。
d. 促进精神文明和物质文明建设。
e. 增进经济效益，创造社会效益。

二、QC 小组的组建

1、组建酒店 QC 小组原则

(1) 自愿参加，自愿结合，是组建 QC 小组的基本原则。自愿参加体现了员工自觉参与质量管理，发挥工人当家作主的主人翁精神。而不能靠行政命令组建 QC 的小组。只有自愿参加，自愿结合，才能更好地发挥 QC 小组的无私奉献，才能更好发挥 QC 小组的工作效率。

(2) 自上而下，上下结合是组建 QC 小组的基础。根据我国的国情和酒店的实际情况，由酒店质量部门，组织员工积极参与成立的 QC 小组比较多，已成为组建 QC 小组行之有设的方法，也是上下结合组建企业小组的重要基础。

(3) 管理人员，服务员和某些专职人员参与的"三结合"是组建 QC 小组的好形式。

(4) 实事求是，结合实际，是组建 QC 小组的基本要求。组建 QC 小组必须结合酒店的服务实际和具体的中心任务，并与全国质量形势相结合，诱导员工参与活动。以解决身边的具体实际问题为出发点，力争组建一个，成功一个，切忌一哄而上，一哄而散。前几年，酒店业内 QC 小组一哄而上，在形式上轰轰烈烈，也写了不少先进经验介绍，然而华而不实，这几年能坚持下来，真正发挥作用的小组已所剩无几了。

（5）多种模式，不拘一格，是组建QC小组的客观需要。QC小组的生命力在于围绕质量问题开展活动，取得实效，不开展活动就没有组建QC小组必要。因而必须根据存在的质量问题，按照不同部门，不同的岗位、不同的程序组成不同类型，不同模式的QC小组，便于开展活动，提高有效性。

2、QC小组注册登记

QC小组为了激发小组成员的责任感和荣誉感，要认真做好注册登记工作，并经过酒店质量管理委员会审检、汇编、编号存档。

注册登记时，应在登记表上写明小组名称，成立时间，组长和成员姓名，活动课题，并有注册号码和有关主管部门的签名，登记后的QC小组获得企业承认，在活动中应得到各方面的承认。各级领导应充分关注QC小组，支持他们的活动，充分发挥QC小组的作用。

在日本注册登记的时效是一年，我国也要求QC小组每年注册登记一次。凡是连续半年停止活动的QC小组应予以注销。一年没有成果的QC小组，应视为自动解散。

3、QC小组人数与要求

QC小组的人数，为便于自主地开展活动，小组人数不宜过多，一般3—10人为宜，不超出15人。具体人数由QC小组成员接课题涉及的范围自行确定。

QC小组组长的职能，一是组织成员制订活动计划，进行工作分工，并带头开展活动，二是负责联络协调工作，及向上级主管部门汇报情况，争取支持。三是抓好质量教育，组织小组成员学习有关业务知识，不断提高小组成员的质量意识和业务水平。四是团结小组成员，充分发扬民主为小组成员创造宽松愉快的环境，增加小组的向心力和凝聚力。五是经常组织召开小组会，研究解决各种问题，做好小组活动记录、出勤考核。并负责组织交流并整理成果的发表。

对QC小组的要求主要有下列几方面？

第一，根据QC小组活动计划和安排，积极参加活动，发挥自己特长，既体现全员参加，又体现群体作用。

第二，是按时完成小组分配的任务。

第三，是围绕自己身边的质量管理问题，不断提出改进意见，为QC小组提供更多的活动课题。

三、QC小组活动的步骤

1、QC小组活动课题选择

选择活动课题的方法：一是自学性课题，即由QC小组成员发现自己身边的问题，经过小组成员讨论，来确定课题。二是指导性课题，由酒店质量管理部门根据酒店现存的质量问题，整理出目前需要解决的课题，供QC小组自己选定。三是指合理课题，一般由酒店各部门以行政指令的形式向QC小组下达的课题。

2、选择酒店活动课题的依据

通常选择活动课题的依据，主要有3个方面：一是依据酒店的方针目标和中心工作；二是依据服务、生产和工作现场存在的薄弱环节，或关键问题，依据用户或消费者要求解决的问题。这三条依据，并非要求同时具备，而是要求QC小组立足于自己的能力，量力而行。

3、选择活动课题的范围

QC 小组一般有下列 6 个方面：①提高质量的课题。包括了服务质量、产品质量和工作质量。②增加花色品种的课题。包括开发新产品、优化产品结构增加新的服务项目。③优化环境的课题，环境的概念既包括了环境污染等社会问题，也包括了工作环境、酒店的服务环境等。④改善管理的课题，包括了加强劳动管理、设备管理、安全服务，加速资金周转等。⑤提高员工素质的课题，包括职工质量意识、业务水平、应变能力和改善人际关系、发挥群体智慧等。⑥关心职工疾苦的课题。包括如何更好为第一线员工服务，如何解决员工的后顾之忧等等。

4、对课题的选择要求，应遵循几个原则

首先实事求是，先易后难。在小组选择课题中，应结合具体问题，以小课题为主，容易完成的课题，可以把大课题分成若干小课题，（若在短期 QC 小组可以完成一个 PDCA 循环则可以不再划分），其次，选题要具体明确，QC 小组选择的活动课题必须具体明确，便于开展活动，取得成效，切忌"大而空"，模糊不清。再次是提倡短、平、快。QC 小组要选择周期短，见效快的课题，一般课题应在 3—6 个月完成，最多不超过一年时间，以免疲劳厌倦，影响效果。第四，题目要准确、精炼。题目的准确，精炼就可以使题目一目了然，清楚明白，知道解决问题的重点。锦江饭店在 PDCA 循环中的例子中所选的题目就十分准确和精炼。他们以"解决客人不能及时拿到电传"为重点作为主攻课题。

课题选定后，就应该了解事实、调查现状、将现状与小组 QC 活动所要解决的问题加以对比，找出差距确定主攻方向。

在确定了主攻方向后，就要设立目标，目标值要与课题相一致。

然后进行原因分析，把现状调查的主要问题按五大因素（五M），采用因果图、排列图、调查表等恰当的工具进行分析，从中找出质量问题的具体原因。

密切切合实际，针对课题的内容和"人、机、料、程序、环境"方面存在的问题，找出具体原因，只有找具体原因，才能制定相应的改进措施。除了找出具体原因外，还须在众多的具体原因中，找到主要原因，按"关键的少数，次要的是多数"的原理，运用排列图进行排列。主要原因一般为3—4个。QC小组成员要集体讨论确认主要原因，也可以采取其他方法进行论证，并将主因在因果图中做出明显的标志。

按QC小组应该制定对策。此时必须针对影响质量的主要原因和设定的目标值，提出达到本次活动目标的具体措施和计划。一般以"对策表"的形式提出具体项目。对策表内包括：为什么要制定对策，达到什么目标，在哪里执行，责任者是谁，什么时间完成和怎样执行等（简称5W1H），我国QC小组对策表一般包括：序号，项目，现状、目标、措施、责任人、完成时间等七项。

项目（要因）必须与已确定的主要原因相对应，在项目内容中，既不增加，也不任意删除，以免造成逻辑上的混乱。

而对应的措施必须是具体的，可操作的，并可依此进行检查执行的效果。

实施对策是QC小组取得成果的关键阶段，没有实施都仅仅是纸上谈兵，不可能成为现实的质量改进。实施过程中应该注意的有3个方面的问题：①严格按照对策的计划开展活动。②如果在实施过程中发现难以实施的对策，则应该及时进行修改，重新制订对策，以保证目标的实现。③做好实施记录，记录内容主要包括了：实施的具体时间和地点，参加人员，做了什么工作，解决了什么问题，取得了什么效果等以便为整理成果提供资料。

实施措施后，必须进行效果检查。运用排列图，把 QC 小组活动后与活动前的状况加以对比，以便进行效果评价。对照有形的目标和无形的精神成果检查效果。经济效果计算的要求是合理、真实、可靠。可计算 3 个方面的效果：一是直接的经济效益，二是间接的经济效益，三是预测的经济效益。万不可把所有的经济效益都归结于 QC 小组。不论是有形的成果还是无形的成果都应该由有关部门认可，签署评审意见，以确认 QC 小组活动的有效性。

最后是巩固措施与遗留问题。对于巩固措施的制订必须具体，可操作和可执行性强，并有指导生产、工作价值。

为避免问题再次发生，QC 小组对活动成功采取的有效措施，应该由有关部门整理、确认编辑成为技术、管理文件，形成规范与标准由服务员或其他人去执行。

当然 QC 小组每次活动不可能百分之百解决了全部问题。应根据"质量改进是永恒的主题"进一步总结，将遗留的问题，作为下步的打算和目标。

第五章　酒店基层管理方法与艺术

在以上各章中，我们重点从理论阐述了酒店基层管理在各个管理职能方面的要点。本章开始，我们涉及的将是酒店基层管理的领导方法和艺术。

管理的方法所涉及到的是，基层组织的管理人员对管理操作中的方向、途径、程度、范围进行限定和控制，以保证领导工作的节约性和有效性。而管理艺术则是以操作为基础在具体问题，具体环境中巧妙和灵活地运用。管理的艺术具有分散性，动态性和非连结性特点。而管理方法则相对集中化、稳定化、系统化，是管理实践的积淀，是管理艺术的总结和升华。两者之间的关系是，管理方法为管理艺术提供指导，而管理艺术则为管理方法提供经验、素材，管理艺术是管理方法具体、灵活的使用。

在本章中，我们不可能涉及到基层管理所有的管理方法和艺术，只能就基层管理中特别敏感的问题展开讨论。

第一节　基层管理中的投诉处理艺术

服务是酒店的主要产品，酒店通过销售服务、设施而赢利。宾客与酒店的关系是买和卖的关系，也是被服务与服务的关系。到店宾客以双方商定的价格来购买特定的服务产品，从而满足自身在物质上和精神上的需要。投诉,从字面上理解可以视为对酒店行为的表扬和批评。在本章节,投诉只在批评的定义上去理解。当宾客认为所付出的费用与得到的服务产品质量不成正比,即认为所购买的酒店产品物非所值时,就会产生投诉。

一　正确认识宾客投诉行为

现代酒店经营越来越重视自身的声誉,力图通过建立自身的良好形象,赢得公众口碑来争取扩大市场占有份额,提高客人回头率,从而为酒店带来良好的经营效益。客人投诉不仅仅意味着客人的某些需要未能得到满足,实际上,投诉也正是客人对酒店、对酒店员工服务工作质量和管理工作质量的一种劣等评价。任何酒店任何员工都不希望有宾客投诉自己的工作,这是人之常情。然而,即使是世界上最负盛名的酒店也会遇到客人投诉。成功的酒店善于把投诉的消极面转化成积极面,通过处理投诉来促动自己不断提高工作质量,以防止投诉的再次发生。正确认识宾客的投诉行为,就是不仅要看到设诉对酒店的消极影响,更重要的是把握投诉所隐含的对酒店的有利因素,变被动为主动,化消极为积极。正确认识宾客投诉,是使投诉得到妥善处理,为酒店挽回声誉,使宾客满意而归的基础。宾客投诉对提高基层管理质量和效能的积极因素体现为:

1、投诉是基层管理工作质量和效果的晴雨表,是提高基层管理质量的推动力。

对第一线服务而言,基层管理的主要对象是服务员在服务现场的工作质量;对后勤部门而言,基层管理的主要对象

· 271 ·

为协同前线部门，确保酒店产品的整体质量符合要求。无论前线或后勤部门，都通过自己的工作与宾客产生直接或间接的沟通，是客人心目中的"酒店代表"。从前台部的行李员、接待员、总机接线生，到客房部的服务员、工程部维修人员、保安部保安员；从餐厅咨客、服务员到厨房各工序员工，到管事部、洗涤部各岗位人员，他们的工作态度、工作效率、服务质量和效果直接影响到客人投诉行为的产生。此外，因为酒店设施、酒店环境的非正常状态而导致的宾客投诉也在一定程度上反映了酒店基层管理的低效。暴露了基层管理的漏洞。因此，宾客投诉行为实际上是酒店基层管理质量的晴雨表，通过投诉，酒店可以及时发现自己发现不了的工作漏洞；通过投诉，可以鞭策酒店及时堵塞漏洞、对症下药，解决可能是长期以来一直存在着的严重影响酒店声誉的工作质量问题。即使是客人的有意挑剔、无理取闹，酒店也可以从中吸取教训，为提高经营管理质量积累经验，使制度不断完善，服务接待工作日臻完美。

没有批评就难以有飞跃性的提高。宾客投诉是使酒店保持稳定的工作质量，不断改进、提高自身工作水平的推动力量之一。

2、宾客直接向酒店投诉，给酒店提供了挽回自身声誉机会。

宾客在酒店消费过程中不满、抱怨、遗憾、生气动怒时，可能投诉，也可能不愿去投诉。不愿投诉的客人可能是不习惯以投诉方式表达自己的意见，他们宁愿忍受当前的境况；另一种可能是认为投诉方式并不能帮助他们解除、摆脱当前不满状况，得到自己应该得到的，一句话，投诉没有用。还有一种可能是怕麻烦，认为投诉将浪费自己时间，使自己损失更大。这些客人尽管没有去投诉，但他们会在酒店消费结束后通过其他途径来进行宣泄：或自我告诫，以后不再到该酒店消费；或向亲朋好友诉说令人不快的消费经历。而这一切，意味着酒店将永远失去这位客人，酒店就连向客人道歉的机会也没有了。

在以投诉方式表达自己意见的客人中，也存在着几种不同的具体方式：

① 直接向酒店投诉

这类客人认为，是酒店令自己不满，是酒店未能满足自己的要求和愿望，因此，直接向酒店投诉能尽量争取挽回自身的损失。

② 不向酒店而向旅行代理商、介绍商投诉

选择这种投诉渠道的往往是那些由旅行代理商等介绍而来的客人，投诉内容往往与酒店服务态度、服务设施的齐全、配套情况及消费环境有关。在这些客人看来，与其向酒店投诉，不如向旅行代理商设诉对自己有利，前者既费力而往往徒劳。

③ 向消费者委员会一类的社会团体投诉

这类客人希望利用社会舆论向酒店施加压力，从而使酒店以积极的态度去解决当前的问题。

④ 向工商局、旅游局等有关政府部门投诉。

⑤ 运用法律诉讼方式起诉酒店

站在维护酒店声誉的角度去看待客人投诉方式，不难发现，客人直接向酒店投诉是对酒店声誉影响最小的一种方式。酒店接受客人投诉能控制有损酒店声誉的信息在社会上传播，防止政府主管部门和公众对酒店产生不良印象。从保证酒店长远利益的角度出发，酒店接受客人投诉能防止因个别客人投诉而影响到酒店与重要客户的业务关系，防止因不良信息传播而造成的对酒店潜在客户、客人的误导。直接向酒店投诉的客人不管其投诉原因、动机如何，都给酒店提供了及时作出补救、保全声誉的机会和作周全应对准备的余地。

正确认识客人投诉对酒店经营管理的积极面，为正确处理客人投诉奠定了基础。对客人投诉持欢迎态度，"亡羊补牢"也好，"见贤思齐"也罢，总之，"闻过则喜"应成为酒店接待客人投诉的基本态度。

二　基层管理中的投诉类型

酒店受理客人投诉的主要场所在前台和餐厅。不少酒店客房和餐饮的营业收入是整所酒店经营收入的两大支柱，前台、客房部和餐饮部接待的客人人数比例较大，因此，投诉客人多为住客、食客，投诉场所多在前台、餐厅是合乎常理的。前台和餐厅是酒店直接对客人服务的营业场所，食客对食品质量的投诉往往是通过餐厅而非厨房，住客对客房设施的投诉往往是通过前台而非工程部，因此，前台、客房和餐厅的基层管理人员尤其需要了解投诉客人的心理活动，以便运用投诉处理技巧，妥善处理投诉。

客人投诉往往是因为酒店工作上的过失、或酒店与宾客双方的误解、或不可抗力、或某些客人的别有用心等因素而造成的。

就客人投诉内容的不同，可分为：

1、对酒店某工作人员服务态度的投诉

对服务员服务态度优劣的甄别评定，虽然具不同消费经验、不同个性、不同心境的宾客对服务态度的敏感度不同，但评价标准不会有太大差异。尊重需要强烈的客人往往以服务态度欠佳作为投诉内容，具体表现为：

① 服务员待客不主动，给客人以被冷落、怠慢的感受。

② 服务员待客不热情，表情生硬、呆滞甚至冷淡，言语不亲切。

③ 服务员缺乏修养，动作、语言粗俗，无礼、挖苦、嘲笑、辱骂客人。

④ 服务员在大庭广众中态度咄咄逼人，使客人感到难堪。

⑤ 服务员无根据地乱怀疑客人行为不轨。

2、对酒店某项服务效率低下的投诉

如果说以上投诉是针对具体服务员的，那么，以下内容的投诉则往往是针对具体的事件而言的。如餐厅上菜、结帐速度太慢；前台入住登记手续繁琐，客人等候时间太长；邮件迟迟送达，耽误客人大事等。在这方面进行投诉的客人有的是急性子，有的是要事在身，有的确因酒店服务效率低而蒙受经济损失，有的因心境不佳而借题发挥。

3、对酒店设施设备的投诉

因酒店设施设备使用不正常、不配套、服务项目不完善而让客人感觉不便也是客人投拆的主要内容。如客房空调控制、排水系统失灵，会议室未能配备所需的设备等。

4、对服务方法欠妥的投诉

因服务方法欠妥，而对客人造成伤害，或使客人蒙受损失。如夜间大堂地面打蜡时不设护栏或标志，以致客人摔倒；客人延期住宿总台催交房费时客人理解为服务员暗指他意在逃帐；因与客人意外碰撞而烫伤客人等。

5、对酒店违约行为的投诉

当客人发现，酒店曾经作出的承诺未能兑现，或货不对板时，会产生被欺骗、被愚弄、不公平的愤怒心情。如酒店未实践给予优惠的承诺，某项酒店接受的委托代办服务未能按要求完成或过时不复等。

6、对商品质量的投诉

酒店出售的商品主要表现为客房和食品。客房有异味,寝具、食具、食品不洁，食品未熟、变质，怀疑酒水为假冒伪劣品等，均可能引起投诉。

7、其他

服务员行为不检、违反有关规定（如向客人索要小费），损坏、遗失客人物品；服务员不熟悉业务，一问三不知；客人对价格有争议；对周围环境、治安保卫工作不满意；对管理人员的投诉处理有异议等。

就投诉的原因而言，既有酒店方面的原因，也有客人方面的原因：

酒店方面的原因主要表现为消费环境、消费场所、设施设备未能满足客人的要求；员工业务水平低，工作不称职，工作不负责任，岗位责任混乱，经常出现工作过失；部门间缺乏沟通和协作精神，管理人员督导不力；对客人尊重程度不够；服务指南、宣传手册内容陈旧、说明不详实等。

客人方面的原因表现为对酒店的期望要求较高，一旦现实与期望相去太远时，会产生失望感；对酒店宣传内容的理解与酒店有分歧；个别客人对酒店工作过于挑剔等。

客人投诉时有不同的表达方式，一般可分为：

1、理智型

这类客人在投诉时情绪显得比较压抑，他们力图以理智的态度、平和的语气和准确清晰的表达向受理投诉者陈述事件的经过及自己的看法和要求,善于摆道理。用心理学ＰＡＣ理论来描述,这类人的个性处于成人自我状态。

2、**火爆型**

这类客人很难抑制自己的情绪,往往在产生不满的那一刻就高声呼喊,言谈不加修饰,一吐为快,不留余地。动作有力迅捷,对支吾其词、拖拉应付的工作作风深恶痛绝,希望能干脆利落地彻底解决问题。

3、**失望痛心型**

情绪起伏较大,时而愤怒,时而遗憾,时而厉声质询,时而摇头叹息,对酒店或事件深深失望,对自己遭受的损失痛心不已是这类客人的显著特征。这类客人投诉的内容多是自以为无法忍耐的,或是希望通过投诉能达到某种程度的补偿。

三 投诉处理的原则与程序

除非是特别重大、涉及面相当广的事件,酒店一般由基层管理人员处理客人投诉。无论客人在何场所投诉,投诉何内容,酒店有关人员在处理客人投诉时都应遵循以下原则:

1、**坚持"宾客至上"的服务宗旨,对客人投诉持欢迎态度,不与客人争吵,不为自己辩护**

接待投诉客人,受理投诉,处理投诉,这本身就是酒店的服务项目之一。如果说客人投诉的原因总是与服务质量有关的话,那么,此时此刻代表酒店受理投诉的管理人员真诚地听取客人的意见,表现出愿为客人排忧解难的诚意,对失望痛心者款言安慰、深表同情,对脾气火爆者豁达礼让、理解为怀,争取完满解决问题。这本身就是酒店正常服务质量的展现。如果说投诉客人都希望获得补偿的话，那么，在投诉过程中对方能以最佳的服务态度对待自己，这对通情达理的客人来说，也算得上是某种程度的补偿。

宾客是皇帝、是上帝、是老板。如果我们发自内心地把客人当作皇帝，我们就不会在客人面前出言不逊和有所不敬。在接待投诉过程中，由于客人情绪处于亢奋状态，对对方态度和言语、动作特别敏感，对方语调过高、音量过大，会被理解为"争吵"，因此，管理人员要特别注意控制自己的面部表情、言语表情和动作表情，以免引起误会，使投诉处理陷于僵局。

管理人员在接待投诉过程中表现出的服务态度、工作责任感，能作为一种榜样，影响员工改变不正确态度；投诉的内容可以成为教育员工的活的教材，使"宾客至上"的服务宗旨能体现在每一岗位的工作上。

2、处理投诉要注意兼顾客人和酒店双方的利益

管理人员在处理投诉时，身兼两种角色：首先，他是酒店的代表，代表酒店受理投诉。因此，他不可能不考虑酒店的利益。但是，只要他受理了宾客的投诉，只要他仍然在此岗位工作，他也就同时成为了客人的代表，既是代表酒店同时也是代表客人去调查事件的真相，给客人以合理的解释，为客人追讨损失赔偿。客人直接向酒店投诉，这种行为反映了客人相信酒店能公正妥善解决当前问题。为回报客人的信任，以实际行动鼓励这种"要投诉就在酒店投诉"的行为，管理人员必须以不偏不倚的态度，公正地处理投诉。那些不承认自己是客人代表、不愿理会客人感受、不把客人要求放在心上的管理人员，缺乏的是为顾客服务的责任心。从这一点上看，这样的管理人员是不称职的。如何在一般性投诉处理上，

兼顾客人和酒店双方的利益,这是投拆处理技巧问题。

值得特别指出的是,"宾客至上"并不是指要以损失酒店利益为代价来保证客人的"至上"地位。客人投诉的动机是复杂的,社会道德观念、道德自律能力各不相同,我们不能排除有些客人苦心钻研法律法规、酒店管理制度的漏洞,存心欺骗酒店。因此,投诉处理要注意立足于调查,以事实为据,不偏听偏信。一些投诉涉及经济赔偿的,处理时尤为慎重。在不能确定责任方时,不要轻易下结论或给客人以赔偿承诺。当然,一旦能确定事故是人为的,酒店负有全部责任时,酒店应诚恳地给客人以道歉和合理赔偿。

不同性质的投诉,在处理程序上有繁简之分,在处理速度上有快慢之分。这种区别,主要体现在:对厨房出品质量、客房设施设备失灵等投诉处理要求快速,而一些因手续不全、不清而引起的纠纷,或投诉内容带有浓厚主观色彩,或重大案件则难以在短时间内作出处理。

1、对投诉的快速处理程序(参看案例一)

第一,专注地倾听客人诉说,准确领会客人意思,把握问题的关键所在。确认问题性质可按本程度处理。

第二,必要时察看投诉物,迅速作出判断。

第三,向客人致歉,作必要解释,请客人稍为等候,自己马上与有关部门取得联系。

第四,跟进处理情况,向客人询问对处理的意见,作简短祝辞。

2、对投诉的一般处理程序(参看案例二)

第一,倾听客人诉说,确认问题较复杂,应按本程序处理。

第二,请客人移步至不引人注意的一角,对情绪冲动的客人或由外地刚抵埠的客人，应奉上茶水或其他不含酒精的饮料。

第三，耐心，专注地倾听客人陈述，不打断或反驳客人。用恰当的表情表示自己对客人遭遇的同情，必要时作记录。

第四，区别不同情况，妥善安置客人。对求宿客人，可安置于大堂吧稍事休息；对本地客人和离店客人，可请他们留下联系电话或地址，为不耽误他们的时间，请客人先离店，明确地告诉客人给予答复的时间。

第五，着手调查。必要时向上级汇报情况，请示处理方式。作出处理意见。

第六，把调查情况与客人进行沟通，向客人作必要解释。争取客人同意处理意见。

第七，向有关部门落实处理意见，监督、检查有关工作的完成情况。

第八，再次倾听客人的意见。

第九，把事件经过及处理整理文字材料，存档备查。

以上是投拆处理的粗略程序。要做好投诉处理工作，最好是有充分的准备方案，了解各种类型的投诉大致应采取何种方式处理。管理人员除了要积极收集案例资料，统计本酒店比例最大的投诉内容外，还要注意发挥自己的能动性、创造性，针对不同客人的特点，适当调整工作方法，尤其是在语言艺术方面，多加磨练。

四 投诉案例分析

[案例一] 对餐厅食品质量的投诉

一天，某酒店冷清的西餐厅来了六位年青的客人，看样子他们是老朋友相聚,一下子,餐厅就洋溢着青春的气息。点菜时,其中一位客人A君向另五位客人介绍:这里的"黑椒牛柳"相当不错。于是,每位客人都各点了一份"黑椒牛柳"。上菜后,刀叉启动,有人称赞菜肴味道好极。忽然,一位客人B君说道:这牛柳好象有点变质。有如平地一声惊雷,另五人一愣之下,均在自己的盘子里切下一小块牛柳,小心翼翼地放在嘴里细细咀嚼,然后顾盼相望,目光中交流着疑问,却没有人将嘴里的食物吐出。B君见状,也切下一小块放入口中,瞬间吐出,他把自己的盘子送到A君面前,请她鉴别。A闻了闻,又尝了尝,向穿着黑制服的餐厅主管招了招手。

A:这份牛柳变质了。　　　　　　　　　　　　(1)

主管:我们这里是不会出售变质食品的。　　　　(2)

众人:(生气地,七嘴八舌地)你的意思是我们说假话?
你想赖?不象话!
你敢吃下去吗!　　　　　　　　　　　　(3)

主管:这样吗,我把它端回厨房请师傅鉴别一下。(4)
(不一会儿,主管空手走出。)

主管:(看到已有客人津津有味地在吃牛柳,灵机一动,微笑着)
我们餐厅的"黑椒牛柳"是师傅最拿手的,味道怎样?　　　　　　　　　　　　　　　　　　(5)

众人:还可以。
刚才那份牛柳是不是变质?　　　　　　　　(6)

主管:师傅正在鉴别。不过我想这位先生(意指B)是不想再要那份牛柳的了,是吧?(不等B回答)先生如果还是想点牛柳,那我很抱歉,因为这么多牛柳

　　　　　都是从一整块牛肉上切下来的,再做一块的话也
　　　　　是与刚才那块一样的。　　　　　　　　　　(7)
　　众人:那为什么这些都是好的,只有那块坏呢?
　　　　　一整块牛肉?能做那么多份吗?　　　　　(8)
　　A:这样吧,刚才那份我们肯定是不要了,你给他换份猪扒吧。
　　主管:好的。打扰各位了,真不好意思,这份猪扒是酒
　　　　　店免费赠送的。各位请慢用。　　　　　　(9)
　　点评:
　　(1)客人投诉食品质量有问题。从A的语气中可以判断她是理智型客人。
　　(2)主管用意是强调酒店有商业道德,但这句话没讲好,给人以拒人于千里之外的感觉,使客人觉得没有受到尊重。这样说会好些:"我们这里从未发现过出售变质食品"说的是一种历史的事实,而不是意气之词。又或者说主管的这句话没能放在最合适的时机讲,操之过急了。应该先说下面那句,会比较主动。
　　(3)果然,主管的话刺激了客人。众怒难犯!
　　(4)这样处理是明智的。切莫当众自己来鉴别,那时就无进退余地了。但如果是鉴别酒类饮品,则应请行家当众鉴别。
　　(5)不把牛扒拿出来是对的,以免继续纠缠。引开话题,一方面让客人自己说说酒店的好处,另一方面也是对客人"识货"的夸奖。
　　(6)客人显然很关注的进展。
　　(7)避重就轻。如果承认质量确有问题,则可能意味着酒店从此惹上天大的麻烦;如果不承认质量有问题,则料想客人这一关很难通过。暗示客人另点菜肴。

(8) 但客人未能领会。A 领会了。主管如早与 A 单独商议，或能免却刚才的难堪。

(9) 总算是蒙混过关，皆大欢喜。酒店声誉保全了，仓库、厨房有关人员也不用扣工资，客人发几句牢骚后就转移话题了。

［案例二］对酒店单方面变更确认类订房房号的投诉

一天下午，大堂副理小李接待了一对风尘仆仆、身带数件行李的年青夫妇。

客人陈述如下：我们这次旅行结婚在半个月之前就在贵酒店订了 1208 房，没两天就收到酒店寄来的确认信，清楚写明酒店将为我们保留今、明、后三天的 1208 房。我们也按酒店要求预先汇付了订金。但刚才前台小姐说 1208 房已有客人在住，给我们安排 902 房间，我们觉得很奇怪，我们订房时指定要的是 1208，而酒店对此也早就确认同意了。不瞒你说，因为这是我们俩人的幸运数字，没有这个房号的酒店我们还不住呢。但为什么现在我们来了，却不能得到这个房间？酒店是否存心欺骗？

小李看了客人的证件和酒店给他的确认信，与客人陈述的一致。小李清楚记得，昨天和今天的 VIP 房中，均无 1208。他说：很抱歉因为这件事件而耽误你们的时间，我一定尽快查清此事，给你一个满意的答复。你们路上辛苦了，我们帮你们先把大件行李寄存，然后到酒吧去，喝杯饮料，休息休息。你们看这样好吗？

小李到接待处调查些事。原来两天前一位做生意的熟客到店投宿，也指定要 1208 房，因为他每次来都住房间，这次他预期停留两天。于是，接待员给他排房到 1208，今天早上客人打电话到前台，说要延期再住一天。接待员告诉客人该房间已有人预订，客人好说歹说，接待员终于让步。现在该客人外出，不在酒店。

小李仔细检查完布置一新的902房，回到客人身边。小李说：对不起，让你们久等了。事情搞清楚了，我先带你们看看房间，看是否满意。

路上，小李简要地把事件的原因作了解释，客人还未表态，小李已带着客人站在一房间门前。只见门上贴着一张金色的双喜大字，把原号数字盖住了，而在门框上方的红纸上写着新房号"1208B"。走进房间，看到的不是普通标准房，而是布置得喜气洋洋的新婚房，客人掩饰不住惊喜之情。男客问，这房间有没有其他附加费用。小李解释，还是按订房确认书上的价格收费，这些鲜花、巧克力是酒店送的，其他装饰品也不另收费，另外，酒店将赠送两张歌舞厅门票。

客人最终满意地接受了"1208B"，即"902"房。

小李郑重地向客人承诺，如果客人还是想住"1208"，酒店保证明、后两天一定能让客人如愿。

点评：在本案例中，与事件有关系的三方是：酒店、预订客人、原住客。酒店以灵活的处理方式，同时兼顾到三方的利益：首先，过失在酒店，酒店要以能被预订客人接受的方式，给预订客人一定的补偿。第二，既然酒店已答应让原住客继续住1208一天，就不该再要求客人换房，以免破坏与熟客的良好关系。第三，对酒店最好的结果是，预订客人接受新房，这样，酒店就能提高房间利用率，增加营业收入。

那么，怎样才能让客人接受新房，而不是一口回绝呢？关键的一点是，要让客人先看到新房。因此，小李的工作方法——在路上掐准时间作解释，而不是坐在酒吧向客人解释

——是正确的。如果方法有误,那么客人可能不理会酒店的努力,酒店只能是落得声誉受损、收入减少、白费人力物力的结果。

[案例三] 对早上叫醒服务不周的投诉

住在纽约华尔街附近I酒店的W先生是一位证券投机商。这一天,W先生为了赶上第二天早上九点开始的证券交易,委托酒店的电话接线员,请她第二天早上八点叫醒他。平时,W先生总是九点起床的,唯独这次例外,因为他看准了行情,打算明天一开市就一举吃进美国某钢铁公司的股票,以牟取暴利。然而,第二天W先生却睡过了头,结果没有赶上这桩买卖。事后,这种股票猛涨,W先生气得直跺脚,数万美元的暴利成了泡影。W先生把这些归咎于酒店没有履行叫醒客人的职责,一再要求酒店赔偿他的损失。

W的诉词:

1、我的买卖就是证券交易,由于酒店方面没有按时叫醒我,使应该到手的十分可观的收入跑掉了,这是由于酒店的过失造成的。对于这样的过失,酒店应承担赔偿损失的责任。这从道义上讲也是应该的。

2、叫醒客人,是酒店的一项服务项目。由于酒店服务人员的疏忽,没有履行义务,这对于以"服务"为商品的来说,是一个有损酒店形象的大错误。

正因为相信酒店有准确的叫醒服务项目,我才住酒店的。但是,这一为客人所信赖的服务项目,酒店却没有做好。这不仅对我,而且对所有对酒店抱有好感的人来说都是件遗憾的事。酒店对这一事件付出正当的赔偿金,也是应该的。

酒店的调查:

前一天的夜晚,W先生的确向酒店提出了叫醒他的要求,并且,酒店的接线员已经将此要求记录在"叫醒服务一览表"上,酒店的夜班经理也证实了这一点。当到了第二天八点时,接线员按要求叫醒了 W 和其他五间客房的客人。据酒店的接线员说,其他五间客房的客人都起床了。当叫到 W 先生时,W 立刻摘下了话筒,说了一声"谢谢"。

酒店的意见:

1、酒店已经对 W 先生进行了叫醒服务,但 W 先生回答以后,马上又睡着了。因此,酒店没有任何不履行服务职责的行为。

2、对于想像中的损失,酒店不能支付赔偿金。即使真象 W 所说的,酒店的电话接线员忘掉了叫醒客人,因此损失了想像中的将来才能得到的利益,如果酒店对此也要赔偿的话,那么酒店对任何客人想像中的利益都要承担责任了,这是不合理的。无论怎么考虑,酒店都没有赔偿的义务。

教训:

这次事故是由于客人答应了接线员的叫醒电话后又睡着了引起的。所以接线员叫醒客人时,如果觉得客人回答的不太可靠,应该过五分钟后再叫一次,以确认客人是否起床了。确认叫醒服务是否有效,要凭接线员的经验和感觉。

(本案例摘自《旅馆、饭店纠纷事故及其处理对策》第144至146页,中国旅游出版社,1989年)

[案例四] 对宴会服务质量的投诉

刘先生过去在公安局工作,后辞职开了一间公司,赚了不少钱,算算也该办婚事了。他筹划着要借婚宴来表示一下对老关系、老客户的感谢,同时在亲友面前好好炫耀一番。于是,他定下了选择酒店的两条原则:1、酒店必须是四星级或以上的。2、必须要有酒店内的高层关系。这个城市的四星级、五星级酒店也不过就是那几间，屈指可数，关键是要满足第二条。刘先生开始放出口风，看看能否通过朋友们找找关系。拐弯抹角的关系总是能找到一些的，刘先生开始到满足条件的酒店去逐个"面试"。A 酒店，是老字号，菜做得不错，只是最近大堂在装修，出入不便自然影响排场。B 酒店，距离远一点，但这不是个问题，车子自己能解决，环境相当好，一切满意，只是在刘先生选定的几个吉日里，B 酒店宴会厅已被预订，加上刘先生要摆 18 桌，酒店方面表示无能为力，刘先生不愿改时间，只能再另找酒店。最后选定的是 C 酒店——刘先生的一个很"铁"的哥们认识该酒店的副总经理，虽然关系并不是十分密切，但总算讨回一张优惠卡，卡上标明：凭卡在店内消费（商场、饼屋除外），可一次性享受九折优惠。在订餐时，营业员承诺送双层蛋糕一个、每桌一瓶人头马、三瓶啤酒，免费停车六辆。

九点多了，负责结帐的新郎至亲好不容易等一对新人送走了最后一位客人，现在宴会厅里剩下新人及其至亲、几个"铁哥们"和忙着收拾的服务员了，还有一位收款员在一边等候。大家商议起来：酒店坚持不能给九折优惠，又找不到那位副总，怎么办？新郎说：找你们的经理来。收款员说：宴会部经理已经下班了。新郎说：反正把说话能算数的找来。这样，大堂副理就隔着桌子，坐在了客人的对面。

客人陈述的意见：1、酒店不信守承诺，有欺骗客人之嫌。订餐时酒店许下的诺言，仅兑现了人头马和碑酒。所谓免费停车，实际上并无一辆车能享受此优惠；至于送双层蛋糕，直到宴会快要结束，仍未见到蛋糕的影子，当时找到宴会主任投诉，他说厨房忘记做了，推出一个蛋糕模型供拍照，算是补偿。这样的优惠实在令人失望。2、服务质量之差，让人觉得五星酒店名不符实。万多元一桌的酒席,客人到了服务员竟然不上茶;我让服务员上罐装饮料,服务员竟说没有,上的是"大炮筒";我的客人没到齐,我还没叫起菜,就一下子上来好几盘……在今天这个日子里,我本来不想再追究这些,但刚才结帐时你们的收银坚持认为这张九折优惠卡不能用于婚宴,她说,婚宴本身已给优惠了,不能给双重优惠。对此我们感到很不理解,首先,优惠卡上并没有注明不能用于婚宴。第二,这张优惠卡是你们副总给的,他知道我们想在你们酒店摆酒席。第三,如果说酒店的借口是不能给双重优惠的话,那么,实际上,我们并没有得到完整的"一重"优惠。因此,我们重申,酒店不能不给我们打折扣。

大堂副理表示,她要先调查清楚才能给予答复,而现在厨房已经下班,无法调查,希望客人能先把帐结清,两天后给答复。

客人说,刚才说的全是事实,不信你可以问服务员,还用调查吗?酒店失信于我,我已经不能再相信酒店了,你今天不给一个清清楚楚的答复,我就不结帐。

大堂副理只得到宴会厅外找电话请示值班经理。不久回来,一脸无奈的样子,再次表明客人先结帐的观点,并说,酒店是开门做生意的,而且一向以来在社会上声誉不错,不必担心此事会不了了之;现在这样拖着也不是个办法,今天是你们的大喜日子,不要浪费了时间。

客人说,我们是不想再浪费时间了,如果你不能作主,就请你回去,把能作主的叫出来,如果能作主的不愿出来,我们就要走了,等你们把事件解释清楚再结帐不迟。

大堂副理说,没有吃饭不给钱的道理,奉劝你们不要在此搞事。

客人说，搞事又怎样，你信不信我们把这个黑店给砸了。
大堂副理赶忙拨了个电话。很快，几名保安手持棍子冲了进来，"什么事？谁想搞事？"作势欲动。
几位男客毫不示弱，"在我们面前想搞事？"纷纷摸出工作证甩在桌上，保安瞟了一眼，一声不哼眨眼功夫全不见了，保安遇上公安，实在讨不了好。
大堂副理赔笑着请客人归座，全属误会，请客人不要冲动，有话慢慢讲。边拿出纸笔，把客人的陈述详详细细记录下来。此时，已过了十一点，客人忙碌了一天，显然已经很累了。大堂副理反复说着刚才的意思：酒店处理投诉的程序是先调查再作答复，还请客人先结帐，制度如此，并无他法。并暗示，自己今天只能做到这一步。新郎看到再讲下去也不会有进展，而自己亲友都累坏了，只得让步。
事隔半个月，大堂副理写了一封信给刘先生，说酒店老总很重视这件事，邀请刘先生到酒店饮茶。久不见回音，(刘先生说，谁稀罕他的茶，他上门道歉还差不多。) 酒店也没打电话去看看刘先生是否收到信件，于是事情就这样不了了之了。

点评：
很显然，事件的起因在于酒店工作存在过失，加上双方在能否使用优惠卡的理解上存分歧，导致事态的扩展。
站在刘先生的角度看，本来之所以一定要选择四星级以上的酒店，就是为了在亲友面前摆摆阔气，并不在乎价格高低；而之所以一定要有熟人关系，是为了使酒店服务周到一些，要足面子。但是，既然从宴会一开始就觉得处处不如意，那么，在结帐时能按道理讨回些好处也就算了。偏偏酒店不认优惠卡，那投诉就是理所当然的了。

在此事上，大堂副理虽然能按投诉处理程序办理，但由于职位太低，无权作出给客人以适当补偿决定，而值班经理又认为马上解决不可能，不愿出面解决，所以大堂副理在整件事上处于吃力不讨好的位置，虽然对客人软硬兼施，但全无效果。最后采取拖的办法。才达到让客人结帐离店的目的。

本案例给我们这样一些启示：

1、由于具体情景不同、客人个性不同，酒店管理人员在处理投诉时即使按一般程序办理，也未必能取得效果。如果事件确实不能及时处理，那么酒店方面一定要做好售后服务工作，不能象C酒店那样敷衍了事，让客人觉得酒店并无多大诚意。

2、在一些涉及多个部门工作及协助的投诉中，很多酒店的做法是，先搞清楚事件的来龙去脉，分清各部门的责任，然后才向客人解释。这种做法虽然较为稳妥，但在一些具体事件中，就显得过于呆板，客人往往不能接受这种工作方式。如本例，明显的酒店存在工作过失，对客人来说，知道这点就够了，他不会关心到底酒店的哪个部门、哪个工作人员应负责任。因此，在这种情况下，酒店采取常规方法来办理，往往使客人感到酒店是在有意拖延。

3、在投诉过程中，一些客人由于情绪激动，往往言辞过激。在什么情况下应请保安协助，管理人员心中应掌握好尺度。而保安到达现场后，应明确自己的作用，切莫贸然行事，使误会加深。

附录：常见的客人投诉50例

美国饭店质量咨询公司，于1987年对各种类型的饭店进行了服务质量调查，从而发现以下常见的饭店客人投诉50例：

1. **财务部**（Accounting Department）

(1) 有些客人在饭店下榻期间，由于在其他一些部门的费用，如在餐厅的就餐费用，直到客人已经办理完了迁出结帐以后，才转到财务部；此时要客人补交餐厅就餐费用帐目，客人不但拒付而且心情感到极大不愉快，因此也就自然发火，抱怨饭店，这是不时出现的情况。

(2) 有时候，在客人的费用付款凭证单上，忘记让客人在产生费用时签字；以后客人对此费用帐目拒付，同时客人还向饭店反问道："你能对没有经过核实和当场验证的费用付款吗？"，这是财务部出现客人投诉的第二种情况。

2. **中厅杂役员服务部**（Bellman Service）

(3) 有的时候，殷勤、好客的饭店中厅杂役员，忘记告诉客人有关饭店所提供的各项服务，如宾客干湿洗衣服务时间、价目表；餐厅的营业时间，提供的菜点佳肴；康乐中心设施，娱乐项目，所在地点以及客房的送餐服务等；由于上述客人所需要的服务项目信息，没有及时地向客人提供，从而造成客人的不便，并招致客人不满、抱怨、投诉。

(4) 中厅杂役员在协助客人提拿行李、护送客人来到他（她）的房间，但是忘记告诉客人如何使用室内的一些设施项目，如室内中央空调旋钮，调到什么位置为正常室温、彩色电视与多功能控制音响台的使用方式、程控直拨电话内部使用说明等等，从而也引起客人的不满，导致客人投诉。

3. **工程维修部**（Engineering Department）

(5) 由于怠慢下榻客人提出的室内维修项目要求，即客人用电话直接告知工程部或前厅部，说明客房内有需要维修的项目，然而工程部维修人员没有立即做出回答，并及时前来客人的房间进行检查或维修，从而引起客人投诉。

有些饭店，为了控制各部门出现的客人投诉，特别是能够记录工程部维修人员，在接到客人要求客房内某个项目的维修时，前去维修的时间以及完成维修所用的时间等，均设有控制台并有专项记录。

(6) 工程部弱电工程人员，没有按照会议的需求，及时安装好会议通讯系统，如主席台所用话筒、同程翻译接受耳机、中央空调系统以及与会议相关的一些设施设备等；从而也会引起会议组织者的抱怨和投诉。为此，一些饭店经常委派工程部的专职人员负责会议期间的工程维修和有关方面的服务工作。

(7) 由于工作疏忽，列明需要维修的客房房间号码搞错，所以未能及时提供客房维修，因此也会造成客人的投诉。为了避免这类事件的发生，客房部经理、工程部及前厅部经理要协调一致，要全面控制和保证客房的及时维修，从而使客人享有一种舒适、安全、宜人的下榻环境。

(8) 客房中央空调失灵，造成客人身体不适，因此引起客人投诉，这也是经常发生的事情。

(9) 客人迁出离店以后，客房服务员没有及时回调空调旋钮，造成能源浪费。这里反映出工程部人员没有做好能源控制系统，达到节省能源费用开支的根本目的。

4. 餐务部（Food and Beverages）

(10) 餐厅服务员将客人所点菜单与其客人所在餐桌席号搞错，最终出现服务上桌菜点与客人事先所点菜点不符，引起客人极大不快。

(11) 宴会部主任在客人订餐时，没有问明订餐赴宴者是否要在正餐前安排鸡尾酒或其他有关活动，以致最终未能满足客人的要求，十分扫兴，造成客人不满和投诉。

（12）宾客订餐或宴会预订餐，没有存档记录客人的订餐，更没有按时按日提供客人的订餐需求，从而造成客人的极大不满和投诉。

（13）在客人点的菜点佳肴中发现有其他外来脏物，会引起客人的投诉。

（14）当客人只是被告知，所点菜点佳肴由于某些原材料暂缺，一时不能提供客人所点菜点；但是客人并没有再次被照顾或提供服务，也没有被问明或被建议再改点什么其他菜点，加之服务员又去忙于其他客人或其他餐桌的客人，再也没有第二次回来为客人点菜服务；从而使客人被置于无人服务的冷遇境地，自然引起客人的不满和投诉。

（15）由于服务不认真，向客人提供不洁净的酒杯、饮料杯、餐盘或其他不干净的银器等，从而引起客人的不快和投诉。

（16）餐厅服务员或称看台员，忘记问明客人是否需要酒水、饮料；使客人感到自己是位不受欢迎和低消费的客人，令人看不起，因此引起客人的极大不满，造成投诉。

（17）餐厅服务员没有按着客人所点的菜点项目上菜，最后客人拒付菜点费用以表示不满。

（18）餐厅服务员或清桌员没有认真、洁净地清桌，餐桌上仍然留有菜点脏物、水珠、面包碎屑等。这种情况下也会引起客人的投诉。

（19）餐厅服务效率低，即没有向客人提供快速敏捷的服务。如厨房厨师不能按时出菜或者是由于餐厅服务员较少，客人较多，客人所点的菜点久等不能服务上桌，因而引起客人的投诉。

（20）送餐服务怠慢。送点服务也有服务效率问题，即客人用电话在客房内点菜用餐，一般来讲，从客人用电话点菜开始，送餐服务效率标准的限定时间为：早餐 30 分钟、午餐 35 分钟、晚餐 35 分钟。超出服务效率限定时间被列为冷遇客人或低劣服务。

（21）厨房备菜员没有及时通报当班主厨或厨师长有关食品原材料的变化和短缺问题，从而造成有些菜点不能提供。这样也就出现了一线餐厅服务员与后台厨房备菜员之间的脱节，从而造成客人在餐桌席位上久侯菜点不能到桌，客人的就餐情绪低落，最后是不满、抱怨和投诉。

（22）在客人的就餐视线之内，清桌时，服务员没有将豪华的银器与餐桌台布分开，而是将它们一起丢进拉垃室，客人对这种杂乱无章的服务也会进行投诉。

5. 前厅部或称总服务台（Front Desk）

（23）客人持有客房确认预订单，但是来到饭店时，确没有可提供的房间下榻，前厅部自我认为客人可能是不会到来（No Show），因此将房间另外出租给别人；这样就引起客人的不满和较坏的第一印象。

（24）客人持有客房确认预订单，但是在客人步入前厅部或总服务台办理迁入登记时，饭店前厅部接待人员找不到客人的预订客房记录卡，这样也就引起客人的不愉快以致出现后来的客人投诉。

（25）前厅部接待人员不够热情和礼貌，接待服务中有不尊重客人的举止、言行，引起客人的投诉。

（26）有时护送客人前往下榻房间的中厅杂役员或客人本身，被前厅部交给一个与客人下榻房间号码不符的客房钥匙，因此中厅杂役员或客人本人又不得不再回到前厅部换取钥匙。这种情景也会引起客人的不满和投诉。

（27）由于等候迁入登记下榻或者是结帐迁出离店的客人较多，等候时间（均限定在60秒之内）过长，客人感到烦恼也会引起客人的投诉。

（28）前厅部或称总服务台服务人员忘记或者没有及时转交和传送客人的信件，或留言，从而引起客人的不满和投诉。

（29）当客人抵达饭店时，前厅部不能为客人提供他（她）事先所预订的那种类型的客房，这样客人自然会抱怨并产生不满和投诉。

（30）客人抵达饭店并来到他（她）所要下榻的房间，可是发现客房还没有整理；这是因为客房部和前厅部之间工作不协调所致，从而给客人较坏的第一印象，并引起投诉。

（31）由于前厅部工作粗心，客人迁入登记时没有验证客人的正式证件（即护照、汽车驾驶执照或其他的身份证件），加之又将客人的名字搞错，为此客人在饭店内的下榻及其费用帐目无法收集起来，最后在客人离店结帐时出现很大的麻烦，以致引起客人的投诉。

（32）客人在饭店内产生的费用，他既不确认也不核实，因此客人的一切费用帐目无法收集起来，最后只能推给总经理去处理、解决。

（33）由于客人个人情况、身份、数据均为不合法，因此很难处理客人帐目。

（34）中厅杂役员或行李员，将客人的行李送到其他客人的房间，造成客人的久等，不满和投诉。

（35）由于没有足够和完善的预订控制系统，从而导致超额预订，使正式预订的客人没有客房下榻。结果造成客人不满和投诉。

(36)当客人迁出离店时,没有将该房间的钥匙交回,结果客人又回到房间使用电话或者利用该房做些其他事情。造成饭店的损失和不安全。

6. 其他有关部门 (General Errors)

(37)饭店员工不知道宾客服务项目,如客人干湿衣服务、饭店汽车出租服务以及客房送餐服务等。当客人问明有关服务项目时,员工回答不知道或不熟悉,引起客人的不满、造成投诉。

(38)饭店公共场所设置的"无人售货机"(Vending Machines)不好用,不能方便客人自由投硬币选购小食品、水果和香烟。为此引起客人投诉。

(39)饭店员工或服务人员随意冷遇客人,引起客人投诉。

(40)当客人抵达饭店时,其客房租用价格与原来旅行社提供的价格不符,使客人感到不愉快,引起客人投诉。

(41)客人提前预订的交通(Taxi),没有及时到来,耽误了客人的重要事宜,结果引起投诉。

7. 客房部 (Housekeeping)

(43)客人房间没有及时整理,使客人感到下榻环境脏乱、不适宜,这样就会引起客人的抱怨和不满。

(44)由于客房卫生间浴巾、面巾、浴皂、面皂短缺,从而引起客人的不愉快和投诉。

(45)客房服务员整理房间后,未能及时汇报客房设施的失灵及维修,如淋浴喷头失灵不好用,电视无显影无声音等等;这一切均会影响客人的下榻生活及精神需求。因此客人不满和投拆是自然的事情。

8. 销售部 (Sales and Marketing)

(46) 由于饭店销售部人员没有及时了解客源市场的变化及宾客的需求,因此使饭店提供的一切服务项目,其中包括服务质量和各项价格均不被客人喜欢和满意。

(47) 销售部人员所做的销售许诺,即优惠价格或优惠项目,未能在实际中兑现,使客人来到饭店下榻以后感到失望,造成客人不满和投诉。

(48) 饭店各部门之间工作及服务协调网络脱解,从而影响客源市场销售,影响客人的满意程度。

(49) 由于前厅部或电话总机室,未能按时攉醒客人,因此影响了客人的活动日程,使得客人不满和投诉。

(50) 客人的信件没有及时送给客人,耽误了客人的信息,影响了客人的心情,引起客人抱怨、不满和投诉。

(引自美国饭店酒店业杂志——LODGING,1987)

第二节 酒店基层管理中的人际关系

一、人际关系在酒店基层管理中的地位和作用

酒店业,比较工业企业的一个显著方面就是:这是个"高接触"的行业,是人际关系频繁发生的行业。特别是基层组织的员工和领导者每天都要直接面对着顾客、同事、上司。任何一个酒店基层组织中的人,一踏进酒店,就涉进了一张复杂的人际关系的大网,每天都在网上游动。

在人际关系这张网上,它既会让你喜,也会让你愁。处理得好的人际关系,你感到的是满足、高兴,甚至产生工作

的动力。曾有一位年青的女大学生,在餐厅中端盘子,搞卫生,时至午夜,她已是精疲力尽,两腿灌了重铅似的。两眼发直,这时一位顾客看了看她胸前名牌大学校徽,赞扬道很不错,名牌大学生肯到此端盘子。少少几句话给女学生注入了活力,她又欢快地干了起来。这就是人际交流的魅力。因而有人曾说过,餐厅工作比客房要累得多,然而在餐厅工作太阳每天是新的,什么意思?如果我们没有理解错的话,这句话含义着:在餐厅每天都会见到许多新的面孔,有许多新的人际关系的产生,它常常会给服务员带来兴奋点和动力。

处理不好人际关系,会令人沮丧,厌烦,甚至恐惧上班。一些处于人际关系紧张环境中的人,常常说,我去上班每天都是提心吊胆的,生怕发生什么麻烦。

池田大作和汤因比先生在谈论未来的著作《展望二十一世纪》中曾说过,过去人们在工作中主要要解决的是人与自然的关系,未来人们在工作中主要解决的是人与人之间的关系。

不少在酒店工作的同行们,常常感到头痛的,为之心烦意乱的不是其他什么事,而是人际关系,无怪呼,一位酒店总经理喊出了"关系就是生产力",的口号。当然,严格意义上,关系不能说是生产力。然而它却从一个侧面反映出"人际关系"在酒店管理中的重要性。

人际关系在酒店基层管理中的地位和作用主要表现在下列几个方面:

① 人际关系是基层组织凝聚力、向心力和工作效率的保证。

人们常常用"内部环境"这个词,去形容人们周围的人际关系状态,一个拥有良好人际关系的基层组织,是人们向往的地方和部门。特别是酒店业,是人才流动率较高的行业。而在广东,香港一带常有人说:"酒店,酒店,酒(走)才惦(成功)"。酒店人才的恰当流动,会给酒店注入了新鲜血液与活力。但人才过高比率的流动则隐患无穷。酒店人才流动由许多因素引起,其中相当一部分原因是由于酒店基层组织人际关系紧张。特别是经济较为富裕,就业机会较多的城市,人们是否留在某个酒店的某个岗位上,除了工资等方面原因,较多考虑的是小团体内的人际关系。从调查显示,在已经选定的工作环境中,人们注重人际关系的融洽甚至超出工资和奖金。大家都把工作中是否快乐当成第一位的要素去考虑。

广州"花园酒店"是一间合资经营的五星级酒店,也是我们国家较早开业的大酒店之一。多年来,成功地培养了许多称职的、拥有较高水平的服务人员。也是许多新开张酒店"挖墙角"的重点单位。在他们开业五周年纪念日,笔者在"花园酒店"用餐,服务员十分熟练的服务,引起了好奇心,于是问道:"小姐在这里工作了多少年了,在五年纪念照片中有否你的身影。"那位小姐笑着对我说:"有。"并指着画册上照片中的一个人说:"这就是我。""你还是服务员?""是的。"我心中感到奇怪,在花园干了五年,没有升职,仍然留在这里工作,真正难得。在一旁的该酒店中方陈熙炎副总经理笑着说:"这个餐厅中不少这样的服务员。"原因是什么?原来该餐厅中基层组织中的人际关系十分融洽,以至于服务员"跳槽"的并不多。

在酒店基层组织的小环境比起酒店的大环境更为重要,因为这里是人际关系最真实和交流频率最高的地方,这就是人们常说的"小环境好就行了"的道理。

人际关系的好坏,直接影响了工人的生产积极性和经济效益,基层组织的团体人际关系良好是团体内凝聚力的基础,也是提高服务质量和提高服务效率的前提。良好的人际关系使员工感情融洽,工作上共同协作,从而使员工焕发出工作积极性和工作热情,提高工作效率。反之,则会削弱团体内凝聚力,影响经济效益。

② 良好的人际关系是激励员工积极性的动力之一。

激励就是激发人的内在潜力,开发人的能力,充分发挥人的积极性和创造性,使每个人都切实感到,才有所用,力有所展,劳有所得,功有所赏,自觉地努力工作。

调动人的积极性,激发人们创造性的方法很多,然而创造良好的人际关系是其中重要的一环,很难想像在一个勾心斗角、人际关系紧张的氛围中,每个员工能发挥出自己的积极性和创造性。人的积极性、创造性是人自我发展和完善的表现。个体在自我发展中,既受到外部客观环境的影响,又受到人与人之间相互交往关系的影响。而良好的人际关系常会导致一种社会助长作用,可以鼓励员工互帮互学、相互促进,增加员工之间行为模仿和相互竞争的动机,加速职工的自我完善和自我发展。

二、什么是人际关系?

所谓人际关系,简单地说,就是人与人之间的相互交往和联系。它是人们社会生活中依据各自的人际知觉和人际反应而形成的,因此,受双方的心理特征的影响。人际关系的外延十分广泛,小到私人之间的朋友关系、家庭关系,大到集体关系与社会关系,都可以说是人际关系。而我们今天在此,首先讨论在基层组织中,成员与领导,成员与组织以及成员与成员之间的相互交往的关系。人们通常把这类关系的研究称之为管理心理学；其次讨论基层组织与顾客之间的人际关系。

酒店基层组织中，由于人与人的交往形式，可以结成多种多样的人际关系，在基层组织中人际关系主要有：领导与员工之间的关系，员工与员工之间的关系，员工与组织之间的关系。

1. 领导与成员之间的关系。

基层组织属于正式团体。在其中，领导处于核心地位，他负责提出基层组织的目标，执行上级指令，进行决策，并对基层组织活动进行组织，管理和控制。基层管理人员，不管职位有多么低，然而在普通员工中间仍然有职有权。为此，他的行为和作风对基层组织成员有很大的影响，职工情绪的高低，能力发挥，需要的满足，期望的实现都与此密切相关，在基层组织中，领导职位的发挥和领导对成员的影响力，主要取决于领导者与成员之间认识，价值观念及其情感方面的一致程度。一致程度越高，关系就融洽，相互肯定性的反应也就越高。反之，就会使领导与成员之间产生成见，出现冷淡、敌视等对立反应，形成心理冲突，恶化人际关系。

2. 成员与基层组织之间的关系。

基层组织是正式团体，它有明确的任务，目标、有严格的组织结构，管理系统和规章制度。为此也存在着团体的认同和团体舆论。社会心理学告诉我们，要了解一个人，最好从他所属的团体去了解，而要改变一个人，最好首先改变他的环境和他所处的人际关系，最好用团体的力量去改变。要使个体充分得到发展，他必须通过团体活动去实现。人们只有在团体中，在一定的社会组织中才能彼此认知，结成密切关系。因此，团体不仅影响个体的行为，而且也影响个体之间的相互关系。

　　毫无疑问，团体对其成员的影响是巨大的。自然，这种影响有正面和负面之分。正面的影响表现在，良好的团体对人际关系有积极影响，它会使成员与成员之间产生相当程度的共识、行为规范和价值观念。也就是说产生一种文化，从而导致共同的心理感受和彼此心理相容，组成融洽的人际关系。

　　而负面影响则表现在对人际关系产生消极的影响。因为它没有明确的目标和方向，没有统一的行为规范和组织纪律，造成成员之间矛盾重重、关系紧张、问题不断，从而破坏了良好的人际关系。

　　人际关系这种正面与负面的作用，在基层组织实际的运作中。让我们屡见不鲜。广东胜利宾馆服务员的服务效率热情态度可以说在广东是有口皆碑。在笔者的访问中，曾好奇地询问：胜利宾馆的人员流动大不大，其基层管理人员和服务员被"挖墙角"的现象严重与否？该宾馆负责人之一告知：人员流动和被"挖墙角"的现象时而有之。但是即使是最优秀的服务员脱离了他所在的基层组织到其他地方发挥，他的优点、能力远不如在他原来的组织中的成绩。这是人际关系正面的作用，是由人际关系而产生的一种文化氛围，它鼓励和支持着在人际关系的每一分子，发挥了良好的作用。

　　3. 成员之间的人际关系。

　　人与人之间由于个性心理特征会出现很大的差异。而且人际关系在不同的环境中也会表现出差异。因而，人们在社会生活中结成的人际关系会千差万别，表现出它的复杂性和多变性，在基层组织中，我们会发现一些人左右逢源，与各类人都能相处融洽,也有的人只与其中某些人相处极好,而与另一些人则有些格格不入,还有的人在组织内,也许孤家寡人,而在团体外却大受欢迎。

这种差异是现实存在的,而且是合理的。也是处理人际关系中必须精心对待的地方。

在酒店基层组织中,除了团体内的各种人际关系十分重要外,组织外部的人际关系,特别是基层组织与顾客之间的关系,也是处理人际关系中重要的方面。

4. 酒店基层组织与顾客之间的关系。

酒店基层组织与顾客关系的重要性主要表现在下列几个方面:

第一,顾客是基层组织服务的参与者之一。

由于服务特点,我们不难看出,顾客是服务生产过程中的一项投入。在酒店服务的生产过程中,不但生产出了服务,同时也将服务递送给了顾客。因此,生产与销售,服务与消费的同时性是酒店服务的一项显著特色。

顾客是服务参与者之一,就充分显示了在服务过程中顾客的重要性。在基层组织中服务员与顾客是高接触的关系,关系的好坏直接影响了服务的发挥。良好的顾客关系,对于服务过程而言是一种有利的因素,不好的顾客关系则是一种不利因素,对服务是一种干扰。服务有赖于顾客参与配合。这种参与、配合必有赖良好的人际关系。服务员与顾客是一种互相依赖的关系,双方必须合作,才能各取所需,各享其果。

第二,顾客是服务的使用者。

顾客做为酒店服务产品的使用者,他们的需求和需求的满足,是服务的最高宗旨。消费者的需求可以转化为一系列的属性。这些属性有一部分是消费者所清楚了解的,有一部分是相当模糊的，必须由服务员建议并予以澄清的。在这基中，仍然有赖于良好的人际关系以及良好的沟通、交流方式。服务与被服务之间才能建立信任，理解的友善关系，才能让顾客——酒店服务产品的使用者满足。

顾客即是酒店服务产品的使用者，也是酒店服务产品的鉴定者。他们的满意是酒店服务产品最高的质量标准。而这一切都离不开良好的人际关系。

第三，顾客是使其他顾客成为服务的参与者和使用者的一种影响力。

基层组织与顾客之间的关系，还是基层组织与新顾客之间建立良好关系的影响力。一个人的购买行为的影响，会受到家庭，参考群体，以及其他信息来源和有影响力的其他人的影响，这是已经被承认的事实。良好的人际关系会在一定范围内流传和发展下去。它是新的消费者产生的影响力。

三、影响酒店人际关系的因素

人际关系，是我们在基层管理中不可避免存在的，我们基层管理人员每天都处在人际关系的旋涡中。而每个基层管理人员都希望建立一个良好的人际关系网络，要建立良好的人际关系网络首先必须了解影响人际关系的因素。

1. 人际关系主要受两方面的因素影响；一是客观因素

虽然人际交往是主体相互作用。但同样受到客观环境的制约。

① 空间距离影响人际关系。

人们在地理位置上越接近，彼此接触的机会越多。相互依赖，相互作用的时候愈多，就愈容易形成人际关系，并向有利方面发展。

② 人与人之间的交往频率还影响人际关系的状态，在团体中，人与人接触时间越长，容易形成良好的人际关系。当然，交往次数与交往质量也会影响着良好人际关系的建立。

③ 社会地位与社会影响，也是建立良好人际关系建立的客观条件。一个基层组织在酒店影响较大，成就较多。就易于使成员在相互交往中产生心理相容和感情共鸣。

2. 人际关系另一方面受到主观因素的影响

① 性格和气质，这两种因素往往影响人际交往的数量和质量，一个态度和善，能理解与宽容他人的人，易于受到其他成员的欢迎。而一个性格孤僻、苛刻，又不愿了解他人或被他人了解的人，通常与别人格格不入，难以形成良好的人际关系。

② 第一印象，在人际交往中，主要印象特别是第一印象十分重要，往往是人们之间进一步交往的媒介。决定了人与他人交往的态度倾向和行为特征。所以在首次交往中仪表，言谈举止，神态风度等表面直观因素起着重要作用。

③ 类似因素，这里的类似因素，例如共同的政治主张，共同的经历，一致的宗教信仰，共同的价值观念，共同的文化背景与受教育程度，乃至共同的经济收入，籍贯、年龄、性别、职业、社会地位等。都会成为相互吸引和结合的因素。"门当户对"就是形容条件类似容易结合。

④ 需要的互补，在日常生活中，需要的互补，也会成为良好人际关系的基础。急躁的人需要耐心的人给予帮助，耐心的人又需要急躁的人在弱点方面给予弥补，依赖性强的人需要有权力欲的人给予帮助，权力欲者希望依赖性强者接受控制等等。双方都会产生强烈的吸引力，而形成良好的人际

关系。

四、建立酒店良好人际关系的原则

在基层组织中，人们之间的关系极为密切极为重要。

在基层组织中，良好人际关系建立的核心人物是基层组织管理者，有什么样的基层组织管理人，就有什么样的基层人际关系状态。

为此，基层组织管理者要想建立良好的人际关系则必须遵循下列几方面的原则。

1. 严于律己，办事公正

这是基层组织中处理人际关系的首要原则。在基层组织中，人们"抬头不见低头见"，领导者的一举一动都在大家的心中。如果一个领导者，一事当先，先替自己拨小算盘的话，员工也会时时关照自己的利益。用酒店员工的话说："你做初一，我做十五"，久而久之，小小的基层组织，就会各自为阵。以自己利益为重，从而造成人际关系紧张。

基层组织领导如果能严格要求自己，给下属树立良好的榜样的话，一个组织的人际关系会有所好转，当然仅仅有这些还不够。试想某个基层管理者，是非不分，亲一帮人疏另一帮人，对全班组员工不能一碗水端平，就会人为造成员工与员工之间矛盾、对立四生，导致人际关系恶劣。因而管理者是否明辨是非，是人际关系中关键之处。要明辨是非，就必须更清楚认识自己，也许有人正确认为自己就是自己，还有什么认识不认识的问题？

自己认识自己，并非同语论及的逻辑游戏，而是一道人生难题。从古到今，有多少人一辈子真正认识了自己？一个人一生在他有创造，有成绩时，也正是自己正确认识自己之时；而当有一天他不能认识自己，就会在一片谄媚声之中倒下昏昏然而为，是非不分，良奸不辨，走向末落，历史是否正是以这种螺旋式发展而不断重演的呢？人们认识较多的是生理的自我，其次是心理的自我，最难认识的是精神的自我，人对自我的认识远没有达到自由境界。不能够客观认识自己，就不能客观对待自己，也就无法客观处理人与人之间的关系。摆正自己的位置以公平的态度去看别人，去理解别人。自卑，往往会产生畸形的强烈自尊，在用人上"武大郎开店"只用比自己矮的人。自傲，往往会盛气凌人，在用人上，专制、武断，而且苛刻待人。

有一故事，一个身材较矮的男士，选择女友，先是认为自己是"三等残废"，尽选择和自己差不多的女孩子，"降价处理"自己。没想到一个也不成。结果反其道而行之，专找漂亮，个子高的女孩子，没想到竟然成功。总结经验曰：女孩子个子不高也生自卑之感，交友十分挑剔，唯恐别人小看自己，因而碰到个矮男生自然挑剔万分，双方皆有轻视。而身高、貌好女孩子，心理平衡、健康、较容易正确看待男方长处，不出众男子有一技之长，也是"英雄配美女"各得其所。

大千世界，一个案例，不能套用百样人。但这从一个侧面证明；人性共同之处，要想处理好和别人的关系，首先必须认清自己，认识自己的长处、缺点、性格……

2、了解、认识员工

在处理人际关系中，有一个重要原则，那就是："人们将按照他们所受到的礼遇行事"。也有另一种说法为："只要对一个人的能力表示有信心，就可以在实际上增强他的能力。"

也就是说：相信别人，承认别人的能力、长处，是对别人的最好激励。

曾有这么一位下属，原来是一位十分内向的姑娘，然而当委以她重任，并恰到好处地指出，只有她才能胜任此重任时，她开始找回自己，充满自信，因而很好的完成了任务。所以，处理人际关系大师——卡耐基曾告诉人们，当你给别人布置任务时，应该告诉他，他是最理想的人选，唯有他能够完成这项工作，这比一般的命令更为有效。

也许，我们的基层管理者会指出，用这种带有期望性思想去处理人际关系并非次次有效，这是事实。这也是基层管理者必须理解的另一重要原则："个人都只能在某种程度上受激励。"激励是一种力量，是一种刺激。而每个人的活动是有动机的、有目的的，但是由于人与人之间的差别，因而激励是多样性。某些激励对 A 产生反应，而对 B 则毫无反应。要了解什么样的激励手段才有效果，必须了解你的员工，这不是一般的认识，而是深入到内心的解剖，认识每个员工深层次的，核心的东西。所以认识你的员工，是搞好人际关系的重要原则之一。

3. 真诚相待

真诚相待，推心置腹，是处理人际交往的最重要的原则。在人与人交往中，人们需要相互了解，需要读懂人们心灵深处的语言，而得到他们的唯一方法是真诚相待。今天的社会什么都有"假冒"，物质上的伪劣产品，见人讨厌。而精神上的伪劣品则让人感到莫大的屈辱，严重的影响人们的正常交往。人间需要真情，而不是假情假意。为此真诚相待，是人际交往中的重要原则。

什么是真诚？美国著名人际关系专家卡耐基举了一个例

子：当你走在街上时，你会碰到一只狗，当你走近它十尺之距时，他便开始摇动尾巴，你若是停下抚摸他，它便高兴得跳起来向你表示无比的亲热。而你知道在他热情的背后，绝无别的动机，它不是要你一块地皮，更不是为了和你结婚。你是否想过狗是唯一不需为生活而工作的动物？母鸡要下蛋，母牛须产奶，金丝雀也须有好歌喉。而狗的存在，只为了把纯洁的爱奉献给你。真诚是指在人与人相处之间，不带有功利性的目的，互相坦率、真实、诚心诚意的相交。

在人与人交往中，虚伪、做作、常常是人际交住的障碍。交往者一旦发现自己被欺骗，就会不同程度的影响人际之间关系，导致人际关系紧张。特别是对你的下级交往中，更是如此。欺骗给人的最终感觉是不尊重他人，从而使人们丧失对你的信任。所以交往中真诚是一个十分重要的原则。

五、酒店基层管理人员的人际沟通

1. 如何进行酒店内部的人际沟通

有效的沟通是"基层管理获得成功的重要保证。"但是在我们内部却存在许多防碍有效沟通的障碍。这些障碍有物资上的，例如工作环境上的干扰。电话等通讯工具的故障等等。也有人为的障碍：各人心理、性格不同也会在人与人之间形成障碍。还有语义上的障碍，由于各人根据自己的经验对语言进行理解，如理解差异都可能导致沟通的失败。

而在酒店经营管理中对沟通的不重视，是人际关系的最大障碍。不少基层管理者普遍认为："我发命令，你去执行"，至于为什么如此，则不需要明白。在某五星级酒店中，一位实习的大学生曾对咖啡厅的某个操作规范发生质疑，向领班提出"为什么"？而领班的回答是："叫你这么干，你就这么干，不要问这么多。"

事实上，要有良好的人际关系，要使管理更有效就必须进行有效的沟通，在基层组织中应当形成这样一氛围，各种意见的信息要让它们自由地向各个方向（向上、向下、平行、斜线）进行交流。

① 向上沟通

基层管理人员作为最基础的管理人员，他首先面对的是自己的上司，如何与自己的上司沟通，与上司沟通的必要性体现在什么地方？这是我们向上沟通中关键所在。

向上沟通即不是常人认为的"拍马屁"，也不是什么为了"功利"的目的。在酒店中，向上沟通是有五条重要作用：

a 为管理层提供信息

员工常常可以向管理层提供很多有价值的信息，供管理层决策时使用。而且员工对管理层的决策的认识与理解，是管理层控制，指挥的前提。

b 有助于减轻工作压力和不快。

基层管理人员在落实上司的指令过程中，在管理的过程中会有许多矛盾与冲突的产生，向上沟通，有助于表达自己的想法，减轻压力，得到帮助。

c 衡量向下沟通是否有效

把基层管理的信息向上沟道，是检查自己向下沟道是否正确的一个有效的方法。众所周知，在信息的传递过程中，由于经历、理解的角度等诸多因素的影响，常常会使信息沟通失误，而向上沟通是检查信息向下沟通是否有效的好方法。

d 增加参与感

基层管理者能够将自己想法提供给自己的上司，是一种积极态度配合了领导工作,有助于完善上级的指令和工作方法,也有助于为自己工作创造一个良好的环境,从而使基层管理人员有较强的参与感。

　　e 基层管理人员在向上沟通上并不是一帆风顺的,常常存在着主观与客观的各种障碍。心理障碍是上下沟通中的主要障碍。不少基层管理者感到领导高高在上,不与群众联系,十分威严难以沟通。另外又感到自己与领导沟通,在别人眼中自己似乎是另存企图,因而很难主动向上反映。此外由于办公地点的距离,时间上的障碍,不少领导忙于事务性的工作没有充足时间与下属沟通,而下属看到领导这么忙,也不想提出沟通的要求,就造成了沟通中的时间障碍。

　　基层管理者在沟通中首先应该克服的是自己心理的障碍。作为管理人员应该掌握一个原则,即尽量不要让自己的上司从其他人的口中得知关于自己的事。这自然不是否定群众的力量。也不是要欺上,而是自己应该就自己的想法和行为向上级汇报,避免由于旁观者在只知其一,不知其二的情况下误导上级领导。而且在遭到误解的情况下应该更主动地去找上司沟通,虽说历史会做出公正的裁决,然而时间也会毁去一个人的前途。况且,管理情况是十分复杂的,未必能够很清楚地表现出对某些问题真正的结论。

　　不少基层管理者在自己工作出了差错后,听任他人的批评,避着领导。这不是明智的作法。因为出了差错经别人评论后,差错也许会被放大,比原来的差错严重得多。而且上司看到你回避的情形也会信以为真。例如,你出的差错可能只是偶然的工作差错,而在别人的夸大下,也许就变成别有用心的了。这样的事例在我们生活中可以说是屡见不鲜的。

　　有效地与自己上级沟通,必须解决好三个方面的问题:

首先明确自己的职责和任务。因不少基层管理在与上司沟道中会出现两种极端，一部分认为：自己没有什么好向上级汇报，都是自己份内的事，而另一些人则可能每天向上级做详尽的工作汇报。所以，必须了解自己的职责和任务。基层管理人员的职位代表着被授予的某些权力和责任。在酒店基层管理人员的职位上某些权力是被充分授权的，这些工作你做出决策而不必要向上级汇报。例如，班组管理中的排班。但并不是任何事情和任务都是充分授权，而且在管理与经营中会出现一些意想不到的事情，甚至有些会严重到影响组织和上级的事情发生。这时候就必须及时直接汇报。而对日常工作一般可以接按照条例定期汇报。半授权的事情，须分清授予了哪些权力，是了解情况的权力呢？还是决策的权力。前者不能擅自处理必须汇报，后者可以在处理之后，向上级报告结果。

　　有的基层管理人员认为授权，即是将权力和责任自一个人完全转移到另一个手中。因而既然经理授权予我，也就与上级无关了，所以也不必要向上级汇报工作进展。事实并非如此，当部门经理向其下属布置某项工作后，他仍然负有责任，责任是无法授予的。因此在得到授权以后，开始工作的进展情况应该经常向上级汇报，以便上级掌握情况，予以指导，另一方面也依此情况与其他工作协调。如果等到事情结束后再进行汇报，那么在落实中出现的问题就无法及时得到纠正，或者是根本没有落实。通常上级要不断了解情况，下级也应主动汇报。沟通的渠道才会畅通无阻。

　　其次认识上司对自己的要求，对上司的了解将影响你报告的形式和次数。也许你的上司喜欢文字报告，也许你的上司喜欢图表和统计分析，也许你的上司喜欢口头汇报，这些都是有效沟通中重要的方面。还有你的上司喜欢什么时候汇报？喜欢如何汇报？如果一个基层管理人员能够正确的掌握了这些方面的情况，那么你的沟通就有了成功的一半。

最后，酒店基层管理人员向上司沟通什么？沟通的内容，是我们建立良好人际关系的关键之一，如果沟通的尽是张家长，李家短的话，这样的沟通是极无意义的，甚至有害。基层管理人员沟通的内容，一方面应集中在落实上司的指令方面，其中包含落实的情况，存在的问题及其解决的方法，以及任务的完成，另一方面酒店在运转过程出现的新的动向，例如客源市场的信息，员工思想动态，突发事件等等。在信息沟通中，基层管理者常犯的错误是，发生情况时向上司汇报了情况本身，也就完成了自己的任务。这种现象从组织管理上说是没有尽职，从信息沟通上看是沟通不完全。正确的做法应是：事情本身的详细情况加基层管理者的处理意见。

② 平行沟通

横向沟通，是基层管理者有效沟通的基本功之一。特别是在酒店这个大系统中，客人接待工作是由各个部门协调完成的，因而平行沟通越发显得重要。

搞好平行沟通，基层管理者应注意下列几方面的问题：

A 明确工作职责和有关的工作程序

职责不明，上面谈到是影响上下沟通的障碍之一，职责不明也是影响平行沟通的障碍之一。解决这一问题的方法，首先应该建立合乎规范的科学的岗位责任制。一份合理的岗位责任制本身就包含了各个岗位名称，各岗位与相关岗位的联系与沟通，各岗位的权力与职责等等内容。例如，厨房的岗位责任制中就必须规定加工组与切配组的关系，切配组与烹饪组的关系……每个基层管理人员必须熟知这些岗位责任制,了解自己以及他人的关系。其次应充分认识规范化工作程序,工作程序是酒店各个岗位运作的具体步骤,酒店各岗位部门,之间是一个互相衔接的整体,厨房要与餐厅相联系,而餐厅某些时候又要与前台相联系。工作程序帮助人们认识到这种联系。

B 就各基层组织的重大决策互通信息。

这样做,可以使基层组织采取行动时不会使相关组织为难,另一方面可以得到其他组织的支持。我们必须看到,某一组织的行为对与其相关的组织而言,会产生正面的或者是负面的影响。无论那一种情况,有效的沟通都是合作的前提。我们必须看到一点,沟通并不意味着迁就,某些创新也许会受到一些阻力。有效的沟通可以减轻压力,争取支持。当然在某些必要的情况下妥协也是有效沟通的结果之一。

C 在平行沟通中要避免违反协议。违反协议会导致敌意或影响沟通。例如在客房工作中规定作房是每天每人14间客房,而某一班组领导突然违反规定,讨好员工,同意员工每人每天只做10间客房,而使其他班组员工对自己的领导有意见。这就使其他基层领导对违反协议的班组长十分恼火。从此他也很难与其他基层管理人员沟通。

D 尽量不要上交能相互解决的问题

班组之间常会出现一些需要协调的工作,如果基层管理者不经过努力协调,就把矛盾上交,由部门经理甚至更高的管理层来处理的话,就会埋下隐患,因为另一方会感到,本来可以双方自己处理的问题。却让上级来处理,自己失去了面子,受到伤害。受到伤害的一方要寻机回报,即便不这样也会对对方失去信任,这就是将来沟通的隐患,使将来沟通会变得十分困难。

E 变换角色为他人着想

在与其他班组沟通中，如果其他部门未能按计划、按规定办事，例如客房报维修，但工程部没有及时派人，而延误了时间，千万不可急于批评或指责，不妨调换角色，站在对方的角度上去思考，也许对方遇到了特殊困难，这样会有利于问题的解决。

F 先处理问题后查明原因

当两个班组在协调中出现了问题，首先不是查清问题的责任，而应是解决问题。例如当客人走进清洁完的客房，突然发现床上有数根毛发，这时班组领班不应该去查清究竟是本班服务员的差错，还是其他班服务员的差错，而是首先换上清洁的床单。特别不应该当着客人的面指责其他班组的工作，查找原因时必须明确，检查原因的目的并不是为了强调过错，搞臭谁，而是为了防止问题的再次出现。如果班组中间协调问题一再出现问题，那就意味着现有的工作程序等方面存在弊端，应加以修改。而且先解决问题，符合酒店"客人第一"的原则。

G 对不同意见的处理

在平行沟通中，常常会碰到许多相反的见解和看法。如何对待不同的见解和看法呢？首先应分明这些不同见解和看法是属于那一类型的，某些涉及到价值观念的和某些涉及到态度的，而不是工作协调中必须澄清的问题，最好不要去辩论。因为涉及到价值观念和态度的问题是不可能通过辩论取胜的。记住一句格言"即使把一个人驳倒了，也无法改变他的看法"。而且，在争论上获得胜利是不可能的，即使赢了，也还是输了，因为如果把对方彻底打败，结果被打败的会有自卑感，因为自尊心受到伤害，以致即使你赢得辩论，都赢不到他的心，反而对于今后的沟通产生障碍。

其次不要指责别人，不要说打击别人自尊心、智慧、判断力、自豪感的话。例如，"你怎么连这个都不懂"，"那么，让我向你说明这个原因吧"。这都是对对方藐视和挑战，回应你的只能是对方的反抗心，你一开口对方已搞好应战，你的最终目的是说服对方，这时是不可能达到了。即使在最温和的环境中改变对方的观点都是不容易的，更何况在对方难堪的情形下，你首先使自己处于不利的地位，最终得到的也许只是反感。

最后，在主要问题上，当我们不赞成别人意见时，应以直接、简单而不含情绪因素的字眼来表达我们的看法，不赞同的是想法，而不是别人的人格。所以，应把这样的信息传递给对方，即我可能不喜欢你的看法，但我仍然喜欢你。这样，我们会发现别人较容易地接受意见，至少会愿意倾听。

H 保持不断的沟通

人与人之间的相互理解，相互信任，来源互相了解，来源于沟通。而这种沟通并不是"临时抱佛脚"，有了问题，才开始沟通。而需要经常的，不断的相互沟通。长期坚持不懈的沟通，才是相互信任、理解的基础。而这种沟通的方式是各种各样的，可以是正式场合，更多的是非正式场合的沟通。

I 疏通沟通渠道

平行沟通中，渠道的畅通是十分重要。为此，有的酒店定期进行一些联谊活动，让沟通的方式更多，渠道更畅通。事实上，我们有时平行沟通出现障碍的时候，有时是因为使用的渠道不畅通。因而有必要对经常使用的渠道进行检查与评价，进而修正。

③ 向下沟通

向下沟通是基层管理者的基本功。向下沟通是基层管理者将信息下达到服务员，内容涉及组织的宗旨、决策，机构或人事变动、运转情况，以使员工对组织的总体目标和具体措存所了解，减少员工的心理恐惧和顾虑以及对上层意图的曲解。

要做好向下沟通必须首先认识下列几个方面问题：

A 并非所有的服务员都能正确理解基层组织者的指令

由于个体的差异，由于每个人所站的立场不同，甚至由于我们沟通的方式不同，因而不是每个服务员都能正确地理解指令。

其次，不是每个服务员都能正确理解自己。在管理中，身为基层管理者，并不一定被人们正确的认识和理解，会有许多误解甚至歪曲。有时会承受较大的来自于基层的压力。

再次，来自于基层管理者本身的阻力。即对沟通的错误认识。不少基层管理者缺乏管理方面的培训，对正确的沟通缺乏科学的认识。常常错误的认为，向下沟通就是"我说，你听"。"我指示，你行动"把本质上是双向的沟通误解为单向传递。把上下合作仅仅看成是"听指挥"。还有的缺乏对沟通意义的认识，把管理仅仅看成是用规章制度压服务员，仅仅看成是"黄单"警告。上述种种错误的看法，很大程度的影响了向下沟通的有效性。

要做好向下沟通，身为基层管理者必须了解，服务员需要什么信息。通常在酒店中，服务通常较注重下列几方面的信息：

有关工作和个人需求的信息：

（1）工资、福利待遇的变化。

（2）工作的前景。

· 317 ·

(3) 工作的情况与变动。
(4) 本部门的成绩。
(5) 接受培训和情况。
(6) 人事变动。

有关酒店方面的信息。
(1) 酒店在同行中的地位。
(2) 酒店的发展前景。
(3) 酒店销售情况。
(4) 酒店近期的重大决策。
(5) 酒店远景规划。
(6) 酒店财政状况。
(7) 酒店著名人物情况。
(8) 酒店近期在历史上的重大事件。

除了要全面了解员工对信息的需求外，向下沟通的有效性还取决于基层管理在沟通中坚持双向交流。双向沟通可以立即了解员工对指令是否正确的理解和认识。这里有一个反复做过的实验，让一些人把眼睛闭上，手中拿着一张纸，并且规定不准提问，不准互相交流，然后主持发出指令（一），请把手中纸对折一下，再发出指令（二），再把纸对折一下，最后发出指令（三），撕去一个角，然后请大家睁开眼睛，把纸张展开，每次都会发现几十个人中间，会有七八种不同的折法和撕法，有的是四个角都撕去了，有的是二个角，还有的是中间撕出一个洞。为什么在同一个指令下会出现这么多种结果呢？关键在于做实验的人，都从不同的角度去理解这些指令。例如，对折是左右对折呢？还是上下对折，不同的人由于无法提问，而依靠自己的理解，撕去一个角，也有同样的问题，那一个角？不能提问，是靠自己理解了。自己理解，不同的人理解就不一样，结果也就相去甚远。这个实验充分说明：单向指令，会引起理解上的差异，沟通要有效，必须是双向。双向沟通使人们在交流中互相靠近，达到共识。所以即使是下指示，也应该是双向沟通，绝不能够认为，"我说，你干"。

此外，双向沟通，还有助于了解服务员的想法，了解他们的情况，听取他们的建议，更有利理解与合作，更有利于激励员工的积极性。

让服务员发表自己的看法，注意聆听他们的意见，是尊重服务员的重要表现，这样会让服务员有归属感，真正感到自己是在当家做主。

向下沟通的形式十分重要，千遍一律的，开会听上面传达指示，有时是必要的，因为它及时，准确，但也有缺陷。不同的信息应选择不同的沟通方法，特别要注重选择服务员喜闻乐见的形式。例如黑板报，内部刊物等等都不失一种有效的方式。

2. 如何进行酒店外部的人际沟通

做为基层管理人员，每天除了要进行大量的内部人际沟通外，还需要进行大量的酒店外部的人际沟通，而这种大量的酒店外部的人际沟通集中表现于与消费者的关系，与合作伙伴关系。基层管理者，特别是处于一线岗位上，都是直接服务工作的指挥、督导。他们是天天代表酒店与顾客发生交流，处理各种服务中的问题，指挥服务员工作，在顾客眼中，他们就是酒店，与服务员发生冲突，首先要找的就是基层管理者。而在服务员心目中，他们是领导、是靠山，如果与顾客发生冲突首先要找的也是基层管理者。而中上层管理决策时，同时需要基层管理者从消费者处得到各种信息。服务工作的成功与否还有赖于消费者的沟通。毫无疑问，与消费者的沟通是基层管理又一重要的沟通。

如果没有与消费者的正确沟通，那么什么事情就会变得乱七八糟。你不能提供恰到好处的服务给顾客，顾客的需求得不到正确回应，就好像一个关于三个英国人故事中所描写的。说的是三个英国人在火车上，由于噪音很响，以至于听不清对方说些什么，当火车停下来时，他们中的一个问："这是温布列车站吗？"第二个人回答说："不，我想应该是星期四。"这时第三个人附合道："我也渴了，让我们去喝点什么吧。"在这里噪音是其沟通的障碍。而在我们面对顾客服务中，诸多的因素都会是沟通的障碍。

沟通，既是一种专门技术，又是一种管理工具，此外，沟通还是一种心理的活动。因为沟通被看作是信息的传递，信息的解释以及个人思维参照系共同发挥作用的过程，也就是说，只有当一个人设身处地，从对方的角度对某一信息加以理解时，这时的沟通才是全面的，彻底的。而在与消费者沟通，除了要注重技术方面的问题外，更主要的是注重心理性的沟通。

基层管理者与消费者的沟通主要通过两种形式，一是语言交流，其表现为听、说、读、写。二是非语言交流，在酒店中表现为形体语言。例如眼神、举手报足、姿势、面部表情。基层管理在与消费者沟通中常常会出现各方面的障碍。例如物理性的障碍，由于餐厅，卡拉OK厅噪音太大则无法正常沟通；社会性的障碍，人的身份是一道"看不见的门槛"，它会损害正常的沟通身份是一种社会地位，当消费者仰仗自己的身份而对基层管理者颐指气使时，沟通的障碍也就形成了，反之也是一样。心理障碍，这是一种观念，一些念头，是难以确认的东西。某酒店总经理曾经讲过一个自身故事，他是一家部队酒店的总经理，一次带领手下二位副总经理和三位部门经理到广州一家五星级酒店用餐。而他们一行都没有西装革履，而只穿了解放鞋，中山装，结果门僮挡在门口不让入内，于是双方激烈的争论起来，总经理带着一行人一定要入内，而且挑了最高档的包厢用餐，总经理事后忿忿不平说："为什么不让入内？我们衣冠整齐，只不过没有穿皮鞋而已，不穿皮鞋就是衣冠不整了吗？"

在与消费者沟通的过程中基层管理者应该注意如下几个方面的问题：

A 转换角色

由于沟通是一种心理上的活动，信息只是一些元素，只有与个人思维参照系一起，才有意义。所以，当消费者提出问题，表达某些需求时，我们的基层管理者在按受信息时，最好站在消费者的角度去思考这类问题。例如，有的顾客第一次走进酒店，他们对酒店的礼节全然不知，为此你在沟通时，如果把他当成常客，例行公事地介绍，也许就会出差错。笔者曾在一家五星级酒店中就碰到这样一个案例：一位中年妇女，拿着一封信交给服务员，指出要寄挂号，服务员请她填上自己的详细地址，中年妇女说"不用了"，于是服务员让她把信投到邮筒中去，中年妇女照此办理了，办完后问服务员："挂号信是放进邮筒的吗？""那是平信。"中年妇女立即指出，她这封信是一封十分重要的信，必须寄挂号，又问服务员为什么让她寄平信。服务员回答说："我让你填自己的详细地址，你不填，没有详细地址的信，只能寄平信。"于是争吵起来。作为旁观者，这件事错在服务员。并非每个人都知道挂号信的规定。如果服务员不是站在自己的角度上考虑，而是站在客人的角度上，也许这个失误就不会发生。

酒店的客人，来自四面八方，由于种种原因，他们需求有着千差万别，有时提出要求会让服务员或我们的基层管理人员不解。但是，如果你能转换一下角色，一般就会缩短相互理解的距离。为了让基层管理人员和服务员能够更好的转换角色，更好地与顾客沟通，广州文化假日酒店曾经开展过一个活动：每星期让一些员工入住本酒店，亲身体会一下顾客的感受。也有的酒店让基层管理者到其他酒店去充当顾客。这样的做法，都有利于服务员、基层管理者与消费者之间的沟通。

B 学会有效的"听"

对于基层管理者来说，"听"是一项基本的，又没有得到很好研究的沟通技能。因此，我们重点强调基层管理者必须掌握"听"的技能。

"听"有不同的类型，下图就是对"听"的分类。

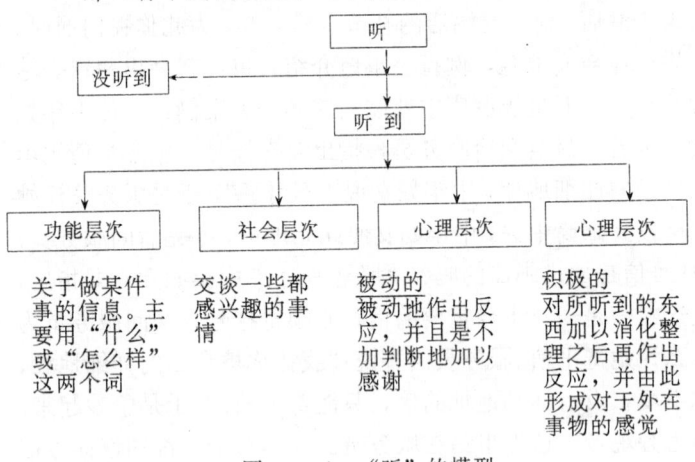

```
                    ┌─────┐
                    │  听  │
                    └──┬──┘
         ┌─────┐       │
         │没听到│←──────┤
         └─────┘       │
                    ┌──┴──┐
                    │ 听到 │
                    └──┬──┘
       ┌────────┬─────┴─────┬────────┐
   ┌───┴──┐ ┌───┴──┐   ┌───┴──┐  ┌───┴──┐
   │功能层次│ │社会层次│   │心理层次│  │心理层次│
   └──────┘ └──────┘   └──────┘  └──────┘
```

功能层次	社会层次	心理层次	心理层次
关于做某件事的信息。主要用"什么"或"怎么样"这两个词	交谈一些都感兴趣的事情	被动的 被动地作出反应，并且是不加判断地加以感谢	积极的 对所听到的东西加以消化整理之后再作出反应，并由此形成对于外在事物的感觉

图 5-1 "听"的模型

对于一个基层管理者来说，在他与消费者沟通时，应该注意到在不同场合，分别使用不同的"听"。例如，某先生喝醉了酒，他的夫人会说："我丈夫喝醉酒了，真为他担心。"对此，基层管理者可以选择不作任何态度的反应，即什么也不说，或是被动的反应，点了头。也可以采用积极主动型的听。积极主动的去听消费者说话，是带参与性的听，其目的要找出对方话语的真正含义。这种听对于解决那些关系较重要的问题，是比较有效的。而有时消费者的诉说，只是表现某一问题，或者是一些与酒店服务无关的个人事情，基层管理只需采用不作反应的听就可以了。如果这时基层管理者做出积极反应，也许就会召来一大堆无意义的信息。

与消费者的沟通关健问题，是对投诉的处理，我们已有专节论述，不再重复。

第三节　基层管理的领导艺术与技巧

领导的艺术和技巧，就是把管理的原理如何灵活的运用，如何具体的发挥，如何使基层管理人员不仅拥有管理的权力、方法，还具有管理的魅力。

基层管理者不是天生，领导的魅力更不是天生的。做为一名基层管理者，他可能是由于资格老而入选，也可能由于优越的服务水平而升职，也可能是优势的人际关系，也可能是学历高……。总之会因为许多因素走到基层管理者这个位置上来。但是，我们所有基层管理者都必须认识到，提升到基层管理人员的原因并不是保证胜任管理工作的原因，而胜任管理工作另有一套学问和艺术。

我们探讨如何拥有领导艺术和技巧，如何成为有魅力的基层管理者。

权力与魅力之间并没有必然的等号。有一个深具哲理的寓言，描述北风与太阳斗智的情形：北风自恃风力高强，要太阳俯首称臣，太阳不甘示弱，双方争论不休，最后看到前面有一行人徐徐而来，于是以行人作为比斗的对象，看谁能使行人脱衣即为赢家。北风杀气腾腾，不断施展其强烈骠悍的雄风，但只见行人把衣领愈拉愈紧，虽然几乎不堪折磨，却也不肯轻易松手，最后北风眼见无功，只得罢手。接着轮到太阳施展身手，只见太阳露出笑脸，缓缓施展其威力，于是寒气消失，光辉普照，这位路人也就极其愉快地将大衣脱了下来。此则寓言说明：北风（权力）令人生畏，但也使人极力反抗，即使人们敢怒不敢言，也难叫人口服心服。太阳（魅力）使人自动宽衣，解除情绪的武装，而诚心归顺。因此，称职的基层管理者在管理中应该既有权力又有魅力。如何达到这一目标呢？

一、心存感谢之心

不少基层管理者认为，在日常的酒店工作中，"我指挥，你们行动"是天经地义的事。服务员理所当然应该服从命令，努力工作，其实不然，从员工的角度而言，他们应该服从命令，听指挥，努力完成任务。从基层管理人员的角度，就不应当这么看问题。基层管理者是聚众力的组织者，他是使大家帮他"做"事的"成"事者。在形式上，或许是他在命令与指挥，而事实上他在请求别人帮助成事，因而应抱感激部下之心，如果没有这种心态和素养，是不会成为成功的基层管理者。

有"经营之神"雅称的松下幸之助，对这种观念阐述得最为清楚，他认为管理人员应有"倒茶"慰劳部下的心理。当属下完成任务，就要表达感谢之意："辛苦了，谢谢你，请用一杯茶"。当然，这不是要管理人员每次都亲自倒茶，而且服务员较多时，也无法一一表达这种感谢与慰问话，但尽管如此，应该让部下能感受这种"倒茶"的慰劳心意。

松下还常强调，随着公司的成长，业务的扩大，员工愈来愈多，这时主管说话的语气要由命令改为请求，最后成为感谢。这样对部下才有魅力。同时心理上不要存在着要人"膜拜"之心，不要强调："我是管理人员，我很了不起，所以要听我命令"，反而要说："这件工作我一个人做不来，我不具备这种知识与技术，而各位都是专家，所以要靠大家的努力才能完成这件工作"，由衷的感谢，最为感人，最令人难忘。

作为基层管理人员之所以要向松下幸之助学习，感谢自己的部下，一个十分关键的问题是，你是"成"事的基层管理者，而不是"做"事的基层管理者。也可以说，你是组织大家做事的基层管理者。也可以说，你是组织大家做事的领导者，而不是事必躬亲的"做"事人。真正做事的是你的部下——服务员。例如，通常酒店客房的基层管理者一般是不亲自"做房"的，真正"做房"的是服务员。基层管理人员与服务员最大区别就是：基层管理通过计划，指挥和控制，激励服务员群策群力完成任务。

二、做教练不出风头

作为基层管理者是集众人之长去完成任务，虽然，基层管理者一般都是自己管理那一方面的技术尖子。如果他一定要自己去干"鞠躬尽瘁，死而后已"，那么他就沦为一名服务员。所以基层管理人员是导演，而不是演员，是教练，而不是球员（尽管他们曾经是优秀的演员或球员）。他们要尽力设法使所有的球员尽可能发挥自己的专长和才华，并尽可能的培养他们成为优秀的演员或者球员。

如果一个基层管理者喜欢出风头，表现自己，而不是作为自己球队的教练。让大家一起去发挥作用的话，只能导致全队覆灭。

同时只有摆正自己教练的位置，才敢用比自己强的人，才不会武大郎开店。在一些酒店中常常会出现一些怪事，即学历高的留不住。例如广州某五星级酒店，几乎来一个大学毕业生，没多久就走了。是他们自恃清高不愿留在酒店发展吗？不完全如此，不少大学生就是学的"酒店管理专业"。希望能留在五星级酒店。直接原因是，酒店的基层管理人员几乎是清一色的职中毕业生，他们害怕大学生入职后对他们造成威胁，而想办法排斥大学生。事实上作为基层管理人员，你敢用能用比自己强的人，在心理上你已具备勇气，在才智上已具备管理的素质，已具备更强的竞争力。用比自己强的也才存挑战性，挑战自我，奋发图强。

三、走动管理最有效

基层管理人员就是直接面对着服务员，最好的管理方式就是"走动管理"。

IBM、HP（惠）等公司，成为世界卓越公司的一个重要因素，就是管理人员与工人打成一片，共同努力创造成绩，并以"走动管理"一词来说明这种管理方式。

"走动管理"的优点首先表现在"我在你的左右"带给服务员一种温馨和支持。

"走动管理"能够立即处理现场发生的各种事件,保证服务质量。

"走动管理"让服务员感到上下一致,共同努力。而不是你坐办公室,我在"卖命"。

在酒店管理中,走动管理的重要性更为突出。酒店客人需求多样性,突出事件较多,走动管理对于问题处理的优势更突出。

四、让员工劳心又劳力

日本索尼公司战后快速崛起,它成功的动力之一,是创办人井植深大与盛田昭夫激励员工热心参与公司的事务。他们采取了"事事让部属分肩挑"的作法。索尼公司非常鼓励员工提出各种改善现状的建议,尤其是与工作有关的意见。盛田昭夫认为,他无法将公司里所有的事都管理很深入,必须依靠员工自己。因而鼓励员工"多管闲事",提出自己"异见",甚至让他们主动作事,并强调:"如果只是执行上司认为对的事,这个世界就永远不会进步",他的目的是让每个人愿意,而且能够既劳心又劳力,只有这样索尼公司才有前途。

古代君王尧舜无为而治,让孔夫子称许不已。这种"君逸臣劳"的道理就是让自己的部下劳心又劳力。

虽然上面引用的例子都是高层管理的,然而让部下"劳心又劳力"实质是每一层管理人员的领导艺术。特别是酒店行业中,服务员面对的是一个个活生生的人,每个人都有着自己许多特殊的地方,因而只靠服务员例行公事提供服务,而不发挥他们的聪明才智,发挥他们的主动性,服务工作永远不会达到一个更高的境界。只有发挥服务员的智慧,发挥他们的主动性,服务才会在这个充满个性化的世界中走向尽善尽美。下列例子说明了这个问题。

一对从新加坡回中国旅游的华侨夫妇,住在广州华侨宾馆,当时正值广交会期间,房价上涨到500多元一间客房。他们住了两天就北上到张家界、三峡、重庆去旅游。十多天后他们再次来到广州,想起500多块钱的房价,决定住在距华侨宾馆只有5分钟路程的亲属家中,晚上他们到华侨宾馆用餐,在路上,碰上下班的一位服务员,该服务员一眼认出了这对老年夫妇,热情招呼到:"你们好,又回广州了,住在那里?"老先生回答说:"亲属家中"。服务员马上说:"交易会已结束了,我们现在房价只有200多块,很便宜,住在宾馆比较方便。"这对老年夫妇一听,也是,于是又在宾馆开了一间房。

如果这个服务员下班后,不主动推销的话,这间客房是不会买出去了。她动了脑筋,抓住了这对老年夫妇的心理,恰到好处地推销了一间客房。

酒店是生产与销售同时性的企业。这就要求我们为服务员既是员工又是销售员,要求他们更多要用脑,要劳心。

基层管理人员要让员工劳心又劳力。就要鼓励他们主动工作,要信任他们,要让他们有发挥自己主动性的空间和余地。同时也应该帮助他们学会用脑,对一些有创见的建议尽量采用。一些暂时用不上的建议也应表扬服务员的积极性,因服务员积极主动工作而产生的一些问题要从正面引导,保护服务员的积极性。

五、抱怨并不可怕

　　酒店中顾客投诉是正常的，员工也会投诉。员工的投诉则常常表现在抱怨方面。在工作中员工常常会就服务中的问题，就各方面的情况发出种种抱怨。抱怨并不都是消极的，有的抱怨带来质疑、刺激，成为改革的动力。当然，不少基层管理者也会碰到喜欢抱怨的服务员。甚至这些员工到其他班组、地方去抱怨自己的工作乃至自己的上司。这也不值得紧张，只要我们掌握好处理抱怨的技巧。可以把抱怨引向积极的方面。

　　想要正确处理抱怨必须遵守下列一个守则：

　　1. 绝对不要在公众场合讨论员工的抱怨。

　　假如你在讨论这些抱怨时，被其他员工听到了，你会发现，本来容易处理的事，变得复杂起来，甚至成为一种对质。同时，对你的威信也是一种挑战。因而应该带着他们去向办公室、或者没有人的地方。而且在公众场合处理抱怨会影响正常的服务。

　　2. 让服务员放松，并告诉他，你很高兴他来找你谈这件事，很乐意听取他的意见。在谈话中，避免使用胁迫性的言词，也不要让人有压迫感（例如当员工坐着时，你不要站着，反之亦然）。

　　3. 全神贯注倾听服务员抱怨。在听时特别注意"冰山效果"。当员工滔滔不绝地陈述他的问题时，你必须开始评估此案例症结所在。员工所讲出来的，与问题的关键之处，可能远差十万八千里。例如，某服务员可能提到与某同事的矛盾，这可能是冰山的一角，真正的问题是冰山的其余部分——上个月他没有得到奖金,这时你可以现在讨论它,也可以改天再谈,但不能迴避它。否则,它会时常象梦魇样缠着你。

4. 站在员工的立场上着想,表示你理解他的问题,了解他在生气,并且找出解决问题的方法。事实上,这已有了成功的希望,因为服务员说完了,已经解除了武装。你与员工之间已经打开了沟通的渠道。

5. 向员工解释你将采取的解决问题的方法,要向员工解释你准备采取的解决问题的方法,即使你没有做出决定的权力,也不能说:"那是酒店高层领导的事,不是你我可以解决的"。而应该想办法去积极协助处理。

同时让员工明白,如果他不满意处理的方法。可以有机会再"上诉"。假如可能的话,在你的权限之内。给员工一个承诺,不要让员工感到交谈后,却毫无收获,空手而回。

最后,决定追踪考核日期。

不论做出什么决定,总要设定追踪考核的日期。到了那一天,你可以问一问,谈话后,一切有无改变,或者再谈一谈。如果问题没有解决,就必须再努力解决。

六、掌握批评的艺术

当你的部下表现不佳时,会令基层管理人员头痛。这时你该用什么方法,让你能够既能平心静气地指出部下的缺点,又能让部下朝着你所希望的方向改进,这是批评的艺术。

例如,某员工上班后一小时才姗姗走进服务台,这时你可怎么办?通常的反应:

a. 沉默不语,某些基层管理人员认为,我不说,你会感到我的不愉快。以后会改。

b. 道歉式的反应。某些基层管理人员会说:"不好意思了,本来迟到没什么了不起,但是上面会找我麻烦的,帮帮忙了。"

c. 借机讽刺。"你为什么不等别人干完活再来。"

d. 不近人情的要求。"你明天再不按时上班,炒你的"尤鱼。"

e. 人身攻击。"你实在是一个懒惰自私的家伙。"

这些虽然都是批评的某种方式,但却没有艺术,达不到效果。

批评的结果如何?是成功还是失败。有三条标准可以衡量。(1)部下行为的改变是朝着我们想要的方向进行。(2)能保证被批评者的自尊。(3)与部下的关系仍完整无损。批评后达到这三条标准就说明批评是成功的。

正确的方法是:

首先选择恰当时机。这种时机表现为,你自己心平气和的时候。如果你自己十分激动,情绪化,那是无法处理好事情的。被批评者有心理准备、准备愿意聆听吗?对方情绪不稳也无助于问题的解决。最后掌握事情发生的时效,最好在人们记忆犹新时提出批评。如果你在事情发生后很长时间提出批评,会让人家感到"秋后算帐"、"另有图谋"。

其次,选择正确的陈述方式。

批评的目的,是改变他人的行为,而不是攻击他人或破坏彼此关系,所以陈述应注意到下列要素。

· 客观冷静地陈述不符标准的行为。谈的是事,而且就某件事谈某件事,不要谈对人的评价。不要谈过去犯的错误,更不谈未来。例如,"我看你是不会改了","你一贯如此"等等。

- 耐心倾听对方的解释，这是给别人机会表达他自己的心声，基层管理者也可以从中了解隐情。
- 分析问题，提出期望。

最后，学会批评艺术，应该分清那些是应该批评的，那些是不应该批评。

基层管理者必须认识到，并不是所有的缺点错误，都是可以使用批评这个武器的。有些缺点和错误是不能用批评这个武器的。例如，有的缺点是偶尔发生的，以后也不太可能发生了，这时候就不一定要批评。另外，假若对方所犯的错误，是他个人所无法纠正或弥补的，那么你的批评是无益的，反而有害。

在某些情况下，你必须保留批评。

你无法取得对方的信任。

你的用意只在伤害、打击对方，或籍此一泄心中之恨。

当你想批评的对象，行为或是双方的关系尚未达到提出批评的程度，或者你没有足够的时间去批评。

对方已感到后悔，或是他本身已有许多麻烦了。

对方已尽了最大努力。

总之，应正确掌握批评艺术，更好地处理与下属的关系。

第六章 酒店基层管理实务

第一节 前台部基层管理实务

前台是整个酒店业务活动的中心,是设于大堂为宾客提供综合服务的部门。肩负着销售酒店主要产品——客房的重任。前台作为酒店的营业橱窗,为入住客人登记,为离店客人结帐,其工作贯穿于宾客与酒店接触及交易往来活动的全过程,前台作为酒店的神经中枢,通过其业务活动不断收集、处理、传递有关信息,协调着酒店各部门的对宾客服务工作。前台部的服务和管理水平能反映整个酒店的工作效率和服务质量,它不仅直接影响酒店的经营效果,而且影响到宾客对酒店良好印象的形成。

前台部基层管理的工作目标,主要体现在以下几个方面:

(一)做好客房等酒店商品的销售管理,搞好客房预订,努力拓展客源市场。

(二)向宾客提供优质高效的入住登记服务,使客房使用正确、高效益,妥善保存有关宾客的资料,管理客帐,为宾客办理离店结帐手续。

(三)向宾客提供咨询、电报、电传、电话、留言、交通工具、商务信息处理、贵重物品保管、行李寄存、委托代办等方面的服务。

（四）联络和协调各部门的业务关系。为各部门提供宾客信息，共同协作为宾客提供优质服务。

（五）受理宾客投诉，妥善处理宾客投诉。

一、前台部基层管理分类

酒店的规模、等级不同，前台组织机构设置有不同的特点。就一般酒店而言，按前台向宾客提供服务听功能特点，可把前台部基层管理作如下分类：

（一）订房服务：受理各种形式的客房预订服务（如电话、电传、电报、信函、上门预订等），对预订进行计划安排，按要求定期预报宾客情况，保管预订资料。一般配备主管若干名。

（二）接待服务：为抵店客人办理入住登记手续，分配房间、正确显示客房状态，掌握并控制客房出租情况，制作有关报表。常配备主管、领班若干名。

（三）咨询服务：回答客人问询、处理客人邮件、留言。为外出客人保管钥匙、介绍酒店的特别服务等。有些酒店独立为问询处配备主管、领班，有些酒店将问询处归并接待处，由接待处员工负责问询服务。

（四）礼宾服务（大厅服务）：包括行李服务、迎送服务和委托代办服务等。在酒店大堂甚至机场、车站迎送宾客；安全运送客人行李，负责雨伞寄存和出租，分送客人信件和留言，及其他委托代办服务等。常设主管、领班若干名。

（五）收银服务：提供外币兑换服务，管理住店客人帐卡，夜间审核营业收益情况，负责办理离店客人的结帐手续、应收款的转帐等。常设主管一名。有些酒店的前台收银归财务部管辖，但由于工作岗位设在总台，而且在业务上与接待处、问询处有着不可分割的密切联系，因此，前台经理往往也参与对该处员工的管理与考核。在有条件实行电脑网络管理的酒店，收银处也可以由前台部独立进行管理。

（六）其他：不少酒店在大堂设大堂副理，代表酒店管理当局协调与客人的关系。协助管理前台部及公共区域各班组的服务工作。虽然有些酒店电话总机、车队独立于前台，但也有不少酒店的前台部负责管辖总机与车队。商务酒店或一些规模较大的酒店设商务中心，为客人提供通讯和秘书一类的服务。

二、前台部基层管理人员的要求

前台是宾客最初接触酒店服务的所在，前台服务质量是酒店形象的一个重要内容，由于前台在对客关系中具有特殊意义，前台基层管理人员的素质不仅仅影响到本部门的工作效率与质量，而且是酒店形象的具体反映，是赢得宾客好感、口碑的重要因素。前台部基层管理人员的素质要求，除了应具第一章第四节有关内容要求外，还应注意以下几点：

（一）熟悉旅游经济、游游地理和宗教、民俗、礼仪等知识，掌握并能熟练运用公关技巧，做好管理及客房销售工作。

（二）能熟练运用一门外语阅读、撰写文件、书信，能流利准确地使用外语与宾客对话。

（三）注意保持整洁的仪容、良好的仪表，殷勤有礼，谈吐优雅、亲切，举止大方、文明，善于交际。

（四）有较强的口头表达能力及处理各种突发事件的应

变能力。

（五）工作中的一切方面应能成为其他员工的楷模，起表率作用。

三、前台部基层管理者的职责

（一）订房处主管的职责

订房处主管要在前台部经理的领导下，全面负责客房预订业务工作，与旅行社、航空公司、企事业部门等主要客户保持密切的关系，保证客人不论通过何种方式订房，都能方便、快速地得到细致和让人满意的接待。具体职责如下：

（1）按时向有关部门提供客房预订情况及有关预测资料。

（2）检查各项预订工作、完善订房核对制度，发现差错及时改正，确保预订的正确性。

（3）审核所有对预订房的要求，并亲自处理需要特别安排的订房事宜。

（4）在职权范围内批准对预订宾客的承诺，并由订房员及时通知宾客。

（5）检查属下日常工作中是否殷勤有礼、热情耐心、细致负责，对有关宾客的信息资料，是否按规定程序处理。

（6）负责对属下人员进行业务培训，使每位预订员都能胜任预订工作，确保预订工作程序的正常运转。

（7）负责订房处的日常管理事务。

（二）接待

1、接待处主管的职责

接待处是前台的核心工作，只有通过客房的销售才能实

现酒店的商业目的,而销售客房的工作正是由接待处完成的。接待处主管的具体职责是:

(1)在前台经理的领导下,负责整个酒店的宾客的接待工作。

(2)熟悉本酒店客房的特点,了解市场动态,掌握推销技巧,尽量提高客房的出租率,使每日平均房价达到最高水平。

(3)督促、检查属下向宾客提供有礼、高效的优质服务。

(4)负责本部门员工的业务培训。

(5)检查、核对客房显示状况的准确性,审核每天上报的各种业务报表。

(6)检查下属工作人员的仪容仪表,记录下属员工出勤情况及工作表现。

2、接待处领班的职责

(1)负责督促检查本班工作人员的服务态度、服务质量、出勤情况。

(2)负责团体宾客的订房,为贵宾预留房间。

(3)定时核对客房显示状况的准确性。

(4)做好当班接待工作日志。

(5)督促当班人员按要求制作有关报表。

(6)负责检查本班员工的仪表仪容和工作区域的卫生情况。

(三)问询处主管职责

(1)向本部员工提供有关本地和酒店的各种信息资料,以备宾客查询。

(2)负责处理世界各地与酒店的来往书信、电报,接听和迅速回复酒店内外的重要电话。

(3)编辑本部员工的工作值勤表,督促指导和管理属下员工的业务及培训工作。

（4）清点邮票销售情况，检查钥匙保管是否符合规范。

（5）保持工作区域内的清洁和良好程序。

（6）与各有关部门保持密切联系，确保信息沟通内容准确、渠道畅通。

（7）检查下属员工的仪表仪容。

（四）行李服务

1、行李处主管职责

行李处主管是在礼宾部或前台部的领导下，根据房间租出记录编排和准备本部门的工作程序表，指导督促行李员向宾客提供行李搬运、代客收货、寄送包裹、行李寄存、派送邮件等服务。其具体职责如下：

（1）安排员工班次，根据酒店业务特点合理安排各班次的岗位分工及人力配备。

（2）检查属下员工的工作态度，严禁员工利用工作之便向宾客索取小费或作类似的暗示行为。

（3）检查属下员工的仪表仪容及操作规范。

（4）处理行李联络服务，尤其是对VIP客人行李、团队客人的大批行李，要督促属下员工安时、快捷、准确地做好行李的运送、分发工作，防止出现任何差错、事故发生。

2、行李处领班的职责

（1）在行李处主管的领导下，负责督促、指导本班员工在大堂或岗位所在地为宾客提供行李服务、迎送服务。

（2）督促本班员工为离店和入住客人及时、准确、安全地运送行李。

（3）如果住宿客人有换房需要，应安排员工到客房为客人运送行李。

(4) 认真做好各项工作记录。

(5) 安全装卸，确保行李服务及行李贮存地点的整洁。

(6) 负责申领行李处的必要用品，并妥善保管好这些用品。

(7) 与接待处、订房处、询问处、收银处密切配合，安排下属派送报纸邮件、通知等。

（五）大堂副理的职责

大堂副理是在前台经理和酒店总经理的双重领导下开展工作，虽然行政编制工作岗位在前台，但其工作具有相对的独立性，直接代表总经理接待宾客，处理宾客接待事宜。大堂副理的主要职责如下：

(1) 解答宾客的问询，回答宾客提出的各种问题。

(2) 负责迎送 VIP。

(3) 为宾客解决临时性的特殊困难，如指派员工搀扶行走不便的宾客等。

(4) 处理宾客投诉。

(5) 协调各部门间对旅客的服务关系。

(6) 督促员工按规范操作、礼貌服务，检查前台工作人员的工作状况。

(7) 控制大堂气氛、秩序。

(8) 处理突发事件，及时向上级汇报。

(9) 有些酒店的夜班大堂副理具有相当于值班经理的职权。

(10) 做好工作记录。

（六）电话房主管职责

电话房主要负责酒店对内对外的电话接驳，为宾客提供留言、问询、叫醒服务、天气预报、代办长途电话业务。电话房主管的职责如下：

（1）保证电话接线生在接听电话时热情、有礼、声音动听、动作敏捷。

（2）编排值班表，合理分配使用人力。

（3）报告电话设备修理问题，做好维修记录。

（4）负责安排新装电话、迁移电话总机、更换电话器材等工作。

（5）抽查、复核电话收款单次数与金额等。

（6）检查督促下属员工做好电话房的日常清洁及交接班事宜。

（7）负责制订员工的业务培训计划。

（七）车队主管职责

（1）在前台部经理或总经理的领导下，根据接待任务来安排分配任务，调配车辆及人力。

（2）每日根据宾客要求和接待处的通知安排车辆，在指定地方接送宾客，提供车辆服务。

（3）调度车辆，根据业务情况合理调整。在首先保证住店客人需要的前提下，再安排其他需要。

（4）在本酒店车辆不能安排时，负责代客人联系外面车辆。

（5）认真检查车辆，督促做好保养维护工作，保证良好的车况，随时可以出车，提高使用率。

（6）抓好安全运行驾驶工作，增强法制观念，严格遵守交通规则和操作规程，检查督促下属在执行任务时不喝酒，行车中不抽烟、不讲话，保证宾客安全。

（7）负责车队人员的培训工作，组织业务学习，不断提高业务技术，检查下属的仪表仪容、车容车貌，督促下属严守职业道德，按要求的礼貌服务规范进行营运服务。

（8）制订节约用油的各种制度与措施，按规定审核各种收费单据。

（9）负责车队的行政管理工作。

（八）商务中心主管职责

商务中心是为方便宾客进行商务活动、为宾客提供办公用品、设备的出租服务、代办服务、翻译服务等服务项目的场所。商务中心主管的职责如下：

（1）合理调配人力，指挥各工种的员工及时、按质、按量完成宾客的委托。

（2）代表酒店与各类宾客洽谈业务。

（3）指导下属员工详细记录客户要求，精确计算价格、收取款项。

（4）培训员工立足本职，一专多能，熟练使用各种设备。

（5）检查所属区域的清洁卫生及员工的仪表仪容、服务态度、工作纪律等。

（6）做好各类设备、机器的保养维护工作，设立机器使用帐卡，出现故障及时与供应商联系修理，提高机器设备的使用率。

（7）根据业务特点与客户要求，制订本部门服务业务的增加、减少计划；进行必要的市场调查，了解各种办公设备的性能、价格及售后服务等信息，做好机器设备的购置计划。

（8）励行节约，要求员工在保证服务质量的前提下，减少不必要的浪费。

四、工作协调

　　协调酒店各部门的对旅客服务工作，是前台部的工作任务之一。要顺利发挥前台部的协调功能，体现前台部的"中枢"作用，取决于酒店制度的完善和前台部自身工作的正常开展。

（一）前台部与其他部门的工作协调

1、与客房部的工作协调

　　前台部的排房工作效率和准确性，取快于对客房状况的有效控制。前台部必须注意做好与客房部核对客房状况信息的工作，确保客房状况信息显示的准确无误。

　　在VIP客人的接待中，前台部应提前通知客房部，做好客房的布置与清洁工作。在大堂副理或前台经理引领宾客到客房的过程中，客房服务员应站在电梯门前迎宾，为客人打开房门，奉上香巾热茶。

　　住店客人通过总机或前台要求酒店提供叫醒服务时，总机或总台应做好工作记录，保证在客人指定时间提供该项服务；当发现电话被搁置或铃响多遍无人接时，应及时通知客房部，由客房部派人前往察看。

　　不少住店客人不论有什么要求或问题，都只会想到打电话到总台或总机，总台接到客人要求提供类似保姆服务、送餐服务等属于客房部工作范围的电话后，应向客人稍作解释，及时转接电话或告知客房部当值人员有关客人的服务要求。

　　住客带着行李到总台结帐时，总台要及时通知客房作检查。

　　如果大堂区域的清洁卫生由客房部承担，则前台部与客房部应根据前台部的业务特点制订合理的清洁工作计划；前台部经理协同监督大堂清洁卫生的质量。

2、与餐饮部的工作协调

前台部应向餐饮部递送客情预报，以备餐饮部了解将来的几天里宾客的大致人数，做好食品的采购计划。通常VIP客人会在酒店进餐，团体客人也会附带有团体进餐的要求，前台部应及时把有关信息传递到餐饮部，以做好接待的准备工作。

3、与工程部的工作协调

工程部负责指导帮助前台部做好所属设备设施的保养工作，两部协调制订有关大堂装修整改的计划。

在实施电脑网络管理的酒店，工程部应确保网络不因停电等非计算机技术故障而中断正常工作。

4、与销售部、公关部的工作协调

推销客房、开拓客源是销售部的一项主要任务。前台部在客房销售工作上与销售部密切配合，参与制订客房的销售策略。

当销售部接到国内外客户（如旅行社、公司等）的订房要求时，应先与前台部的订房部联系，了解能否按客户的要求来安排订房。当订房确认书发出后，应马上复印一份交订房部。如发生订房变更或订房取消，也应及时与订房部取得联系。

对通过销售部预订的团队客人，在他们抵店前，销售部要检查落实前台是否已做好接待的准备工作（排房、将钥匙装进写有客人姓名及房号的信封里）。团队抵店时，与行李处联系为客人提供行李服务。

在VIP接待中，前台部、销售部及公关部要协调做好接待工作。

5、**前台部与保安部的工作协调**

前台部应把有关客情如 VIP、住客的可疑情况及时报告保安部。必要时，保安部应协同大堂副理处理各类突发事件。

(二) **前台部内部的工作协调**

前台部班组较多，职能任务各不相同，要做好接待工作，要求各班组在各司其职的过程中，听从前台部经理的统一指挥，并按有关工作制度、流程的要求做好班组间的协调工作。

1、**订房处与接待处的工作协调**

订房处要及时把有关客人的订房要求及个人资料移交接待处，接待处把预订不到的客人情况返回订房处，以备订房处进一步查找有关资料而作出处理。

对预订客人抵店当天的订房变更或订房取消信息，订房处应及时通知接待处。

接待处应向订房处提供有关资料，协助订房处做好客史档案。

2、**订房处与行李处的工作协调**

通常订房处要在晚上把预计翌日抵店的 VIP 资料及有关接待要求以报表形式抄写清楚，交由行李处分别派送至总经理室、销售部、公关部、饮食部、客房部、工程部、保安部、前台部的接待处、询问处、大堂副理、总机等有关部门。

订房处要把翌日抵店的团队名称、人数、航班、抵店时间等有关资料详细列表交行李处。

酒店代表到机场、车站询问处查团队总表的团队所乘航班的到达时间，回报订房处。

3、**接待处与行李处的工作协调**

行李员在大堂门口欢迎客人的到来，协助客人照看行李，引导客人到接待处。

客人正在办理入住登记手续时，行李员应站立在客人后侧候命。

离店客人如有行李服务要求，接待处应通知行李处按客人指定的时间到房间提供服务。

酒店代表上班签到后，到接待处、预订处领取有关资料，将当天特别指定要接的客人姓名、人数、所乘车次（航班员）、对应的到达时间、所要求接的车型及其他具体要求登记于交班簿上。

以没有接到的 VIP 或特别指定的客人，酒店代表回店后即到接待处查对客人是否已到达，并报告主管或大堂副理，以及时做好补救工作。

附录一

大堂气氛检查项目

1、酒店的入口处是否有吸引力？是否有迎接客人的气氛？客人带着行李也很容易进店吗？

2、长途旅行后回到一个宁静的港湾会产生舒适感。大堂是否有这种宁静港湾的气氛？

——室内外噪音达到什么程度？大堂的隔音好吗？

——背景音乐的音量是否适中？

——灯光怎么样？是优雅柔和还是耀眼照人？是否有利于烘托女士的化妆色彩？各种灯具是否都完好？

——气味怎样？从外面进来会不会嗅到难闻的味道？

——湿度是否够？温度是否适中？

——地面、墙面、顶面如何？是否处于良好状态？

3、大堂的各种装备是否完好？各种服务设施的挂牌是否白天黑夜都能看到？

4、装饰品太多了还是太少了？摆设如何？花草布置是否恰当？

5、大堂的各种设备用具摆放位置是否准确？

6、大堂有没有供客人用的告示牌？

7、大堂的时差钟是否准确？

8、大堂的清洁卫生是否给人以无可挑剔的感觉？

9、大堂所有工作人员的服装、表情、举止如何？

10、大堂里的客人是否有破坏大堂气氛的行为？

预订工作检查项目

1、预订员是否经过培训？有否预订工作的书面规则？

2、接受电话预订的必备材料是否放在电话机的近处？

3、遇到预订客房时，预订员是否查阅客人档案卡片（贵宾等）

4、预订处发出的各种信函，其书写格式、内容是否完善无缺？

5、对于要回复的信件，预订员是否准备了登记本？

6、预订员是否根据酒店发出信的不同性质，规定了轻重缓急？

7、当预订发生了变更，是否在每份预订材料上用红笔注明了变更情况？

8、当收到一份取消预订的信件时，预订员是否总是想给等候名单上的客人寄一封确认信？

9、为了减少差错,预订员是否合理地使用了颜色?比如:
——用于报价信件
——用于预订和预订变更
——用于预订取消
——用于旅行社和会议

前台接待工作检查项目

1、客人抵达酒店门口时,是否有人迎接,是否有人帮助提行李?

2、总台接待员的服务态度是否优良、方式是否恰当、效率是否较高?各种手续是否合乎规定?

3、行李员是否随时为客人提供服务,引领到房是否符合要求?

4、各种行李及邮件等输送是否及时、准确?

5、问询服务是否热情、耐心、周到?

6、各种委托办服务是否手续清楚、提供及时?

7、各种电讯服务是否迅速、准确、及时?

附录二

希尔顿酒店订房员效绩考核表

订房员:

考核期:从　　　　至

1. 工作效率与质量　　　　优良中可劣

处理函电数量,收听电话数量,确认订房数量,完成订房数与处理各类订房要求的比例。
工作中的差错数。
典型差错。
旅客的投诉数。
旅客的感谢信及表扬数量。
典型成绩
2. 订房程序和产品知识
熟悉订房程序程度
执行订房程序情况
坚持订房程序情况
独立操作能力
对酒店各项服务设施的了解情况
对订房机构和体系的熟悉情况
3. 推销技巧
迅速，正确地答复电话
使用酒店推销技巧如价格，产品与服务等策略
酒店产品与服务的推销能力
记录时，向订房者重复重要订房信息
电话铃声不能超过三次，函电24小时内回复
语言，声调与礼貌
讲话时清晰和自信
4. 行为举止
不打扰其他服务员的注意力，保持工作环境的安静
工作时间的利用
规章制度的执行情况
准时上下班和主动加班
出勤情况：迟到次数与缺勤次数

5. 工作态度与职业素质
   与其他员工的合作情况
   工作责任感
   接受意见的态度
   可靠性
   主动性和工作热情
6. 总评

订房员签名　　　　日期　　　　管理人员签名
日期

第二节　客房部基层管理实务

客房是酒店的基本设施，是客人住宿和休息的场所，是酒店的主体部分。客房服务是酒店销售的主要产品，客房营业收入是酒店经济收入的重要来源。客房服务质量水平是客人评价酒店服务水平的主要依据之一，是影响客人"如归感"形成的重要因素。

客房部基层管理的工作目标，主要体现在以下几个方面：

（一）保证按酒店的经营决策、按本部门工作计划，组织服务的正常进行。

（二）监督与保证所属班组全体工作人员按工作程序、工作质量要求，为住客提供优秀服务；保证为住宅提供完备的设备、舒适方便的起居条件；保证客房及公共区域的整洁卫生。

（三）及时把第一线服务工作的有关情况向上反映汇报。

（四）严格按客房部制度要求控制好各种消耗物资的领用。在确保服务质量的前提下，提倡节约，减少浪费。

（五）做好各项工作记录，认真、公正地评价所属员工工作表现。执行奖罚制度，调动员工积极性。

一　客房部基层管理分类

客房部一般由楼层服务、公共区域服务、仓库这三部分建构其主要框架。一些酒店的客房部还下设客房服务中心、洗涤部；一些酒店根据自身业务特点把销售部、康乐部划归客房部管理。

（一）楼层服务（房口部）

负责楼层客房的清洁和接待服务工作。一些酒店分台班和卫生班。

（二）公共区域服务（管家部）

负责酒店公共区域的清洁事宜。对公共区域的概念，存在不同理解。有的酒店把办公用地、餐厅、厨房、庭园的清洁工作划归其他部门管理。

（三）客房仓库（含布草房）

二　客房部基层管理人员要求

1、熟练掌握操作规范、工作流程和质量标准。

2、掌握房务管理知识，合理制订客房工作计划。

3、掌握成本控制方法，善于在日常管理中发现问题。

4、能以各种形式（上理论课、示范操作等）培训所属员工，回答员工提出的有关业务操作的各种问题，成为所属员工工作的榜样。

三　客房部基层管理职责

（一）楼层服务

1、客房主管的职责：

客房主管是在客房部经理的领导下，负责对所辖楼层客房的接待服务工作实行督导、检查，保证客房接待的正常、顺利进行，做好客房部经理的助手。具体职责：

（1）掌握所属员工的思想和工作情况，充分发挥班组长的作用。善于说服动员，作耐心细致的思想工作。

（2）根据具体的接待任务，组织、调配人力。对 VIP 接待，协助班组掌握布置规格和要求。

（3）每天巡视客房，检查贵宾房，抽查已清理完毕的客房。使客房布置、清洁卫生、服务质量保持正常、稳定水平。检查各班交接班情况。

（4）汇总核实客房状况，及时向前台提供准确的客房状况报表。

（5）对客房设施设备进行定期保养，保证房内设施完好，物资齐全完备。发现损坏或故障及时报修。提出设备更新、布置更新计划。掌握好各班组日常更换的布草及客房用品的消耗情况，防止损失和浪费。

（6）主动接触客人及陪同人员，了解客人特点和要求。处理客人投诉。

（7）对班组处理不了的客人要求或疑难问题，主动帮助解决或帮助联络。

（8）对所属员工的操作方法、工作规范进行培训。经常检查所辖员工的仪容仪表、礼貌服务情况。

(9) 负责所属各班组的日常行政管理工作。对员工的工作态度、劳动纪律和工作质量进行统计考评。执行客房部经理交给的任务。

2、客房班组长职责

客房班组是具体落实客房接待服务、清洁卫生工作的最小单位。客房班组长的具体的职责是：

(1) 根据客房部的工作和本班组所负责的客房，作好工作安排。做好本班员工的考勤、评比等记录。

(2) 掌握、报告所辖的客房状况。

(3) 带领全班完成各项接待工作，检查每位员工完成任务的情况。

(4) 带头执行和督促员工执行酒店的各种规章制度。

(5) 负责班组所属的服务设施设备的保养，需要修理及时报修。

(6) 负责本班所需消耗物资用品的请领、报销、报废等事项。按照消耗限额的要求，最大限度地节省开支，防止浪费。

(7) 组织业务学习和岗位练兵活动，不断提高做房质量和操作速度。

(二) 公共区域服务

1、公共区域主管职责：

公共区域主管是在客房部经理的领导下，负责对所辖区域的清洁卫生情况达到酒店的标准，保证服务质量符合酒店要求。其具体职责：

(1) 掌握所属员工的思想和工作情况。

(2) 负责安排公共区域服务班次、工作时间和假日轮休。

(3) 做好各项清洁工作的计划。

(4) 检查当班员工的仪容仪表及操作是否符合规范。检查所辖区域是否整洁、美观，发现问题及时纠正、处理。

（5）检查所辖区域的装饰品、公用设施设备是否完善，保证能达到酒店原有的标准。

（6）制定合理的清洁用品消耗限额，控制清洁用品的发放。

（7）对员工进行业务培训。

（8）指导和检查地毯保养、虫害控制、外窗清洁等专业工作。

（9）完成客房部经理交给的各项临时性任务。

2、公共区域班组长职责：

（1）安排员工工作，做好考勤记录。

（2）带领本班员工完成主管下达的任务，检查员工完成任务的情况。

（3）发现问题及时处理，个人不能处理的及时报告主管。

（4）负责本班所属服务设施的保养，请领消耗物资，防止浪费。

（5）带头并督促员工执行酒店的各种规章制度。

（三）布草仓（房）主管职责

（1）根据酒店客房（床位）数量，核定各种布草的需要量和各种布草的替补率。保证布草能满足周转需要。

（2）检查实物摆放、库容、帐目登记是否符合要求。监督按手续办理布草进出。

（3）发现漏洞及时填补，不断完善库房管理制度及岗位责任。

（4）督促做好防火、防盗、防潮、防虫工作。保证布草符合卫生质量要求。

（5）培训员工掌握库房管理的基本功。

(6) 做好报废布草的回收再利用工作。

(7) 负责对员工作情况进行记录、考评。

(四) 洗衣房主管职责

(1) 根据上级计划分配的任务,组织本部努力完成各项洗涤任务。

(2) 对所负责洗涤的各部门布草及客衣、工衣,要保证不出差错,按时保质完成。

(3) 与各部门有关人员密切合作,做好收发工作。督促检查员工按制度办事。

(4) 制定洗涤计划,编制有效的洗涤方法。对各部门、各类布草服装的洗涤时间,作出统一安排。

(5) 控制成本费用,努力降低洗涤成本。

(6) 组织技术培训。

(7) 管理好洗衣房的各种机器、设备,定期进行维修保养。

(8) 建立完善的洗涤、收发、计价、登记制度。

(9) 必要时能代替工人处理洗涤事务。

(10) 负责安排班次,调配人力及其他行政管理工作。

四　工作协调

(一) 客房部与其他部门的工作协调

1、与前台的协调

双方应根据各自的工作记录,定期核对最新的客房状况信息。

客房部根据前台部提供的客情预报,获得即将抵店的VIP、团队等信息,根据客人的特殊要求,做好服务准备。根据客情预报安排客房维修和定期清洁计划。

对携带少量行李的住客,两部要保持密切联系,防止逃帐。

住客离店结帐时,客房部要及时检查房间,必要时协助行李员为客人送出行李。

客人离店后,客房部要及时整理房间,经检查合格后,通知前台调整房间状况。

2、与工程部的协调

当客房设施设备、清洁工具等发生故障,客房部应填写报修单或电话通知工程部。工程部应及时派人修理。两部配合对客房的设备设施进行定期的维护和保养。

客房部应向工程部提供有关客情预报,合作制订客房大修计划。

3、与保安部的协调

客房部应积极协助保安部对酒店公共区域客房楼层进行检查,做好防火防盗工作,确保住客安全。发现安全隐患,两部应协同制订整改计划。

发现可疑情况,客房部应及时与保安部取得联系。

两部共同制定住客紧急疏散方案。一旦出现险情,客房部应配合保安部,在保安部的统一指挥下,做好住客安全疏散工作。

(二)客房部内部工作协调

当酒店出现预期的人手紧缺时,客房部除了可以补充实习生外,还应注意合理安排人手,以老带新;或将部分工作表现良好的公共区域服务员抽调至楼层服务组,而把临时工配备于公共区域服务组。这是因为,公共区域服务相对于楼层客房服务来说,操作较简单,工作内容相对单一,一般人都能在较短时间内迅速掌握清洁卫生工作的要求,能方便领班、主管直接在工作现场作具体指导;此外,客房楼层服务由于能在工作时间掌握所清洁客房的钥匙,有较多机会接触客人及其物品,要求服务员有相当的职业道德修养。因此,这种做法有助于加强客房安全管理。

当班组因临时性任务而出现人手紧缺时,班长(或主管)可向上一级报告,由上一级管理人员协调处理。

当酒店出现季节性接待任务不足时,为避免劳动力过剩,可组织员工休假、培训。不少酒店利用接待淡季来保养客房——关闭楼层。这些都可能需要对员工进行岗位调整。这一点由客房部统筹安排。

在工作中由于所接待客人的需求不一,可能会发生某班组的某种物资不足,而另一班组的同类物资闲置的情况。各班组应发扬互相支持、配合的精神,在双方班长(主管)同意的情况下,按规定的借、还手续办理。若约定归还时间超越本班次,应在交班时做好记录。

附录一:假日酒店客房部领班(主管)查房标准。

(资料来源:庄玉海《现代旅游饭店全面质量管理》,海天出版社,1991年)

附录二:公共区域客用洗手间卫生检查项目记分表。

(资料来源:国家旅游局人教司《饭店客房部的运行与管理》,旅游教育出版社,1991年)

附录一、假日酒店客房部领班(主管)查房标准。

(1)领班进入客房检查时,也要遵循工作程序——检查自动门铃,轻轻敲客房门三下,然后用钥匙打开客房门,与此同时要禀报自己的身份——"客房部"(Housekeeping)。

(2)打开所有灯光,以便检查室内各灯具是否正常好用。

(3)检查客房门——具体项目：安全锁、门的停靠卡、防盗链、门上室内的饭店法规及客房价目表，同时要检查门的洁净程度。

(4)检查衣柜——衣柜门应正常好用，衣柜隔板、衣服架数量、洗衣袋及洗衣项目价目表都应按标准数量齐全。

(5)地毯——地毯是否吸尘、洁净程度、没有脏点及破损。

(6)床——床要整洁、舒适，床具（床单、被单、枕套）要绝对洁净，没有污脏点，床头板要洁净无尘，床垫也要翻转过，保证客人的舒适。

(7)床头柜——表面整洁无尘，烟灰缸干净，火柴满装，台灯整洁好用。

(8)电话——非常好用，电话目录服务指南准确无误。

(9)所有灯具、家具陈设、电视机、空调旋钮以及悬挂的壁画等都应该擦洗得光亮、整洁。

(10)窗帘拉绳、滑钩都要齐全、好用；窗帘无破损。

(11)窗、玻璃门均应洁净，光亮，安全，好用。

(12)办公桌面洁净，抽屉内整齐、无尘。

(13)室内家具、陈设完整无损、舒适、洁净、好用。

(14)废纸屑筒内外要干净、无尘。

(15)宾客使用的印刷品、文具等一号低消耗品要齐全，如饭店服务指南、送餐服务菜单、宾客对服务评论单、文具用品、洗衣袋、洗衣单及其价目表等。

(16)墙壁、天花板应整洁、无尘。

(17)内连房的房门要安全，门面要洁净。

(18)领班检查完毕，要填写客房检查登记表，如果有要维修的项目应填写维修单，并要电话通知工程维修部前来维修;在检查过程中,发现有不符合客房卫生质量的地方或项目,也要即刻告知客房卫生员(或称客房服务员)重新整理客房。假若一切令人满意,符合本饭店规定质量标准,就要把客房门锁好,开始下面的检查工作。

3. 客房卫生间检查标准。

(1) 卫生间门——要洁净、安全。

(2) 梳妆台面——洁净,没有发毛和水点。

(3) 淋浴棉织品——齐全、干净、舒适。

(4) 低消耗品——面纸巾、卫生纸、烟灰缸/火柴、饮水杯、开瓶器、面皂等均要齐全、干净。

(5) 浴缸及淋浴区——浴缸要洁净无发毛、淋浴喷头要正常好用、浴缸下水管要通水流畅、浴皂盘要洁净并内装有浴皂,浴巾布草架要安全。

(6) 镜面——洁净无脏点和水珠。

(7) 便缸——消毒干净、无臭味。

(8) 灯亮——光亮、洁净。

(9) 墙壁——洁净、无尘。

(10) 最后目视检查——一切令人满意并有芳香、明快之感。

附录二

表 6-1 厅堂组、洗手间卫生检查记分表

年　月　日

项目 \ 得分 \ 地点	M=A	M=P	L=A	L=P	M=A	M=P	L=A	L=P	M=A	M=P	L=A	L=P
1. 地面、墙角无积灰、杂物、污渍 15												

2. 马桶、小便池内外干净无污迹 15										
3. 四壁瓷砖无污迹、积灰 10										
4. 大、水各扇门无灰尘、污渍 5										
5. 间隔墙顶无积灰、杂物 5										
6. 马桶底座及胶边无积灰、污渍 5										
7. 脸盆四周及水龙头清洁无水迹 5										
8. 脸盆下水口、溢水口无污迹 5										
9. 各小垃圾箱或烟缸内外清洁 5										
10. 托盘无污渍、皂盘无水迹 3										
11. 水池下弯管无积灰、污渍 3										
12. 镜面无水迹、镜框无锈迹 3										
13. 大理石台面无灰尘 2										
14. 踢脚板、缓冲器无积灰 2										
15. 镜框顶无杂物、积灰 2										
16. 水箱内无大沉淀物、外无污渍 2										
17. 风口无积灰 2										
18. 壁画、卷纸架无积灰 2										
19. 梳子、衣刷上无头发、污渍 2										
20. 工作间、物品归位整洁 3										
总　分										

AM　PM

领班检查：_____

主　　管：_____

第三节　餐饮部基层管理实务

餐饮是一种重要的旅游资源，餐饮服务是酒店服务的重要组成部分。与客房部一样，餐饮部是酒店的基本业务部门，是酒店营业收入的主要来源之一。餐饮部是酒店唯一生产、加工实物产品——食品的部门，通过为客人提供色、香、味、形、器俱美的食品及服务，满足客人的需求，增加对客人的吸引力，增强酒店的市场竞争力，提高酒店的经济收入。

餐饮部基层管理的工作目标，主要体现在以下方面：

（一）为客人创设洁净、优雅的就餐环境。

（二）保持并不断提高菜肴质量，更新菜肴品种。

（三）提高服务质量，实施保销计划，提高回头客比例，提高翻台率。

（四）做好成本控制工作，做好部门物资、财产的管理工作。

（五）合理组织人力，提高部门工作效率。

（六）加强食品卫生和饮食安全管理。

一　餐饮部基层管理分类

餐饮部全面负责食品的采购、保管、加工制作，为客点菜、上菜、提供席间服务，结帐等一条龙的服务。由于酒店规模大小不一，餐饮部在酒店的地位不同，因此不同酒店的餐饮部的管理机构会有所差异。但从餐饮部的运转特点来看，餐饮部一般设有采购保管、厨房和餐厅三大部门，规模较大酒店的餐饮部还设有酒吧部、宴会部。

（一）餐厅

酒店规模、经营特点不同，餐厅的数量及经营特色就会有差异。如有的酒店拥有中餐厅、西餐厅、风味餐厅、咖啡厅及多功能餐厅等。餐厅是客人就餐活动的空间，是酒店接待客人用膳的场所。餐厅服务包括了餐厅布置、订餐、备餐、迎客、接受点菜、服务酒水及菜肴、结帐、送客等一系列活动。通常餐厅分楼面服务、传菜服务、收银三组，一些餐厅还配有营业部、酒吧、乐队。

（二）厨房

一般说来，厨房的数量和规模取决于餐厅规模及经营特色。拥有中餐厅、西餐厅的酒店，其厨房也一般分为中厨房、西厨房、专业厨房。一个综合性厨房常设粗加工组、切配组、冷菜组、炉灶组、烧腊组、面点组等。厨房是食品加工制作的场所，负责向客人提供可口卫生的食品，在菜肴花色品种上不断创新，控制好每道菜肴制作成本，做好成本核算控制工作。

（三）采购保管

采购保管组负责按时、保质保量地采购餐饮部所需的物资如食品原料、酒水饮料、餐厨具等，做好物资储存与保管工作，使物资采购、验收、盘点、领用等工作制度化，保证厨房及餐厅服务工作顺利进行。

二　餐饮部基层管理人员要求

1、掌握菜肴制作及服务的基本知识，了解每个品种的口味特点及历史典故。

2、掌握食品营养知识，能设计营养均衡的套餐。

3、掌握食品卫生知识。

4、熟练掌握岗位技术，在工作中发挥组织协调和技术指导作用。

5、有较强的组织能力、应变能力、口头表达能力。

6、有强烈的工作责任心。

三　餐饮部基层管理人员职责

（一）餐厅

1、餐厅主管的岗位职责

餐厅主管是在餐厅经理（或餐饮部经理）的领导下，负责餐厅的日常管理工作，并与厨房保持密切联系，确保餐厅的服务质量。其具体职责是：

（1）出席每周的业务会，汇报本餐厅工作，向员工传达会议精神。

（2）每日检查设备、家具、餐具的摆设及其完好情况；检查服务用品及清洁卫生；检查库存物资；检查员工仪容仪表、礼貌、纪律。

（3）主持每日餐前会，安排当天的服务工作。从厨房了解当天出菜情况，布置重点推销菜式。鼓动士气。

（4）签领食物、饮料。

（5）妥善处理客人的投诉和质询。

（6）做好员工考勤及工作评估工作。

（7）组织员工做好餐厅清洁卫生工作。严格检查质量。

（8）做好餐厅的财产管理工作。

（9）组织服务技术培训课。

2、餐厅楼面班长职责

(1) 在主管的领导下和服务员一起工作。

(2) 负责检查本组工作区域的桌、椅、餐具及其他必需品的摆设及卫生情况。

(3) 与服务员一起做好开餐前的准备工作。

(4) 对本组服务员进行技术指导。

(5) 上岗前检查本组每位服务员的仪容仪表。

(6) 负责为 VIP 提供服务。

3、餐厅传菜班长职责

(1) 负责协助厨房做好开餐前酱汁准备工作。

(2) 协调楼面与厨房的工作,及时传递有关信息。

(3) 合理调配人力。

(4) 检查本组员工仪容仪表,做好各项工作记录。

(二) 宴会部

1、宴会主管职责:

(1) 领导本部员工,认真完成各项宴会接待任务。

(2) 抓好员工队伍建设,关心员工的工作、学习和生活,掌握员工思想动态。

(3) 抓好服务态度和服务质量,及时处理客人投诉。

(4) 加强财产管理和费用管理,最大限度地减少餐具、用具的损耗,抓好设备的维修和保管。

(5) 负责服务员的业务培训和工作考核与选拔。

(6) 抓好卫生工作,在环境卫生、餐具卫生、食品卫生、操作卫生、个人卫生等方面严格管理。

(7) 加强与其他部门的联系,保证各项工作的正常进行。

(8) 熟悉各种宴会的餐厅布置、台面设计、菜肴酒水及服务规范,合理安排人力和餐具用具,保证宴会按时、优质进行。

(9) 了解客人用膳习惯,熟练编制宴会菜单。

2、宴会部班长职责:

(1) 贯彻、落实主管交付的各项任务。

(2) 根据员工特点,安排具体的工作岗位。

(3) 指挥服务员日常服务工作,按规定程序作认真检查。

(4) 检查属下各岗位工作情况,协调员工工作关系。

(5) 做好财产清点、保管工作。

(6) 组织员工学习和业务训练。

(三) 厨房

1、厨房主管职责:

(1) 制订厨房生产计划,全面负责所在厨房的餐食准备与烹制。

(2) 严格执行国家颁布的卫生法,搞好厨房食品卫生,保持厨具整洁,确保客人饮食安全。

(3) 保证食品质量高标准、严要求,菜肴品种规格化、多样化,摆拼艺术化。

(4) 编制菜单,掌握菜肴成本。

(5) 下达备餐任务、数量、规格。

(6) 聘用厨房人员,安排各班组任务,调配各组人员力量,协调各组工作关系。

(7) 进行烹饪监督,对烹饪作技术性指导,对菜肴质量和数量进行把关。

(8) 组织厨房员工的业务学习,不断提高烹饪技术。

(9) 计划、组织领取每日所需的食品原料,严格进行管理,保证投料准确。汇总、核查厨房消耗原始记录和灶存成品、半成品数量,以便准确计算食品成本。

2、**厨房各班组组长职责**

各班组组长应明确本岗位任务和责任,组织本组员工完成工作。严格控制本组工作的质量,做好本组范围的清洁卫生工作。做好领料及半成品、成品的原始记录工作。

(四)采购保管

1、**采购主管职责**

(1)根据客情预报及经验预测编制餐饮部所需物资、食品原料的计划。

(2)按餐饮部经理批核的计划采购各种物资。

(3)严格控制采购的食品原料的质量,确保食品新鲜、卫生,保证安全。

(4)严格执行物资采购的验收制度,做到手续清楚,数字准确。

(5)组织本组员工的政治学习,遵守国家对市场管理的各项政策,遵守员工守则。不走后门、不私分公物、不收受回扣。

(6)建立相对稳定的食品饮料供应网络,搞好与供应商的关系。

(7)定期将市场供应信息提供给厨房部。

2、**仓管组主管职责**

(1)认真执行商品原料的验收、保管及发货制度。督促本组员工准确、及时地完成收、发料工作。

(2)督促、检查仓库的清洁卫生工作。库存物品分类保管,摆放整齐。做好防腐、防霉、防火、防盗工作;杜绝鼠害、虫害。

(3)定期盘点,保证帐物相符。

(4)检查货物进出库日报表,控制仓库货物库存量。

（5）正确计算领料单上各种原料的成本及全天的领料成本总额。

四　工作协调

餐饮部虽然在酒店管理系统中具有相对独立性，但要充分发挥餐饮部在酒店中的作用，为酒店创造更大的利润，不论从系统管理或现代营销的角度看，应注意做好与其他部门的协调。

（一）餐饮部与其他部门的工作协调

1、与前台、客房部的工作协调

餐饮部应根据前台提供的客情预报做好食品原料的采购工作。前台、客房部要掌握适当时机向住客推荐介绍餐饮部有关产品的特色、特点，使客人享受到配套的优质服务。

2、与销售部、公关部的工作协调

餐饮部与销售、公关两部的工作协调，主要体现在营业推广、促销工作上。销售部、公关部应重视餐饮部产品的特色，把餐饮部产品看作是酒店产品的重要组成部分，在大力推销客房的同时，推销餐饮服务，帮助餐饮部扩大客源。另一方面，餐饮部应根据现阶段酒店的营销总策略来调整菜单内容、提供优质的食品和服务，并及时把有关产品成本核算返还销售部，主动提供创新产品资料，以便销售部能获得准确的第一手资料，洽谈业务。

3、与财务部的工作协调

购置原料、制订毛利率、审议价格、售后结算等工作的审核，要由两部门共同参与完成。餐饮部需向财务部提交各类准确的营业数据及报表，财务部根据这些资料，经审核分析，作出经营情况分析报告，以满足餐饮部管理工作的需要。

4、其他

餐饮部还应注意与工程部、保安部、洗涤部搞好协作关系。餐饮部与洗涤部共同协定有关布草的保养及换领制度，在布草送洗前检查有无附着物，点清数量。

(二) 餐饮部内部工作协调

餐饮部经理应根据市场发展趋势，参照本部门实际情况，在厨房及餐厅主管的配合下，制订出切合实际的年度销售计划，以及每月、每周、每日的销售计划和特殊促销计划。

1、**餐厅与厨房的协调**

厨房应定期派厨师向餐厅服务员讲授有关菜肴的知识，使服务员在为客人点菜时能做好推销工作。

厨房要把每天的出菜情况（如例汤、时令菜、沽清菜、重点推销菜）等及时告知餐厅。

餐厅服务员在各人点菜后按要求落单，及时把"厨房联"送到厨房的有关岗位。厨房一般按落单的先后顺序切配烹饪。如发现落单不规则，厨房应及时退单，以免造成不良影响。

餐厅服务员还应及时将客人的意见反馈给厨房。

2、**餐厅与宴会部的协调**

当宴会部有大型宴会的接待任务时，应通过餐饮部向其他餐厅请求人力（甚至物力）的援助。餐厅应积极配合，抽调人力物力。宴会结束后，宴会部应如数归还所借物品。

3、**厨房与采购保管组的协调**

双方共同拟定食品采购计划。采保组定期向厨房提供有关市场行情和现有库存量，厨房综合以上信息调整菜肴价格、菜肴投料量，或以替代品取代原用材料，或改变菜肴制作方式等，使餐饮部在经营上更具市场适应性。

厨房要根据餐厅营业的特点，做好周密的用料计划，与仓库商定每天的领料时间和次数，以免随便领料，减少浪费。

第四节 保安部基层管理实务

保安部是酒店保证自身安全、稳定地进行经营管理活动所不可缺少的一个部门。客人"如归感"的形成不仅仅取决酒店提供的设施和服务，而且依赖于酒店为客人所提供的安全消费娱乐环境。安全良好的环境，能使客人从心理上消除紧张感、陌生感和戒备感，安心享受酒店所提供的高质量服务，从而在物质上、精神上得到满足。

（一）确保酒店各营业场所安全、有秩序地进行酒店经营活动。

（二）做好安全防范工作，减少违法犯罪、打架斗殴等恶性事件在酒店的发生。

（三）统领、指导、协助各部门做好防火、防盗工作，保护各人和酒店的财物安全。

（四）保证重点接待任务安全、顺利进行。

（五）协助公安部门打击违法犯罪活动。配合公安机关开展对案件的侦破工作。

（六）做好本酒店员工的安全教育工作，落实各项安全保卫责任制。

一 保安部基层管理人员的要求

1、有强烈的工作责任心。

2、有细致的观察力，善于捕捉周围事物细微的变化作出迅速准确的判断。

3、熟悉国家法律及政府有关治安管理条例的内容。

4、熟练掌握各种保安设施设备的使用方法。

5、有一定的酒店经营意识，能正确处理服务与安全保卫关系。

6、有一定的组织能力，当发生突发事件时，能迅速作出反应，有效地组织人力控制事态。

二　保安部基层管理人员职责

保安部所承担的安全保卫的任务范围很广，从管辖区域看，既包括了酒店对外营业的所有场所及外围环境，也包括酒店内部办公的安全；从管辖内容看，既包括维持日常经营管理铁序，在进出口通道、公共部位及要害部位加强巡查，同时也包括消防、除害、押款、警卫、监护危险施工等内容。

1、保安部主管的职责

在保安部经理的领导下，处理本部的日常保安事务和保安人员的工作情况，确保下属按要求正常开展工作。其具体职责：

(1) 负责本部的日常治安管理，指挥、协调下属的工作。

(2) 了解上一班的工作记录内容和提示，并将本班的工作情况记录在册，报送经理审核。

(3) 检查下属人员的装备和个人仪容仪表，布置工作，交代注意事项。

(4) 对所有涉及安全的一般事件，开展调查研究和核实工作。如在本班次时间内无法完成的可移交下一班继续完成。

对在本部管辖范围内出现的违法案件，接报后第一时间赶往现场处理，并及时向上级报告。

(5) 检查酒店内部安全保障措施的落实情况。

(6) 主持班后会，讲评当天工作情况。

(7) 对保安员进行日常的业务培训和考核。

2、消防主管的职责

消防主管一般隶属于保安部或工程部领导，全面负责酒店的消防安全工作。其具体职责：

(1) 认真贯彻执行"预防为主、防消结合"的方针，结合本酒店实际，搞好防火工作。

(2) 定期深入各部门检查、落实防范措施，发现火险隐患及时提出整改措施和意见。

(3) 全面负责消防中心的管理工作，发现问题及时处理，并向有关领导汇报。

(4) 对下属人员做好考勤、考绩记录。定期组织消防中心人员进行政治、业务学习。

(5) 定期向酒店各部门各级员工进行消防教育。

(6) 发生火警、火灾及时组织灭火抢险和人员疏散。

(7) 积极协助公安消防部门做好火灾的调查处理。

(8) 努力完成上级主管部门交办的事项，按时汇报工作。

三　工作协调

"群防群治"是做好安全保卫工作的要诀之一。要实施"群防群治"并使之发挥效果，保安部必须加强与其他部门的协调沟通。在对本酒店员工的治安管理上，保安部应与人事部合作，不断完善"员工守则"的内容，使员工能以合作的态度自觉遵守有关规定，服从保安员的指令。为加强对酒店要害部位（如电房、锅炉房、水泵房、电话总机、电脑房、消防中心、银行、金库、保险箱等）的安全管理，保安部要与工程部、财务部等部门通力合作，健全各项安全制度，定期对要害部位的安全岗位责任制落实情况进行检查，发现问题限期进行整改。在客房的治安管理问题上，客房服务员要与巡楼保安密切配合，发现可疑情况及时报告。设有楼层台班的酒店要加强对来访客人的管理，台班晚间要将到指定时间仍未离店的来访客人情况报告保安部；发现住客有私自留宿客人的倾向时，大堂副理应与保安部协同处理。对歌舞厅、酒吧酒廊的治安管理，保安部应派员在现场值勤，严密注视厅内客人情况，发现客人争吵，要劝导隔离；发生打架斗殴事件要立即上前制止并报告增援；协助酒吧服务员妥善处理酒醉客人。协同公关部以及其他接待部门做好VIP的安全保卫工作。当发生恶性事件和偷窃、抢劫、凶杀等时，各营业部门除要及时报告时，还要配合保安部保护好现场，并协助调查。

第五节　工程部基层管理实务

一、工程部基层管理分类

随着现代旅游业的发展，酒店的功能及服务水平也在不断提高，迅速发展的科学技术往往会以新设备、新材料影响着酒店，酒店对能源的需求增加，对设备、设施也逐渐趋向追求舒适和豪华，趋向复杂化和多样化……，现代酒店宾馆在经营中对这些硬件的依赖程度越来越大,在这方面的投入达到总投入的三分之一以上,近年现代宾馆酒店能源、工程和维修费用的上升率比酒店收益率一般要高出 3～5 倍,这不能不引起酒店主要负责人的重视,工程部在酒店的作用、地位和影响也在大大地提高,因为工程部工作的好坏,很大程度地关系到酒店的服务质量、效益、安全和声誉,而要搞好工程部的工作,重要的一环是加强对工程部的管理。

现代酒店宾馆的工程部,根据不同酒店的组织安排,有着不同内含,一般分为两种,一种是只管理设备,包括能源设备及其维修的;另一种则还要包括管理酒店的土建工程,如新建、改建、内部装修等。因此,工程部的组织结构可分为以下几种:

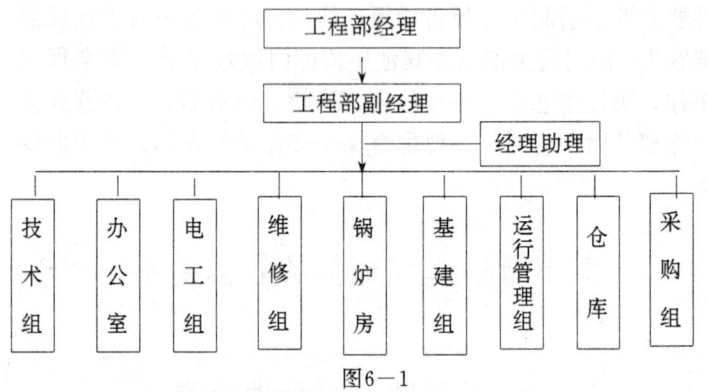

```
            ┌─────────┐
            │ 工程部经理 │
            └────┬────┘
                 │
            ┌────┴─────┐
            │ 工程部副经理│────┬──────┐
            └────┬─────┘    │经理助理│
                 │          └──────┘
  ┌────┬────┬────┼────┬────┬────┬────┐
 技术 办公 电工 维修 锅炉 基建 运行 仓库 采购
 组   室   组   组   房   组   管理 库   组
                              组
```

图 6-1

以上组织结构一般为中、小型酒店,有的把基建组从工程部分离,单独成立基建科或基建办公室,对小酒店,一般不设副经理,也不设经理助理,下面的组也可合并,如将技术组与办公室合并,采购组与仓库合并,运行管理组与维修组合并,电工组与锅炉房合并等。

如果酒店较大,一般可分成"运行班"、"电气班"、"修理班"、"供销班"、"基建办""办公室"六个大组,其结构如图示:

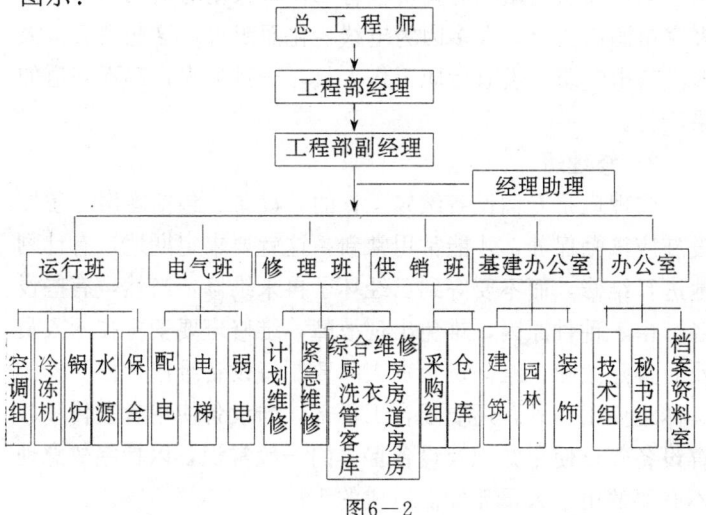

```
                总工程师
                   ↓
               工程部经理
                   ↓
              工程部副经理
                   ↓
                经理助理
    ┌──────┬──────┬──────┬──────┬──────┐
  运行班  电气班  修理班  供销班  基建办公室  办公室
```

运行班:空调组、冷冻机、锅炉、水源、保全
电气班:配电、电梯、弱电
修理班:计划维修、紧急维修、综合厨洗管客库
供销班:维修房、房道、衣房房、采购组、仓库
基建办公室:建筑、园林、装饰
办公室:技术组、秘书组、档案资料室

图6-2

根据以上组织结构,工程部的基层管理可分为以下几类:

1、运行班:

其作用是保证酒店全部设备的正常运行,每一个岗位都有工作人员,能按照各设备的操作规程正确操作,进行日常保全,把事故消灭在萌芽状态,运行班根据各设备又分若干小组。有的组较大,如锅炉房,一般设有组长,有的则由若干台不同设备组成一小组,如水泵房与管道保全,空调组与冷冻机房。

2、电气班

电气班负责管理酒店的全部电气设备,包括强电与弱电,供电是宾馆酒店主要的能源,是酒店得以正常运转的命脉,因此有着十分重要的意义,电气班一般既负责日常运行,又负

· 373 ·

责小型的电气维修，在设备维修期间，电气班应配合维修部门的工作，供电设备的保全，特别是强电设备，因此也包括电气知识和安全用电的宣传教育工作，大量的实线证明，许多宾馆酒店失火，大多因为电线老化而走火，这些酒店又大多没有电气班，没有专职工作人员，一旦失火，都不知道如果应付。

3、**修理班**

修理班是专伺设备维修工作的，设备、包括客房、餐厅设施应该勤保养，才能常用常新，这就要求定期地，有计划地进行维修，而不要等到已经坏了再来维修，当然，有些设备，由于种种原因，难免出现故障，维修班要安排技术人员及时排除故障。维修班负责人除要制订设备维修计划，安排具体维修工作外，还要配合工程部，向设备使用者宣传和教育设备安全使用知识及设备保养的一般常识，以杜绝故意地不必要的由于人员无知而造成的事故。

4、**物业班**

物业班是负责工程部所需物业的采购和保管、发放工作的班组，设备的维修需要更换零配件，有些设备需要淘汰更新，为保证酒店的正常运转，要预备一些易耗品，及时更换，如灯泡，当使用到一定时限后，就要换新的，而不要等灯泡坏了才来更换（当然，有的电泡未到时限就坏了则应及时更换）。这就要求物业班的管理高度制度化、科学化、标准化，做到在保证酒店正常运转的基础上，节约物资。

5、**基建班**

基建班负责宾馆酒店的基建工作，包括老酒店的局部改造和新酒店的基建安排，一家酒店建成后，基建工作并没有结束，这一方面是酒店要求发展，要不断扩大基建内容，另一方面对原有的酒店，在格式、材料、内容上都要根据科学技术的发展和宾客需求的变化而不断变化，有的酒店基建工作是全部交给专业建筑部门，酒店只设负责联络人员；有的酒店则有自己的基建队伍，基本上靠自力更生；还有的酒店则把大的工程向外发包，小修小改则靠自己的基建力量。

6、技术班

技术班大多与经理、秘书合室上班，主要负责工程部的技术、计划、调度、大型设备的引进，技术资料的收集，技术档案的建立，甚至包括规章制度的制定与修改，工程部经营的核算、申报与使用管理。

技术班实际上就是工程部的核心与头脑，几乎每一个成员都是管理者，但从小到大，又都属于基层管理，都具有基层管理的属性。技术班必需具有权威性，一个团结、高效、高能的技术班，是整个工程部有序、高质、高效工作的前提与保证，技术班的班长一般也就是工程部的经理或酒店的总工程师。

二、工程部基层管理人员的要求

工程部基层管理人员既应具备酒店宾馆管理人员的一般要求，又应具有工程部基层管理的特别要求，归纳为以下几方面：

1、观念：

现代宾馆酒店为了适应日新月异的旅游业，市场经济的发展，几乎集中了现代科学技术提供的最新设备，成了反映该地区经济、技术水平的窗口，如何用好，管好这些设备，关键的是管理者的观念要更新，集中应表现于下：

① 把守业变为创业，变被动为主动：工程部的基层管理，不仅仅是执行上级的管理意图，还应把自我位置站在主人的位子上，不仅要努力使现有设备满负荷运转，而且要设法使其高质、高能、高效、使管区产生更多的价值，成为酒店主要创利单位，例如更换一批节能灯，每年就可以节省大批电源，其价值不会比增加客房率和翻台率所创造的价值小。

② 把治病变为保健

工程部就是酒店的保健医生，他的作用应该包括：

A. 不生病：即保证酒店全部设备设施安全正常运行，不出事故，决不带病工作，一旦出了事故能及时排除，各设备均有安全装置。

B. 发育正常：酒店设备设施也与人的生长一样，有他规律的发育期，要使其发育正常则要努力做到a、合理保养，以科学为依据，按设备设施的本来规律进行保养，不超负荷，不超期服役，但也不要不满负荷，或者杀鸡用牛刀；b、计划维修，切不要头痛医头，平时不烧香，临时抱佛脚，各设备均要进行计划保养，要有规章制度，这一点，对常年运行的酒店业意义重大。c、保持常新：设备设施保养得好，就能"象新的一样"，这一观念并不是很容易建立起来的，某酒店总经理无意发现有一块天花板有手指印，立即把工程部经理找来，工程部经理一看就知道，于是漫不经心地回答说："是工人换天花板时没有戴手套。"该总经理一看他这种态度认为问题严肃，马上召开工程部全体员工大会，要求大家讨论这是小事还是大事，让每一职工都认识到，如不从小事抓起，酒店就不可能保持常新。

C、变得更健康：所谓更健康，可以从以下几点来表现：a.节能，运用系统工程原理来进行全酒店能源管理，既采用新技术、新设备来节能，也以规章制度和观念教育来保证节能，让每一职工看到不该点的灯在亮着，不该流的水在流着就心痛，就会主动去制止。b. 改貌，做到面貌常新，以外观到内涵都使客人感到一种新鲜感。c. 引新，不断引进新技术，新材料、新工艺、新方案。

③ 把防微杜渐、严格要求看成是做好工作的保证。

酒店宾馆象一个人一样，平时要注意防范细菌的入侵，加强身体锻炼，才能不生病，千万不能不拘小节，对小毛病不重视，特别在有一点生病征兆时，就要立即治疗，千万不能做那种"打破锅来补"的事。

防微杜渐的保证是严格要求，而严格要求的保证是领导重视和有章可循。

④ 学习并运用现代先进理论与技术，坚持标准化管理观念。

2、知识

工程部基层管理人员应具备以下知识：

① 文化程度

高中以上，能用一门外语阅读有关专业资料并有一定口语能力。

② 专业知识

对所从事的工作，如机械、电气、电脑、建筑、能源、弱电、通讯等有较内行的知识，并能胜任本管理的工作操作。

③ 管理知识

熟悉对设备、设施的管理，及对人管理，了解现代管理理论，掌握各部门工程设施概况。

④ 政策法规知识

能自觉执行党和国家有关工程管理方面的规章制度，如基本建设、生产安全、生态平衡、环境保护、保守机密、消防、劳动保护等。

⑤ 其他有关知识

如成本管理、工程预算、各种定额的核算、懂得工程项目招标、核算的基本程序，国家财政、税收、统计法，美学及装饰知识，海关及汇兑知识等。

3、气质与性格

这方面无统一的，严格的要求，各种气质与性格的人都可以从事工程部基层管理工作，也都各有有利与不利的一面，纵观来看，还是以粘液质为主导气质和以理智性为主要性格的人从事该类工作较好。

4、品德

从事工程部基层管理者应有较强的责任心，敢于并善于克服困难，在事故面前临危不惧，有工兵排雷架桥的胆识，技术与精神。甘于淡泊，甘于孤独，甘于并善于去做那些没没无闻的工作。并且细致而耐性。

5、能力

对工程部基层管理者的能力要求主要有：

① 实际操作能力，能在第一线动手操作，并且对员工进行示范培训。

② 组织协调能力，能带领班组职工，既分工又合作，共同完成每日的工作任务。

③ 判断决策能力，对工程中的问题，特别是出事故时，要当机立断，不犹豫不决，很快地排除故障。

④ 开拓创新能力，对新事物、新技术、新工艺、新的经营管理方法等感兴趣，善于开动脑筋，进行技术改造与技术革新。

⑤ 语言文字能力，能用简洁的语言汇报或指挥工作，具有编写经营管理技术分析、质量规程、施工安全分析报告、项目实施方案、年度计划和总结的能力。

6. 资历

拥有国家劳动部内规定的上岗证书。

三、工程部基层管理者的职责

工程部基层管理者一般包括经理、主管和班组长三个层次，他们的职责往往用岗位责任制确定下来。

1、工程部基层管理者的岗位责任制

① 工程部经理

A. 负责制订业务工作计划，定期编制设备维修及更新的预算报告及审批请购物资报告；

B. 负责和实施酒店各项能源、动力设备的运行管制及维修保养计划；

C. 负责酒店各类土木工程建设规划及组织施工；

D. 制订节能措施，降低酒店能源消耗，提高经济效益；

E. 负责处理业务范围内发生的问题和客人对工程维修工作的投诉；

F. 协调客房、餐饮、前厅（大堂）、康乐、保安、公关、营销等部门的日常维修及各项设备维修周期计划的制订及产品推销活动；

G. 合理安排本部门员工工作，负责员工的业务技术培训及业务考核。

② 主管的岗位责任制

A. 在工程部经理领导下，对主管业务负有直接责任，并负责主管班组设备的大修和维修计划；

B. 检查各班组岗位责任制，对员工维修质量、设备运行情况进行巡查和考评；

C. 下班前应对主管的设备的安全、消防进行巡查，并做好记录；

D. 负责检查主要班组的各种备件和工具使用、保管情况；

E. 关心员工的思想、学习和生活情况；

F. 负责本系统员工的培训和技术考核工作。

③ 班组长的岗位责任制

A. 在主管指导下，制订班组岗位责任制和设备保养、交接班等制度；

B. 负责分配班组员工的各项工作，对员工进行考评并向主管提出员工奖罚意见；

C. 管好用好各种备品备件和工具，使帐物相符，提出备品备件采购要求；

D. 检查员工交接班情况和本组设备运行、安全记录等，发现重大事故应及时采取措施，并向有关领导部门汇报；

E. 关心班组员工的思想、学习和生活情况，使班组成为技术过硬、团结协作的集体；

F. 负责审查员工对完成维修及安装等各项工作中材料的使用情况，避免浪费。

2. 工程部各部门的管理职责

中国有句民谚："麻雀虽小，五脏俱全"，工程部的工作就是要保证酒店的"五脏"健康良好运行，因此所属部门也较多，但一般酒店，特别是中小酒店，不可能每一部门都安置一组员工，因此对小酒店，往往要求"一专多能、身兼数

职",我们在陈述时,还是按比较大的酒店来配备班组的,主要的:

① 采购组

负责制订年度采购计划,申报采购资金,按工作需要较超前地采购到工程部各部门所需的设备,材料和零配件,参加商品的订货恰谈、签定合同、看样品工作;

检查进货质量是否符合要求,数量是否足够,以及合同规定项目的落实,对购买设备、特别是进口设备一定要及时开箱验收,发现问题及时处理,避免由于延误期限而造成的浪费。

负责采购员的组织管理培训工作。

表6-2 材料购置计划表

199 年 月 日

编号	材料名称或项目	规格	单位	数量	单价	金额	审核意见	备注
1								
2								
3								
4								
5								
6								
7								
8								
9								
10								
11								
12								
13								
14								
15								

总务负责人　　财务负责人　　部门负责人　　制表

表6-3 设备采购通知单

工程编号		国别		预计费用		要求到货日期	
使用部门		制造厂		资金来源			
设备名称		型号规格		数量		备注	
附属设备	名称	规格	数量	备件要求	名称	图号	数量

本表一式三份,工程部、采购部、财务部各一份

工程部经理_____ 年 月 日

经办人_____ 年 月 日

表6-4 设备订货合同登记表

序号	计划号	合同号	设备名称	型号规格	计划数量	订货数量	供货单位或乙方	单价	金额	交货期	银行开户及帐号	乙方	付款情况	到货日期	到货件数	外观质量	备注

② 仓库管理

仓库是酒店物资供应的大本营，是酒店正常运行的物资保证基地，搞好酒店仓库管理，对保证酒店服务质量有十分重要的意义。

酒店的仓库一般分：燃料库、家具设备仓、布草仓、文具备品库、五金交电机械零配件库、汽车配件库、建筑装修材料库、食品库（又分干货仓、鲜货仓、饮料仓）等。

工程部仓库管理的任务是负责物品的进仓入库登记，采善保管，做出不损失、不损坏、不积压、不缺少。

及时向上提交库存情况，以便采购部门及时补充。

做好物资的发放工作，建立科学的帐本制度。

保证库区的安全，做好防火、防盗、防洪、防潮湿工作。

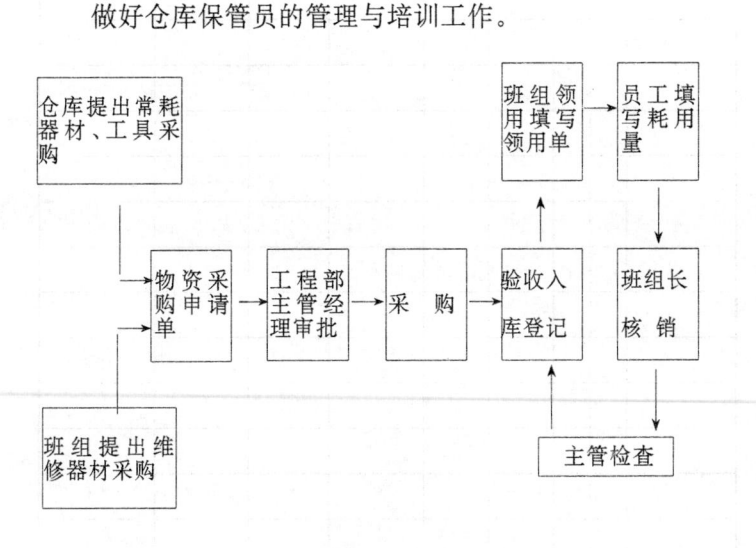

做好仓库保管员的管理与培训工作。

图 6-3 设备维修器材的采购、保管和领用制度

表 6－4　月库存物资消耗补充统计表

物资名称	规格	单位	消耗数量		本月结存数量	金额	计划购入数	备注
			上月	下月				

表 6-5 设备入库验收单

工程编号		设备名称		型号规格		合同编号	
国别		制造厂		出厂编号			
包装型式		装箱数		验收日期			
外观检查	包装情况			技术资料	说明书		
					图纸资料		
					装箱单		
	设备外观				检验合格证		
					图件及工具清单		
					其他		
按装箱单核对记录	数量						
	缺件情况						
	损坏情况						
	随机附件、备件、工具						
	备注						
验收记录							
工程部		技术主管		仓库		资料	

本表一式三份，仓库一份，归档一份

注：进口设备请商检局、进出口公司一起参加

· 385 ·

表6-6 物品入库单

收货单位_____
付货单位_____ 年 月 日

品　名	规　格	单位	数量	单价	金　　　额 百十万千百十元角分	备　注
合　　　　计						

第一联 财务会计注帐联

收货单位签字　　　　　经手签字

表6-7 入库物资登记卡片

品名规格：_____　最高数量：_____　供应者：_____
　　　　：_____　最低数量：_____　　　　：_____
单　位：_____　编　号：_____

日期	发领编号	领货单位	单价	调　　入 台件 金额 合计	拨　　出 台件 金额 合计	结　　存 台件 金额 合计	备注

表6-8 领料单据　　　　年　月　日

品　名	单位	规　格	数　量	备　考

　　　　　　　　负责人签字　　　　经手人

表6-9 物品出库单

领取单位_____
付货单位_____　　　年　月　日

品　名	规格	单位	数量	单价	金　额（百十万千百十元角分）	备注
	合　　计					

　　　　收货单位签字　　　　　经手签字

第一联　实物会计记帐联

表6—10　盘　点　表　　　　　　年　月　日

分类编号	物品品名	单位	单价	月初库存 数量	月初库存 金额	本月进货 数量	本月进货 金额	本月出库 数量	本月出库 金额	月末库存 数量	月末库存 金额	盈亏± 数量	盈亏± 金额	备注

③信息与技术档案管理

信息与技术档案管理包括酒店外部（与酒店有关），也包括酒店内部，重点是酒店内部。

信息主要是指：国家有关酒店业及旅游业的法令法规，国内外业旅游业的发展动向，有关的统计数字，竞争对手的有关资料，新设备、新材料、新工艺、新管理方法的信息，人才信息。

技术档案主要是指：酒店基建技术资料（从设计到施工竣工验收），设备的规范、标准、各项制度及技术标准，设施的内容、标准、大的改造等有关资料，职工技术考核标准及资料，酒店的网络图表如测量图与地区测绘图、建筑图、机械图、电器图、消防图、规划图、各种示意图、强电网络（总电路、照明网、电机网、热电网、自发电及应急系统网络），弱电网络（电话网、电视网、音响网），汽水网络（蒸汽网、热水网、冷水网、排水网、通风网、冷汽网、热汽网、闸伐开关网等），计算机网络、安全网络（报警系统、应急系统、安全通道等)。

信息与技术档案管理逐步改为由计算机管理。

表6-11 设备登记卡

1. 单位代码：□□□□□
2. 单　　位：_____
2. 类　　别：_____　　　　4. 立卡日期

5.设备名称		6.编号		7.型号	
8.出厂编号	9.制造厂	10.出厂日期		11.国别	
12.精度等级	13.复杂系数	机 电 热	14.总功率	台	千瓦
15.外形尺 lm/m	LBH	16.重量 kg	17.原值(万元)	US $ HK $ RMB	
18.安装地点	19.进馆日期	20.安装日期		21.始用日期	

22.电动机资料

电机名称	电机编号	型　号	功率KW	电压V	转速r/m	电机尺寸	制造厂
⋮	⋮	⋮	⋮	⋮	⋮	⋮	⋮

23.随机附件　　　　　　24.主要技术规格及参数

名　称	规格型号	单位	数量			
				日期	26.安装记录	
⋮	⋮	⋮	⋮	⋮		
25.主要技术资料	1.			日　期	27.重大事故记录	
	2.					
	3.					
	4.					
	⋮			⋮		
28.停、启、封存情况记录			情况/时间	29.转移情况		
/						

389

30. 保养内容

31. 维修记录

日 期	维修项目及摘要 （大、中修、二级保养）	承修部门	所用零件

表 6-12　饭店客房设备档案卡

日期	设备类型											备注	
	空调	卫生具	家具	灯具	音响	冰箱	电视机	节能座	窗帘	锁			

房间号

填表人————

表 6-13　××酒店职工技术职绩表

编号：

姓名		性别		出生日期		进店日期	
部门		工作类型		技术等级			
技术简历							
工作业绩							
技术奖励							

注：① 技术简历包括学历，技术职称评定
　　② 工作业绩包括合理化建议、技术改造与技术革新、论文、著作、发明、专利。
　　③ 技术管理

包括计划编制、方案设计、方案评估、经费审核、图表制作、技术咨询、技术培训与考核，有的酒店还包括新设备的引进、验收，技术工人的操作培训，技术改造与技术革新项目的指导与操作。技术管理要求具有大专以上简历与一定的工作经验，因为他们的工作好坏，往往决定了整个工程部的质量效果。

⑤ 计划维修

计划维修是酒店设备设施维修的主力军，其责任包括三方面内容，一是设备的验收与安装，二是日常的管理与易损易耗配件的及时更换，三是计划维修计划的编制与落实。

计划维修是酒店设备设施正常运行、负荷工作的保证，科学的维修计划及其实施，是提高设备设施运行质量及时间的基础，因此，计划维修是工程部员工最多，工作最忙的部门，一般包括维修队及机修车间。

计划维修包括四个运行程序：

第一运行程序是设备的验收，安装调试。

第二运行程序是设备的定期检修，包括一级保养、二级保养和大修。

第三运行程序是设备的技术改造，这一程序不一定每台设备都有。

第四运行程序是设备的淘汰更新。

表6-14 开箱检验通知单

合同号： 编号：

箱 号	日 期	地 点

买方检验代表： 卖方代表：
日期： 日期：

表 6-15　开箱资料验收清单

设备编号：　　　　　　　　　　　　箱号：
设备名称：　　　　　　　　　　　　设备型号：

序号	资料名称	文件	单位	验收数	备注

甲方检验代表：　　　　　　　　　　乙方检验代表：
日期：　　　　　　　　　　　　　　日期：

表 6-16　零件清点记录单

设备编号	设备名称规格	箱号箱数	

货物内容

序号	零件名称	代号	单位	装箱数量	验收数量

甲方代表：　　　　　　　　验收日期：
乙方代表：

表 6-17　开箱检验记录

合同号		编号检验日期	
箱号	设备编号	货物名称	
检验问题记述（甲方）：		检验问题记述（乙方）：	

甲方检验代表：　　　　　　　　乙方检验代表：

表 6-18　设备开箱验收单

设备编号		设备名称		设备型号		箱号	
毛重		净重		毛尺寸		净尺寸	
货物内容							
外物内容							
外包装							
内包装							
外表质量							
质量保证书							
备注							
验收人							
日期							

表 6-19　设备安装验收交接报告单

编号：
日期：

管理部门：

设备名称	单位	数量	规格型号	制造单位	单价	附属技术资料
设备附属件						
总价	工程费	安装费	运输费	合计		
验收意见		使用保管单位	验收委员会成员签章			
移交部门 印	使用部门 印		管理部门 印		财务部门 印	

表6-20 ××宾馆维修通知章

设备型号_____
通知部门_____ 报修人_____通知日期_____
维修地点_____
维修内容_____
_____
                                              部门经理

工作重要件 甲 乙 丙 丁（由当值工程部圈图）
承修小组_____   工程人员_____
开始工作日期_____   估计日期_____
完成日期·_____   实用工时_____
维修人签字_____   维修人职务_____

使用部门签字 |满意| |不满意|

（材料单在后面）

表6-21 设备一级保养施工验收单

部门：   一九   年 月 日

设备编号		设备名称		型号规格	
复杂系数	机 电	计划工时		实动工时	
施工要求	按一级保养规定内容进行保养			
主要保养内容： 操作者 保养日期				验收意见： 验收人 日期	

本表一式一份，由设备员留存。

表6-22 饭店客房循环巡查检查表

房间号：_____

序号	项目	日	期		
1	防盗备检查，并加固。				
2	走道灯、酒吧灯复明（壁柜门灯复明）。				
3	检查门铃，动力插座紧固。				
4	检查壁柜门，保证其灵活，其衣物架松动紧固。				
5	节能控制板、照明控制板紧。				
6	卫生袋、挂衣钓加固（缺尘生产）。				
7	检查手纸盒是否定好，汽水板座加固。				
8	洗面盆冷热水混合器排堵，清洁，并加固。				
9	洗面台封水垫料是否定好，必要时补胶。				
10	检查纸压电源是否正常。				
11	检查并加固便桶坐垫。				
12	检查便桶水箱是否漏水、渗水，并修复。				
13	检查便桶底部是否渗水，必要用补胶。				
14	检查淋浴混合器是否混水、排堵、紧固。				
15	检查浴缸下水塞机构，并使其保持下水畅通。				
16	紧固毛巾型、浴巾架、浴缸处扶手。				
17	紧固浴帘棍、晾衣绳并保证衣绳工作正常。				
18					
19					
20					
备注		签名			

好：∨   修理完成：

序号	项 目	日 期		
21	检查家具拉手，保持牢固。			
22	检查修整家具抽斗，铰链。			
23	调整电视频道，使其和宾馆设定频道一致。			
24	检查冰箱工作是否正常，配齐旋钮及灯泡。			
25	检查床脚是否松动，保证其牢固。			
26	加固窗帘导轨，配齐窗帘配件。			
27	检查落地灯、壁灯，使其牢固，更换损坏灯泡。			
28	检查家具松动处，并加固。			
29	修补脱落墙纸。			
30	检查音响频道，检查各旋钮并补齐，检查脚灯。			
31	加固各照明、动力插座。			
32	空调水管，滤蕊拆下清洗。			
33	加固、修复门碰头。			
34	检查警眼复原，加固房间牌号。			
35	修正房间门、浴间门锁。			
36	加固、修复空调温度调整器。			
37	配齐修正铝合金窗配件，保证其工作正常。			
38				
39				
40				
备注		签名		

表6-23　年　月设备二级保养施工验收单

组别：　　　　　　　　　　　　　　　一九　年　月　日

设备编号		设备名称		型号规格		复杂系数	
计划	工时	实动	工时	停台/2时		实际费用	元
存在主要问题： 　　　　　　　　　　　　　技术主管							
机械电气实际维修内容： 　　　　　　　　　　　　维修者　　月　　日							
完工后质量验收意见： 　　　　　　　　　操作者（设备员）　　日							

本表一式二份，技术主管、使用部门各一份。

表6-24　设备大修理项目申请表

设备编号			设备名称		型号规格	
始用年限			上次修理日期		申请部门	
复杂系数	机　热　电		原　值		申请大修费用	
申请理由及存在问题： 　　　　　　　部门经理　　设备员　　日期						
主要技术指标及复查意见： 　　　　　　　　　　技术主管　　日期						
工程部意见： 　　　　　　　　　日期			总经理审批： 　　　　　　日期			

本表一式三份，申请部门、技术主管、工程部各一份。

日期

表6-25 设备大修理竣工验收单

工程编号	设备编号	设备名称	规格型号	复杂系数	使用部门

修理部门	开工日期	完工日期	验收日期	计 划	实 际
				天	天

项目	内　　容	允差（标准）	实测	备　注

验收意见

使用部门	技术主管	质量员	修理单位	工程部	其它部门

本表一式三份,工程部、质检员、使用部门各一份。

表6-26 设备项目申请表

申请部门	设备编号	设备名称	规格型号	使用部门	工程编号

资金来源		预计费用		备　注	
改造原因及要求：				申请部门	
				设备员　　　年 月 日	
				经理　　　年 月 日	
可行性分析及方案： 　　　　　　　　　　　　　　技术主管　　年 月 日					
工程部意见： 　　　　签名　　年 月 日			总经理意见： 　　　签名　　年 月 日		
财务部意见： 　　　　签名　　年 月 日					

⑥紧急维修

紧急维修是工程部的突击队。用以维护酒店突然事故，因

· 401 ·

此常常是任务紧、要求高，无时间性，对员工技术要求、心理要求都较高，也具有一定危险性，紧急维修小组能否迅速清理故障、排除险情往往涉及到酒店的知名度与美誉度，也反映酒店的服务水平，因此这支队伍应该是作风、技术都过硬，能够随叫随到，手到病除的高素质队伍。为了避免大的故障与险情发生，一般设有值班室和巡查组，一旦发现险情苗子，不待险情发生，就立即排除，把事故消灭在萌芽状态。

表 6-26 值班运行记录

	年	月	日	星期	天气	
交班负责人				值班员		
接班负责人				值班员		
运行记事：							

领导审阅：

表 6-27 设备事故登记表

日期	设备编号	设备名称	事故部位	处理结果

表6-28 事故分析报告

设 备 编 号		安 装 位 置		
设 备 名 称		设备管理员		
事故发生日期		填 表 日 期		
停 机 时 间		经 济 损 失		
责 任 者		性别	年龄	工种
事故发生原因 及 其 过 程		当事人 年 月 日		
技 术 处 理 和 维 修 过 程		维修人 年 月 日		
遗留问题预防 措施处理意见		工程部经理 年 月 日		

表6-29 设备事故半年和全年汇总表

批送单位： 负责人： 报表人： 报出日期： 年 月 日

事故主要原因	事故次数(次)				影响生产时间(时)				废产产品名称、单位、数量						损失金额(万元)			设备人身事故		
	共计	其中			共计	其中									修复费用	废产品金额	合计	轻伤(人次)	重伤(人次)	死亡(人)
		特大	重大	一般		特大	重大	一般												
1	2	3	4	5	6	7	8	9	10	11	12	13	14	15	16	17	18=16+17	19	20	21
合 计																				
1.不正确操作设备																				
2.设备维护不周																				
3.修理计划不周																				
4.未实行检修计划																				
5.修理质量不良																				
6.备品质量不良																				
7.技术供应不及时																				
8.原设计制造与安装质量不良																				
9.外来影响																				
10.																				

403

⑦供电系统管理

包括配电系统、变电系统、自发电系统、电路系统、照明系统、电机、电热器等的管理。

要求保证供电系统的正常运转，不违章用电，节约用电，从而进一步节约能源。

对供电系统职工进行管理及培训。

对全酒店职工进26行科学用电和安全用电、节约用电的宣传教育工作。

供变电要有人24小时值班，要建立正常巡视和特殊巡视检查制度，强电系统是酒店宾馆的生命线，一分钟事故也不允许出，因此，定期维修是十分需要的。

⑧弱电系统管理

弱电是指电压小于36伏的用电系统，主要是指通讯系统（包括有线与无线）、音响系统紧急广播系统、公共广播系统、专用音响系统）、闭路电视系统、安全电视系统、卫星电视接收系统、计算机网络系统等。

对弱电系统的管理除保证其日常正常运转外，就是对这些系统的爱护、保养和科学使用。

对这些系统的简单操作、维护和节约使用培训不仅是对工程部职工的要求，也是对全体职工及旅客的要求。

对日常工作人员的职业道德教育对这一系统的职工来说尤为需要，因为对弱电系统的服务系统往往能反映酒店的整体服务水平。

⑨空调与制冷系统的管理

空调与制冷系统的管理包括对中央空调及制冷设备的日常管理，对管道的监视和维护，对操作仪器的日常检修。

对日常管理职工的管理与培训。

⑩锅炉房与给排水管理

锅炉房是向酒店提供蒸汽、热水等热源的心脏,除锅炉外,还包括辅助设备、给水处理装置、管道与闸阀系统,由于相同的工作性质,一般工程部把冷水的给排水系统包括泵房也归划到这一工作班组来。

管理要求是全天候的,酒店各部门各房间提供冷热水,并随时将污水排入城市排水系统中去。因此要求在锅炉房、水泵房、游泳池有专人看守管理,管道、闸阀要有巡检组定时巡检,出现小故障能自行排除,出现大故障要及时报急修组抢修。有一些酒店,投诉较多的大多集中在这一组的工作,如热水供应不足,蒸汽时有对无,管道由于长期锈蚀而破裂,造成"水漫金山",卫生间设备经常出故障,诸如不通风、下水道堵塞,大便池破损等。

锅炉房主管在对职工进行技术培训的同时,要加强对职业道德的教育。

⑪消防系统设备管理。

消防系统设备是指对监控系统(指对火灾、盗窃、环保等的监视设备);消防设施及灭火设备,照明应急系统和避雷系统等的管理。

管理者要保证监控系统的常年正常运转,对这些大多为全自动设施,重在平时的检查和维修。对于只在应急状态下使用的设备,也要定期检查,以防到关键时到需要用时又出毛病无法使用。

对消防系统管理人员的管理与培训。

加强与保安部的联系,并对全酒店职工进行灭火、环保等器材的使用方法培训。

⑫电梯及其他设备的管理

电梯是酒店使用较多的室内交通工具，有的酒店设立了专门的电梯员，但目前大多数都是自动电梯，当然，设备自动不等于不需管理人员，例如有一家宾馆原来客房地毯脏得很快，给清洗人员带来很大的困难，后来每天安排专人在电梯间辅地毯，而且勤洗勤换，客房地毯就变得干净多了。

除电梯外，对厨房设备、洗衣设备、噪声控制系统、垃圾和污染处理系统，虽然有专职人员操作，工程部还是要有专门人员进行管理。

从组织上安排，有的酒店有专门班组，有的则把这些工作划规到计划维修班组。

四、工作协调

工程部的工作协调包括三个方面，即工程部内部的工作协调、工程部与其他部门的协调和工程部与酒店外单位的工作协调。

1、工程部内部的工作协调

工程部的工作本身是一系统工程，必须平时与突击相结合，检查与修理相结合，因此内部的工作协调就显得十分重要。

平时，各自自有分工，但在进行抢修大修时，又必须良好的协作，在人力、物资、配件上都要加强协作。作为工程部经理的合理调度，在加强协作、提高效率方面起着十分重要的作用，如1987年夏季，座落在东方宾馆内的美国驻中国广州总领事馆反映冷气不足，工程部决定对其空调设备进行全面维修，要清洗17台盘管风机。美方要求只能利用两星期六、日共四天时间全部完工，于是工程部迅速组织各工种交叉施工，只用了一天半时间全部完工，比原计划提前了两天半，深得美国领事馆官员的赞赏。

工程部内部的技术改造，大多运用价值工程，这也需要各方面的密切配合才能完成，因此，工程部的员工都有一种较好的意识，即平时坚持岗位工作，一旦需要调人，都会自觉调整好本岗位工作，不折不扣地派出支援人员。

2、工程部与其他部门的协调

工程部几乎与酒店的各部门都有联系，因此，要努力搞好部门之间的协调。

①工程部与客房部的协调

客房部应配合工程部制订如每年的三级保养计划，并切实按计划实施，工程部在进行巡检时应与客房部先联系，多倾听服务员对客房设备设施的意见，对客房部提出的紧急维修通告，要尽快赶到现场，并迅速修复，而不要迟误或拖拉。工程部还应请客房部协助征集宾客对酒店设备设施的意见，以利及时改进。

②工程部与餐饮部的协调

除应对餐厅进行经常的装饰更新外，还应与餐饮部配合对厨房设备、动力供应等管理进行咨询，一方面多听他们的各种意见，一方面及时帮他们排忧解难，及时抢修出现故障的设备和设施。

③工程部与康乐部的协调

现代酒店的康乐设施，大多数是现代化的设备设施，有许多是进口设备，因此工程部从设备引进、验收、安装、调试及使用中的维护维修都要与康乐部密切配合，既虚心听取他们的意见，又能及时为他们排忧解难，及时修好设备，排除故障。

④工程部与保安部的协调

工程部为保安部提供了安全设施,如各种消防设施、通讯设施、监控设施,保安部也为工程部所管理的设备设施进行保卫,提供安全保证。因此,工程部应与保安部密切配合,既协助保安部管好、用好、修好保安设施,又依靠保安部,对酒店的设施,特别象配变电、锅炉房、泵房、电话总机室,电脑室等关键机要部门进行保卫,以防出问题。

工程部基层领导应带领员工听取保安部门的安全教育,提高安全意识,也要向保安部的员工宣传培训设备设施的安全使用。

3、工程部与酒店外部单位的协调

工程部为了完成其工作任务,还有一不可忽视的方面,就是要搞好外部公关活动,即与酒店外的关系单位搞好协调与合作。而不是"平时不烧香,临时抱佛脚"。1988产秋交会期间,广州东方宾馆花园餐厅一台洗碗机突然发生故障,工程部立即派人现场抢修,经查发现是机械传动箱齿轮严重磨损,宾馆无法修复,于是派工程技术人员去一家关系单位求援,由于公关工作做在前面,该厂二话不说,马上组织工厂加班抢修,终于使这台洗碗机在两日内修好投入使用。

附录：

《质量管理和质量体系要素
第2部分：服务指南》

中华人民共和国旅游行业标准

GB/T 19004.2—1994
idt ISO 9004—2：1991

质量管理和质量体系要素
第2部分：服务指南

Quality management and quality
system element—Part 2：
Guidelines for servies

1994—11—29 发布　　1995—06—01 实施
(注：前言、引言略)

1 范围

本标准为在组织内建立和实施质量体系提供了指导。它基于在 GB/T19004—ISO 9004 中所描述的内部质量管理的一般原则,并专门为服务的质量体系提供了一个综合性的概貌。

本标准可应用于新的或改进的服务项目的服务质量体系的开发工作。它也可以直接用于现有服务质量体系的实施。质量体系包含为提供有效服务所必须的所有过程,从市场开发到服务提供,并包括对顾客提供的服务的分析。

本标准所阐述的概念、原则和质量体系要素适用于所有的服务类型,不论是只提供单一性质的服务,还是产品制造和供应产品双重性质的综合体。这可以用一个连续的区间来表示,从直接与产品相关的服务到几乎不涉及产品的服务的情况。图 1 表示三种服务类型的概念。

产品含量(高)　　　　　　　产品含量(低)

车辆销售服务　　餐馆服务　　法律服务

图1　服务连续区间内的产品内涵

注:1. 有关设备或设施也可直接包括在所提供的服务中,例如售货机或自动取款机。

本标准的概念和原则适用于大型和小型组织。虽然小型服务组织不会有也不需要有较大企业所需要的复杂结构,但也适用同样的原则。其差异仅是规模的不同。

首先,顾客是指组织外部的最终服务接受者。虽然顾客常常可能是组织内部的成员,特别在较大组织中更是如此,这里顾客可以是现行过程中的下一阶段成员。本标准原则上是指外部顾客，不过为了完全达到所要求的质量，它也可用于内部顾客。

对动作要素的选择及其应用的程度取决于这样的因素，如所服务的市场、组织的选择、服务的性质、服务的过程和顾客的需要。

附录 A 给出了可以运用本标准的服务业例子，仅供参考。这些例子包括了产品制造工业中所规定的固有的服务活动。

2 引用标准

本标准引用下列标准的有关条文。本标准发布时，这些引用标准均为有效版本。所有的标准都将修订，因此，鼓励依据本标准达成协议的各方尽可能采用下列标准的最新版本。IEC 和 ISO 成员均持有现行有效的国际标准。

GB/T 6583—1992　质量——术语（idt ISO 8402：1986）

GB/T 19000—1992　质量管理和质量保证标准——选择和使用指南（idt ISO 9000：1987）

GB/T 19004—1992　质量管理和质量体系要素——指南（idt ISO 9004：1987）

3 定义

GB/T 6583—ISO 8402 中给出的定义与下列定义适用于本标准。

注：2. "服务组织"这个术语在适当的场合也可表示"供方"。

3. 为提供明确的指导，重复出现的一些定义不加注释，用括号给出其出处。

3.1 组织 organization

无论联营或独营、公营或私营的具有自身职能和管理机构的公司、社团、商所、企业或组合体，或它们的一部分。

3.2 供方 supplier

向顾客提供产品或服务的组织。

注：4. 有时称供方为"商务第一方"。

3.3 分供方 sub-contractor

在合同情况下，服务组织的供方。

3.4 顾客 customer

产品或服务的接受者。

注：5　顾客可以是最终消费者、使用者、受益者或购买者。
　　6　有时称顾客为"商务第二方"。
　　7　顾客可以是服务组织内部的一个单元。

3.5 服务 service

为满足顾客的需要，供方与顾客接触的活动和供方内部活动所产生的结果。

注：8　在接触面上，供方或顾客可能由人员或设备来代表。
　　9　对于服务提供，在与供方接触面上顾客的活动可能是实质所在。
　　10　有形产品的提供或使用可能成为服务提供的一个部分。
　　11　服务可能与有形产品的制造和供应连在一起。

3.6 服务提供 service delivery

提供某项服务所必需的供方活动。

3.7 质量（品质）quality

反映产品或服务满足明确或隐含需要能力的特征和特性的总和。（GB/T 6583—ISO 8402）

3.8 质量方针 quality policy

由组织的最高管理者正式颁布的该组织总的质量宗旨和质量方向。（GB/T 6583—ISO 8402）

3.9 质量管理 qualty management

制定和实施质量方针的全部管理职能。(GB/T 6583—ISO 8402)

3.10 质量体系 quality system

为实施质量管理的组织结构、职责、程序、过程和资源。(GB/T 6583—ISO 8402)

4 **服务特性**

4.1 服务和服务提供的特性

服务的要求必须依据可以观察到的和需经顾客评价的特性加以明确规定。

提供服务的过程也必须依据顾客不能经常观察到的但又直接影响服务业绩的特性加以规定。

两类特性都必须能被服务组织对照所规定的验收标准作出评价。

服务或服务提供的特性可以是定量的（可测量的）或者是定性的（可比较的），这取决于如何评价以及是由服务组织还是由顾客进行评价。

注12：许多由顾客作主观评价的定性特性，也是服务组织作定量测量的选择对象。

在服务要求文件中可能指定的特性实例包括：

——设施、能力、人员的数目和材料的数量；

——等待时间、提供时间和过程时间；

——卫生、安全性、可靠性和保密性；

——应答能力、方便程度、礼貌、舒适、环境美化、胜任程度、可信性、准确性、完整性、技艺水平、信用和有效的沟通联络。

4.2 服务和服务提供特性的控制

在多数情况下，服务和服务提供特性的控制只能由控制提供服务的过程来达到。因此，过程业绩的测量和控制对达到和维持所要求的服务质量是不可缺少的。运用最终检验的方法来影响与顾客接触中的服务质量通常是不可能的，顾客评定任何不合格常常是直接的，然而，在一些情况下，在服务提供时采取补救措施是可能的。

服务提供过程的范围可以从高度机械化的服务（如直拨电话）到高度人工化的服务（如法律、医疗或咨询服务等）。无论通过机械化还是通过详细程序所进行的服务，对过程规定得越具体，则越需要运用结构化的和严密的质量体系原则。

5 质量体系原则
5.1 质量体系的关键方面

图 2 表示出顾客是质量体系三个关键方面的焦点，它还表示，只有当管理职责，人员和物质资源，以及质量体系结构三者之间相互配合协调时，才能保证顾客满意。

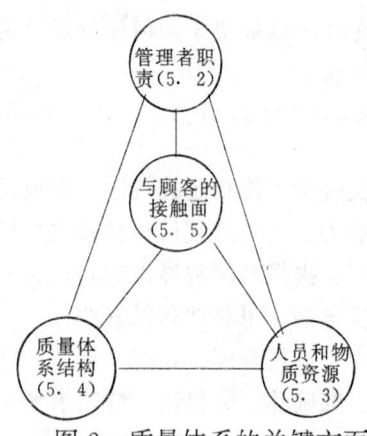

图 2 质量体系的关键方面

5.2 管理职责
5.2.1 概述

管理职责是制定使顾客满意的服务质量方针。成功地实施这个方针取决于管理者对质量体系的开发和有效运行负责。

5.2.2 质量方针

服务组织的最高层管理者对服务组织的质量方针负责并作出承诺。管理者应提出以下诸方面的质量方针，并形成文件：

——所提供服务的等级；

——服务组织在质量方面的形象和信誉；

——服务质量的各项目标；

——在追求质量目标中所采取的措施；

——负责实施质量方针的全体人员的作用。

管理者应确保质量方针的传播、理解、实施和保持。

5.2.3 质量目标

实现质量方针，需要明确建立质量目标的主要目的。

主要目的应包括：

——顾客满意与职业标准和道德相一致；

——服务的持续改进；

——考虑社会和环境方面的要求；

——提供服务的效率。

管理者应把各主要目的转化为一系列的质量目标和活动。例如：

——用适当的质量度量，明确规定顾客的需要；

——采取预防措施和控制，以避免顾客的不满意；

——针对所要求的服务业绩和等级，优化质量成本；

——在服务组织内形成对质量共同承担义务。

——不断评审服务要求和成绩，以识别改进服务质量的机会；

——预防服务组织对社会和环境的不利影响。

5.2.4 质量职责和权限

为达到质量目标，管理者应建立一个质量体系结构，以便对提供服务的所有阶段的服务质量进行有效的控制、评价和改进。

应对其活动影响服务质量的所有人员明确地规定一般的和专门的职责和权限。应包括确保服务组织内部和外部所有接触面上的顾客/供方有效的相互关系。所规定的职责和权限都应该与为达到服务质量所必须的手段和方法相一致。

高层管理者应负责确保对质量体系要求的制定。他们应直接负责或任命一个管理代表负责，以确保质量体系的建立、审核，以及为了改进而进行持续的测量和评审。

虽然专门指定负责的人员能有助于达到质量要求，但应强调指出，他们不是创造质量的人，他们仅仅是质量体系的一部分。质量体系的范围包括全部职能，并需要服务组织内的全体人员参与、承担义务，并有效地合作，以实现持续的质量改进。

5.2.5 管理评审

管理者应对质量体系进行正式的、定期和独立的评审，以便确定质量体系在实施质量方针和实现质量目标中是否持续稳定和有效。应特别强调改进的必要性和可能性。评审应由管理者中的适当成员或能胜任的、独立的人员进行，他们能直接向高层管理者报告工作。

管理评审应由一系列有组织的、综合性的评价构成，该评价应包含全部有关信息的来源，包括：

——服务业绩分析结果，即在达到服务要求和顾客满意

方面,有关服务提供过程的全面效果和效率的信息(见6.4);

——质量体系所有要素的实施和有效性是否符合所规定的服务质量目标的内部审核结果（见6.4.4）；

——由于新技术、质量概念、市场战略、社会或环境等各种情况带来的变化。

应该把观察结果、结论和建议作为评审和评价的结果,并以文件的形式提交管理者,以便在制定服务质量改进计划时采取必要的措施。

5.3 人员和物质资源

5.3.1 概述

为实施质量体系和达到质量目标,管理者应提供足够的和适当的资源。

5.3.2 人员

5.3.2.1 激励

任何组织中最重要的资源是该组织中的每一个成员。这对一个服务组织尤为重要,组织的每一个成员的行为和业绩都直接影响服务质量。

作为对人员的激励、提高、沟通和业绩的一种促进,管理者应该；

——基于满足规定工作规范的能力来选择人员；

——提供一个促进良好的和稳定的工作关系的工作环境；

——通过协调一致的、创造性的工作方法和更多的参与机会来发挥组织内每个成员的潜力；

——保证理解所要完成的任务和达到的目标,包括它们是如何影响质量的；

——要使全体人员意识到他们都参与并影响提供给顾客

的服务的质量；

——通过给于赏识和对成绩的奖励来鼓励员工在提高质量方面作出贡献；

——定期对激励人员提高服务质量的因素进行评定；

——实施人员的职业策划和开发；

——制定有计划的提高人员技能的措施。

5.3.2.2 培训和开发

教育可提高对变革必要性的意识，并提供能进行变革和开发的方法。

人员开发的重要因素包括：

——质量管理负责人的培训，包括质量成本和质量体系有效性的评价；

——人员培训（不应局限于仅与质量职责有关的人员）；

——对人员进行本组织的质量方针、目标和顾客满意的概念等方面的教育；

——质量意识教育大纲，包括对新人员的入门教育和培训课程，以及对从事较长时期的人员的定期知识更新教育；

——用于规定和验证人员接受了适当培训的程序；

——进行过程控制、数据收集和分析、问题的识别和分析、纠正措施和改进、小组工作和沟通联络方法等方面的培训；

——对需要有正式资格的人员，必须对其要求进行慎重的评定，必要时给于适当的帮助和鼓励；

——对人员的业绩进行评价，以评定他们的发展需要和潜力。

5.3.2.3 沟通联络

服务人员，特别是那些与顾客直接交往的人员，应具备沟通联络方面的适当知识和必要的技能，他们应能形成一个自然的工作小组，能与外部组织和代表适当地协作，以提供及时的和运转流畅的服务。

小组活动，诸如质量改进讨论会，能有效地增进人员之间的沟通联络，并能提供一个支持员工参与并合作解决问题的机会。

服务组织内部定期沟通联络应该是各级管理的一个特色。一个适当的信息系统的存在是沟通联络和服务动作的基本工具。沟通联络的方法可包括：

——管理简报；

——信息交流会；

——形成文件的信息；

——信息技术设施。

5.3.3 物质资源

服务动作所要求的物质资源可包括：

——提供服务用的设备、运输和信息系统；

——运作必须的诸如设备、运输和信息系统；

——质量评定用的设施、仪器仪表和计算机软件；

——动作和技术文件。

5.4 质量体系结构

5.4.1 概述

服务组织应开发、建立、实施和保持一个质量体系并形成文件，作为能够实现规定的服务质量方针和目标的手段。质量体系的动作要素在第6章中描述。

各质量体系要素应组织起来，以便对影响服务质量的全部运作过程进行恰当的控制和保证。

质量体系应该强调预防性活动以避免发生问题，同时在一旦发生故障时,不丧失作出反应和加以纠正的能力。

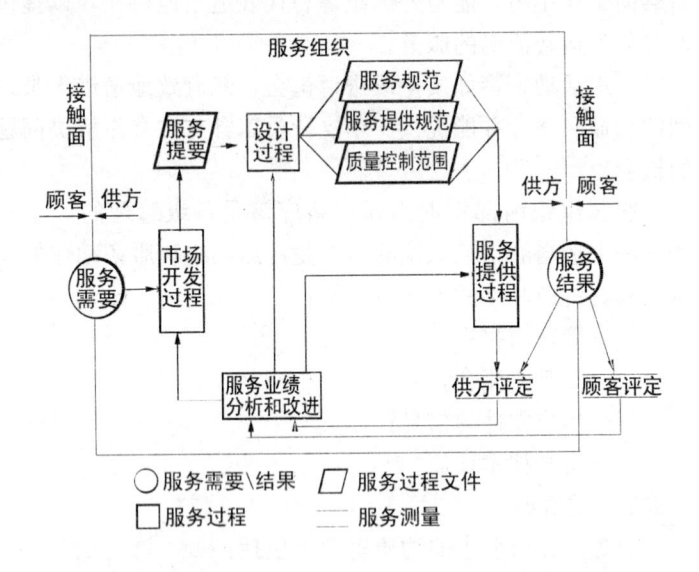

```
                       服务组织
   接                 ┌─服务规范─┐                接
   触         服务→设计─服务提供规范─┐            触
   面         提要  过程─质量控制范围─┤            面
      顾客│供方                    │供方│顾客
           ↓                        ↓
         服务    市场              服务    服务
         需要    开发              提供    结果
                 过程              过程
                  ↑                ↑      ↓    ↓
                  │服务业绩        供方评定 顾客评定
                  └分析和改进
```

○ 服务需要\结果   □ 服务过程文件
□ 服务过程   ── 服务测量

5.4.2 服务质量环

应建立质量体系程序以便规定服务全过程,其中包括三个主要过程(市场开发、设计和服务提供)的要求。图3表示出在服务质量环中三个主要过程的运转情况。

顾客所感受到的服务质量直接受到这些过程的影响,也受那些有助于服务质量改进的服务质量反馈测量的影响,即:

——供方对所提供服务的评定;

——顾客对所接受服务的评定;

——对质量体系全部要素的实施和有效性所作的质量审核。

在质量环各相互影响的要素之间,也应该建立质量反馈。

5.4.3 质量文件和记录

5.4.3.1 文件体系

组成质量体系的全部服务要素、要求和规定均应加以确定，并形成文件，作为服务组织全部文件的一个部分。相应的质量体系文件包括：

a）质量手册：质量手册应提供对质量体系的描述，作为长期的文件。

它应包括：

——质量方针；

——质量目标；

——组织结构，包括职责；

——质量体系的描述，包括作为质量体系组成部分的全部要素和规定；

——本组织的质量措施；

——质量体系文件的结构和分发。

b）质量计划：针对某一特定的服务项目描述专门的质量实施、资源和活动顺序。

c）程序：书面规定服务组织为满足顾客需要所开展的活动的目的和范围，以及这些活动如何实施、控制和记录。

程序应得到同意，为有关人员所拥有，并被所有那些与其作业有接口关系的人员所理解。

d）质量记录：它提供以下信息：

——质量目标达到的程度；

——顾客对服务满意和不满意的程度；

——有关质量体系评审和服务改进的结果；

——为识到质量趋势所进行的分析；

——纠正措施及其效果；

——相应分供方的业绩；

——人员的技能和培训；

——与竞争对手的比较。

质量记录应：

——被核实是有效的；

——迅速获得的；

——按指定的时间保留；

——防止在贮存中损坏、丢失和变质。

管理者应建立存取质量记录的制度。

5.4.3.2 文件控制

所有文件都应字迹清楚、注明日期（包括修订日期）、清晰、易于识别和具有权威性。

应制定控制文件的发布、分发和修定的办法。这些办法应保证所有文件能作到：

——由授权人员批准；

——在需要此资料的范围内发放并保证其可用性；

——使用者能够理解和接受；

——对任何必要的修订进行评审；

——文件作废时给于撤销。

5.4.4 内部质量审核

为了验证质量体系的实施情况和有效性，以及是否坚持遵守服务规范（见 6.2.3）和服务提供规范（见 6.2.4）及质量控制规范（见 6.2.5），应定期进行内部质量审核。

内部质量审核应按照已形成文件的程序由与受审核活动和领域无关的、能胜任的人员有计划地完成并记录归档。

审核结论应形成文件并提交给上级管理者。对被审核活动，管理者应负责确保采取必要的、和审核结论相适应的纠正措施。

应当评定由前次审核产生的纠正措施情况和效果。

注：13. 有关质量审核的更详细的资料和指南可参阅 GB/T 19021.1－ISO 10011－1。

5.5 与顾客的接触

5.5.1 概述

管理者应在顾客与服务组织的人员之间建立有效的相互协作关系。这对顾客所感受到的服务质量是极为重要的。

管理者基于满足顾客需要而采取措施的实际行动来创造良好的形象影响这种感受。这种由各层次人员所体现的形象对服务组织与顾客之间的关系有着最重要的影响。

同顾客直接接触的人员是获得质量改进过程信息的重要来源。管理者应定期评审用于促进与顾客联系的方法。

5.5.2 与顾客的沟通联络

与顾客的沟通联络包括倾听顾客的意见，并保持向顾客通报。应关注与顾客（其中包括内部顾客）沟通联络或接触中的困难。在服务提供过程的改进方面，这些困难可提供重要的信息。与顾客有效的沟通联络包括：

——关于服务、服务范围、可用性和提供及时性的描述；

——说明服务费用的多少；

——解释服务、服务提供和费用三者之间的相互关系；

——一旦发生问题，向顾客解释每个问题的后果和解决它们的方法；

——保证顾客意识到他们对服务质量的作用；

——提供适当的、容易接受的、有效的沟通联络和设施；

——确定所提供的服务与顾客的真正需要之间的关系。

顾客对服务质量的感受，常常是通过与服务组织的人员和设施的沟通联络获得的。

注：14. 与顾客的沟通联络可能由于资源不适宜而受到影响。

6 质量体系动作要素
6.1 市场开发过程
6.1.1 市场研究和分析的质量

市场开发职责是确定和促进对服务的需要和要求。有用的方法包括为收集市场信息所进行的调查和访问。

管理者应制定有关策划和实施市场开发活动的程序。与市场开发质量有关的因素应包括：

——确定顾客对提供的有关服务的需要和期望（例如消费者的喜好、服务等级和所期望的可靠性、可用性、顾客未指明的期望或倾向）；

——各种铺助性服务；

——竞争对手的活动和业绩；

——评审法规（例如卫生、安全和环境）和有关的国家、国际标准及规范；

——分析和评审已经收集到的顾客的要求、服务数据及合同信息（有关分析数据的汇总结果应通知设计和服务提供人员）；

——与所有影响服务组织的职能部门协商，以确认他们为满足服务质量要求的承诺和能力；

对变化着的市场需要进行调查，对新技术和竞争对手的影响进行研究；

——质量控制的应用。

6.1.2 供方的义务

供方对顾客的义务可以在服务组织与顾客之间用明显的或含蓄的方式来表达。供方的明显义务，例如保单，应适当地形成文件。文件在发布前应经过审查，以便与下列方面取得一致；

——有关的质量文件；

——供方的能力；

——有关的规章和法律要求。

这些义务应作为服务提要（见6.1.3）的参考。当供方义务正式规定后，与顾客进行有效联系尤为重要。

6.1.3 服务提要

一旦作出提供一项服务的决定，就应把市场研究和分析的结果以及已经批准的供方的义务都纳入服务提要中。提要规定顾客的需要和有关的服务组织的能力，作为一组要求和说明以构成服务设计工作的基础。

6.1.4 服务管理

在开发一项服务之前，管理者应制定服务开办的策划、组织和实施的程序，以及适当时最后撤销的程序。

管理职责应包括：按照有助于服务开办的每一过程的计划时间表，确保一切必要的资源、设施和技术支持。

在这个策划中应包括这样的职责，它确保每一项服务要求和服务提供要求中包含明晰的安全方面的措施、潜在的责任以及使人员、顾客和环境的风险最小的适当方法。

6.1.5 宣传的质量

任何服务的宣传应反映服务的规范和注意顾客对所提供服务质量的感受。市场开发职责部门应认识到，由于对服务作了夸张的或不切实际的宣传而承担的责任风险及经济纠纷。

6.2 设计过程

6.2.1 概述

设计一项服务的过程包括把服务提要的内容（见6.1.3）

转化成服务及其提供和控制的规范,同时反映出服务组织的选择方案(例如目的、方针和成本)。

服务规范规定所提供的服务,而服务提供规范则规定用于提供服务的方法和手段。质量控制规范规定评价和控制服务及服务提供特征程序。

服务规范、服务提供规范和质量控制规范的设计在整个设计过程中是相互依赖和相互影响的。流程图是描绘全部活动、相互关系和相互依赖的有用方法。

质量控制原则应该用于设计过程本身。

6.2.2 设计职责

管理者应确定服务设计的职责,并确保所有对设计起作用的人员都意识到他们对达到服务质量的职责。在这一阶段服务缺陷的预防比在服务提供中纠正服务缺陷的费用要少。

设计职责应包括:

——服务规范(见6.2.3)、服务提供规范(见6.2.4)和质量控制规范(见6.2.5)的策划、编制、批准、保持和控制;

——为服务提供过程(见6.2.4.3)规定需采购的产品和服务;

——对服务设计的每一阶段执行设计评审(见6.2.6);

——确认服务提供过程是否满足服务提要的要求(见6.2.7);

——需要时,根据反馈的或其他外部意见,对服务规范、服务提供规范和质量控制规范进行修正(见6.2.8)。

在设计服务规范、服务提供规范以及质量控制规范时,重要的是:

——针对服务需求变化的计划;

——进行分析,以预测可能的系统性和偶然性的事故以

及超出供方控制范围的服务事故的影响;

——制定服务中意外事件的应急计划。

6.2.3 服务规范

服务规范应包括对所提供服务的完整而精确的阐述,包括:

——需经顾客评价的服务特性的清晰描述(见3.4);

——每一项服务特性的验收标准。

6.2.4 服务提供规范

6.2.4.1 概述

服务提供规范应包括描述服务提供过程所用方法的服务提供程序,包括:

——对直接影响服务业绩的服务提供特性清晰的阐述(见4.1)

——每一项服务提供特性的验收标准;

——设备、设施的类型和数量的详细资源要求必须是为实现服务规范所需的;

——所需人员的数量和技能;

——对提供产品和服务的分供方的可信赖程度。

服务提供规范应考虑服务组织的目的、方针和能力,以及诸如卫生、安全、环境或其他法律方面的要求。

6.2.4.2 服务提供程序

服务提供过程的设计可这样有效地完成:将过程再划分成以程序为支柱的各个工作阶段,这些程序描述了包含在每个阶段中的活动。应特别注意各个工作阶段间的接口。例如,服务方面的工作阶段包括:

——向顾客提供服务方面的信息;

——接受定单;

——为服务和服务提供制定各种规定；
——服务费用的清单和结算。
服务提供过程的详细流程图能有助于这种划分。

注：15. 各工作阶段的内容、顺序和完整性依照服务的类型而不同。

6.2.4.3 采购的质量

所采购的产品和服务对于服务组织所提供服务的质量、成本、效率和安全性可能都是关键的。产品和服务的采购与其他内部活动一样，应给予同等的策划、控制和验证。服务组织应与分供方建立起包括反馈在内的工作关系，这有助于持续的质量改进，避免质量争端或使之迅速解决。

采购要求至少应包括：
——采购单，不论出于说明书或是规范；
——选择合格的分供方；
——质量要求和质量保证要求的协议；
——质量保证和验证方法的协议；
——对解决质量争端的规定；
——购进产品和服务的控制；
——购进产品和服务的质量记录。

在分供方选择中，服务组织应考虑：
——对分供方能力和/或质量保证所需的质量体系要素的现场估计和评价；
——对分供方样品的评价；
——所选定的分供方和同类分供方过去的历史；
——同类分供方的测试结果；
——其他用户的经验。

注：16. 当采购产品或服务时，建议适当采用 GB/T 19001—ISO9001、GB/T 19002—ISO9002 或 GB/T 19003—ISO 9003。

6.2.4.4 供方为服务和服务提供向顾客提供的设备。

服务组织应确保提供给顾客使用的设备适用于其目的,需要时按要求提供文字说明书。

6.2.4.5 服务的标识和可追溯性

服务组织应适时地标识和记录构成其所提供服务组成部分的任何产品或服务的来源,包括对服务提供全过程验证和其他服务活动人员的责任,以确保一旦发生不合格、顾客的投诉和索赔时的可追溯性。

6.2.4.6 顾客财产的搬运、贮存、包装、交付和保护

在服务提供期间,服务组织应对其负责的或接触到的顾客财产的搬运、贮存、包装、交付和保护实施有效的控制。

6.2.5 质量控制规范

质量控制应设计为服务过程(市场开发、设计和服务提供)的一个组成部分。所制定的质量控制规范应能有效地控制每一服务过程,以确保服务始终满足服务规范和顾客需要。

质量控制设计包括:

——识别每个过程中那些对规定的服务有重要影响的关键活动;

——对关键活动进行分析,选出一些保证服务质量的特性加以测量和控制;

——对所选出的特性规定评价的方法;

——建立在规定界限内影响或控制特性的手段。

以下餐馆服务实例说明质量控制原则在提供过程中的应用:

a) 在餐馆服务中,应把膳食的配制及其对提供时间的及时性的影响视为关键活动;

b) 需要测量的活动特性可以是准备膳食配制的时间;

c) 评价特性方法可以是膳食制作和服务时间的抽样检查；

d) 员工和物资的有效配置可以确保时间这一服务特性保持在规定界限内。

6.2.6 设计评审

在服务设计的每一阶段终结时，应按服务提要对设计结果作出正式的评审，并形成文件。

在设计工作每一阶段终结时，应进行评审，使之与下列要求一致，并满足：

——服务规范中有关顾客需要和满意的项目；

——服务提供规范中有关服务要求的项目；

——质量控制规范中有关服务过程控制的项目。

参加每个设计评审的人员应包括与被评审阶段服务质量有影响的所有职能部门的代表。设计评审中应识别和预见存在问题的区域和不足，并采取措施以确保：

——整个的服务规范和服务提供规范满足顾客要求；

——质量控制规范足以为所提供的服务质量提供准确的信息。

6.2.7 服务规范、服务提供规范及质量控制规范的确认

新的和改进的服务及其服务提供的过程应进行确认，以确保它们得到充分的开发，在预见的和不利条件下的服务都能满足顾客需要。在服务实施前，确认应加以规定和计划，并完成之。确认结果应形成文件。

在首次服务提供前，应评审以下方面，以确认：

——服务与顾客需要的一致性；

——服务提供过程是完整的；

——可获得满足服务要求的资源，特别是材料和人员；

——满足实际适用的法规、标准、图纸和规范；

——顾客在服务使用中的信息是有用的。

应定期进行重新确认，以确保服务持续地满足顾客的需要和符合服务规范，并在服务准备和控制中识别改进的可能性。

重新确认应是有计划和形成文件的活动，它应包括实际现场经验的考虑，服务和过程修正的影响，人员变化的影响，足够的程序、说明书、指南和提出的修正。

6.2.8 设计更改控制

服务规范、服务提供规范和质量控制规范是服务工作的基本文件，没有适当的原因和考虑不应更改。

在初始规范批准和实施后，设计更改控制的目标是对要求和程序的更改加以记录和管理，这种控制应确保：

——对更改的必要性进行识别、验证和提出，以对服务中受影响的部分进行分析和重新设计；

——规范的更改是有计划的、形成文件的、经批准的、经实施的和有记录的；

——受更改影响的所有职能部门的代表参与有关更改的决定和更改的批准；

——对更改效果进行评价，以保证产生预期结果，并且不降低服务质量的等级；

——当设计更改会影响服务的特性和功能时，应预先通知顾客。

6.3 服务提供过程

6.3.1 概述

管理者应将包括供方评价和顾客评价在内的各项具体职责配给实施服务提供过程的全体人员。

提供给顾客的服务应：

——遵守已规定的服务提供规范；

——对是否符合服务规范进行监督；

——出现偏差时，对过程进行调整。

6.3.2 服务质量的供方评定

质量控制应成为服务提供过程工作的一部分，包括：

——测量和验证关键的过程活动，以避免出现不符需要的倾向和顾客不满意；

——服务提供过程人员的自检是作为过程测量的一个部分；

——在与顾客接触时作出的最终供方评定，以提出供方对所提供的服务质量的展望。

6.3.3 服务质量的顾客评定

顾客的评定是对服务质量的基本的测量。顾客的反映可能是及时的，也可能是滞后的或回顾性的。在顾客对所提供的服务的评定中通常主观评定是唯一的因素。顾客很少自愿地向服务组织提出对服务质量的评定。不满的顾客总是在没有给出允许采用纠正措施的意见时，就停止使用或不购买这项服务。依靠顾客意见作为顾客满意的测量，可能导致错误的结论。

注：17. 使顾客满意应与服务组织的专业标准和道德标准相一致。

服务组织应对顾客满意方面实施持续的评定和测量，这些评定应寻求正面和反面的反应，以及它们在未来经营中可能的影响。

对顾客满意的评定应集中在服务提要、规范和服务提供过程满足顾客需要的范围内。服务组织经常以为它提供了良好服务，但顾客可能并不认可，这表明了规范、过程和测量中的不足。

应当将顾客的评定与供方自身的感受和对所提供服务的评定进行比较，从而评价两种质量测量的相容性，以及为服务质量改进而采取相应措施的必要性。

6.3.4 服务状况

应记录服务提供过程中各个阶段工作的状况，以识别服务规范和顾客满意的成绩。

6.3.5 不合格服务的纠正措施

6.3.5.1 职责

不合格服务的识别和报告是服务组织内每个人的义务和责任。每个人应努力在顾客受影响之前去识别潜在的不合格服务。在质量体系中应规定纠正措施的职责和权限。

6.3.5.2 不合格的识别和纠正措施

发现不合格时，应采取措施记录、分析和纠正不合格。纠正措施通常分两步进行：首先，立即采取积极的措施以满足顾客的需要；其次是对不合格的根本原因进行评价，以确定采取必要的、长期的纠正措施，防止问题的再发生。

长期的纠正措施应适应问题的大小和影响。应监控纠正措施的实施，以确保其有效性。

6.3.6 测量系统的控制

应制定程序以监控和保持用于服务测量的系统。这种控制包括人员技能、测量程序和用于测量和试验的任何分析模型或软件。所有的测量和试验，包括顾客满意的调查和调查表，均需作真实性和可靠性检验。对用于提供或评定服务的所有测试设备的使用、校准和维护保养均应加以控制，以提供基于测量数据的决策或措施的信任。当精确度和/或偏差要求达不到时，应将测量误差与要求进行比较，并采取适当的措施。

注：18. 测量设备质量保证要求的指南见 GB/T 19022.1—ISO10012-1。

6.4 服务业绩的分析和改进

6.4.1 概述

应实施服务过程作业的连续评价，以识别和积极寻求服务质量改进的机会。为执行这样的评价，管理者应建立和保持一个信息系统，以收集和传递来自所有有关方面的数据。管理者应分配信息系统和服务质量改进的职责。

6.4.2 数据的收集和分析

用以下手段从服务动作的测量中得到的数据是有用的：

——供方评定（包括质量控制）；

——顾客评定（包括顾客反映、顾客投诉及要求的反馈信息）；

——质量审核。

对这些数据的分析将用于测量服务要求的完成和寻求改进服务质量的机会，以及所提供服务的效果和效率。

为了使其有效和有效率，数据的收集和分析必须是目的的、正规的和有计划的作业，不要随意地或无计划地进行。

对系统误差的识别，其原因和预防应是数据分析的基本目的。误差的根本原因通常是不明显的，但应该是可以追踪的。包括潜在的人为误差，这些误差很少以随机方式引发，更经常的是潜伏的原因。属于人员或顾客方面经常性的误差，实际上是由于复杂作业或不正确的程序、环境、工作条件、培训、说明书或资源等原因所引起的服务作业缺陷所造成的。

6.4.3 统计方法

现代统计方法在许多方面能有助于数据的收集和运用，不论是在获得对顾客需要的更好理解方面，还是在过程控制、能力研究、预测方面，或者在质量测量方面，均有助于决策。
6.4.4 服务质量改进

应对持续改进服务质量和整个服务动作的效果和效率制定计划，包括努力识别：

——如果加以改进，对顾客和服务组织都有很大受益的特性；

——可能影响所提供服务等级的任何变化着的市场需要；

——由于无效的或不充分的质量体系控制而导致与规定的服务质量的任何偏离；

——在保持和改进所提供的服务质量的同时，降低成本的可能性（这就需要系统的方法以估算定量成本和效益）。

服务质量改进活动应兼顾短期和长期改进两方面的需要，包括：

——识别需收集的有关数据；

——数据分析，优先考虑那些对服务质量产生最不利影响的活动；

——把分析结果反馈给动作的管理者，并及时提出服务改进建议；

——定期地向高层管理者报告，对长期质量改进建议进行管理评审（见 5.2.5）。

服务组织中不同部门人员的共同努力，可以提出直接指导改进质量和降低成本的富有成效的意见。管理者应鼓励各级人员为质量改进计划作出贡献，并对他们的努力和参与给予表彰。

附录 A

可运用本标准的例子

接待服务
　　餐馆，饭店，旅行社，娱乐场所，广播，电视，度假村。
交通与通信
　　机场与空运，公路、铁路和海运，电信，邮政，数据通信。
健康服务
　　药剂师/医生，医院，救护队，医疗实验室，牙医，眼镜商。
维修
　　电器，机械，车辆，热力系统，空调，建筑，计算机。
公用事业
　　清洁工作，废物处理，供水，场地维护，供电，煤气和能源
　　供应，消防，治安，公共服务。
贸易
　　批发，零售，仓储，配送，营销，包装。
金融
　　银行，保险，津贴，财产服务，会计。
专业
　　建筑设计（建筑师），勘探，法律，执法，安全，工程，项目管理，质量管理，咨询，培训和教育。
行政管理
　　人事，计算机处理，办公服务。
技术
　　咨询，摄影，试验室。
采购
　　签定合同，库存管理和分发。

科学

探索，开发，研究，决策支援。

注：制造性公司在其市场销售系统和售后活动中也提供内部的服务。

附录B（略）

附录C（略）

《旅游饭店用公共信息图形符号》

中华人民共和国旅游行业标准
LB/T 001—1995

旅游饭店用公共信息图形符号

Graphical signs for the tourist hotels

1995—10—01 发布　　1996—01—01 实施
中华人民共和国国家旅游局发布
（注：前言、引言略）

1 范围

本标准规定了旅游饭店通常使用的公共信息图形符号。本标准适用于我国不同档次的旅游饭店。

2 引用标准

下列标准所包含的条文，通过在本标准中引用而构成为本标准的条文。在标准出版时，所示版本均为有效。所有标准都会被修订，使用本标准的各方应探讨、使用下列标准最新版本的可能性。

GB 10001－94 公共信息标志用图形符号

GB2894－88 安全标志

3 旅游饭店用公共信息图形符号

理表和附录 A（标准的附录）所列图形符号均是旅游饭店用公共信息图形符号，其索引见附录 B（提示的附录）。

序号	图形符号	名　称	说　明	使用方法
1		商务中心 Business center	表示可提供电传、传真打字、复印文秘、翻译等项服务的场所。	应安放在商务中心门前明显位置；应在大堂设立的服务指南或饭店印制的宣传资料上标明；可与方向标志组合使用，指示通往商务中心方向。
2		国内直拨电话 Domestic direct dial	表示可以与国内各地直接通话的电话。	应安放在有此功能的电话机附近明显位置；应在大堂设立的服务指南或饭店印制的宣传资料上标明；可与方向标志组合使用，指示通过DDD电话机的方向
3		国际直拨电话 international direct dial	表示可以与国外各地直接通话的电话。	应安放在有此功能的电话机附近明显位置，应在大堂设立的服务指南或饭店印制的宣传资料上标明；可与方向标志组合使用，指示通往IDD电话机的方向。

续表

序号	图形符号	名　称	说　明	使用方法
4		客房送餐服务 Room service	表示可以为住店客人提供送餐的服务。	应在饭店印制的服务指南等宣传资料上标明。
5		残疾人客房 Room for the handicapped	表示可供残疾人使用的客房。	应安放在店内残疾人客房门的显著位置；应在大堂设立的服务指南或饭店印制的宣传资料上标明；可与方向标志组合使用，指示通过残疾人客房的方法。
6		迪斯科舞厅 Disco	表示可供跳迪斯科舞的娱乐场所。	应安放在迪斯科舞厅门的显著位置；应在大堂设立的服务指南或饭店印制的宣传资料上标明；可与方向标志组合使用，指示通往迪斯科舞厅的方向。

续表

序号	图形符号	名　称	说　明	使 用 方 法
7		麻将室 Mahjong room	表示可以提供麻将娱乐服务的场所。	应安放在麻将室门的显著位置；应在大堂设立的服务指南或饭店印制的宣传资料上标明；可与方向标志组合使用，指示通往麻将室的方向。
8		电子游戏 TV games Center	表示可以提供电子游戏服务的场所。	应安放在电子游戏室门的显著位置；应在大堂设立的服务指南或饭店印制的宣传资料上标明；可与方向标志组合使用，指示通往电子游戏的场所。
9		摄影冲印 Film developing.	表示可以提供摄像、照相及冲洗胶卷服务的场所。	应安放在摄影冲印室门的显著位置上；应在大堂设立的服务指南或饭店印制的宣传资料上标明；可与方向标志组合使用，指示通往摄影冲印室的方向。

续表

序号	图形符号	名称	说明	使用方法
10		钓鱼 Angling	表示可以钓鱼的场所。	应场安放在饭店钓鱼场所附近的显著位置；应在大堂设立的服务指南或饭店印制的宣传资料上标明；可与方向标志组合使用，指示通往钓鱼场所的方向。
11		划船 Rowing	表示可以划船的场所。	应安放在饭店划船场所附近的显著位置；应在大堂设立的服务指南或饭店印制的宣传资料上标明；可与方向标志组合使用，指示通往划船场所的方向。
12		骑马 Horse riding	表示可以骑马的场所。	应场安放在饭店骑马场所附近的显著位置；应在大堂设立的服务指南或饭店印制的宣传资料上标明；可与方向标志组合使用，指示通往骑马场所的方向。

续表

序号	图形符号	名　称	说　明	使用方法
13		狩　猎 Hunting	表示可以提供狩猎娱乐服务的场所。	应安放在饭店狩猎场所附近的显著位置；应在大堂设立的服务指南或饭店印制的宣传资料上标明；可与方向标志组合使用，指示通往狩猎场所的方向。
14		射　击 Shooting grallery	表示可以提供射击娱乐服务的场所。	应安放在饭店射击场所附近的显著位置；应在大堂设立的服务指南或饭店印制的宣传资料上标明；可与方向标志组合使用，指示通往射击场所的方向。
15		缓　跑 Jogging track	表示可以进行缓跑的路径或场所。	应安放在饭店缓跑场所附近的显著位置；应在大堂设立的服务指南或饭店印制的宣传资料上标明；可与方向标志组合使用，指示通往缓跑路径或场所的方向。

续表

序号	图形符号	名　称	说　明	使用方法
16	VIP	贵宾服务 VIP	表示专为贵宾提供服务的场所。	应安放在专为贵宾服务场所的显著位置；应在大堂设立的服务指南或饭店印制的宣传资料上标明；可与方向标志组合使用，指示通往贵宾服务的方向。
17		团体接待 Group reception	表示专门接待团队、会议客人的场所。	应安放在团体接待服务场所的显著位置；应在大堂设立的服务指南或饭店印制的宣传资料上标明；可与方向标志组合使用，指示通往团体服务的方向。
18		订　餐 Banquet reserva-tion	表示客人可订餐的场所或提供订餐服务。	应安放在饭店订餐场所的显著位置；应在大堂设立的服务指南或饭店印制的宣传资料上标明；可与方向标志组合使用，指示通往订餐场所的方向。

· 445 ·

附录 A（标准的附录）

GB 10001—94 GB 2894—88 中适用于饭店的部分公共信息图形符号

序号	图形符号	名 称	说 明
A1		计程车 Taxi	表示提供计程车服务的场所。 用于公共场所、建筑物、服务设施、方向指示牌、车面布置图、信息板、车站站牌、时刻表、出版物等。 ISO 7001：1990（012）
A2		自行车停放处 Parking for bicycle	表示供停放自行车的场所。 用于公共场所、建筑物、服务设置、方向指示牌、平面布置图、出版物等 ISO 7001：1990（023）
A3		废物箱 Rubbish receptacle	表示供人们扔弃废物的设施。 用于公共场所、建筑物、服务设施、方向指示牌、运输工具、出版物等。 ISO 7001：1990（018）

序号	图形符号	名 称	说 明
A4		安全保卫 Guard	表示安全保卫人员或指明安全保卫人员值勤的地点，如警卫室等。 用于公共场所、建筑物、服务设施、方向指示牌、平面布置图、运输工具、出版物等。
A5		紧急呼救电话 Emergency call	表示紧急急情况下，需要他人救援或帮助时使用的电话。 用于公共场所、建筑物、服务设施、方向指示牌、平面布置图、运输工具、出版物等。 替代 GB 10001－88（6）
A6		紧急呼救设施 Emergency signal	表示紧急情况下，供人们发出警报，以请求救援或帮助的设施。不用于发出特殊警报（如火情警报）的设施。 用于公共场所、建筑物、服务设施、方向指示牌、平面布置图、运输工具、出版物等。

· 447 ·

序号	图形符号	名　称	说　明
A7		火情警报设施 Fire alarm	表示能产生听觉或视觉警报信号的火情警报设施。不代表与消防部门通讯联系的设施。 　　用于公共场所、建筑物、服务设施、方向指示牌、平面布置图、运输工具、出版物等。 　　颜色的使用应遵循 GB 13495 的规定。
A8		灭 火 器 Fire extinguisher	表示灭火器。 　　用于公共场所、建筑物、服务设施、工地、厂矿、桥梁、隧道、方向指示牌、平面布置图、运输工具、出版物等。 　　颜色的使用按 GB 13495 的规定。 ISO 7001：1990（014）
A9		方　　向 Direction	表示方向。 　　用于公共场所、建筑物、服务机构、方向指示牌、出牌物等。 　　符号方向视具体情况设置。 ISO 7001：1990（001）

序号	图形符号	名　称	说　明
A10		入　口 Way in	表示入口位置或指明进去的通道。 用于公共场所、建筑物、服务设施、方向指示牌、平面布置图、运输工具、出版物等。 设置时可根据具体情况改变符号的方向。 ISO 7001：1990（026）
A11		出　口 Way out	表示出口位置或指明出去的通道。 用于公共场所、建筑物、服务设施、方向指示牌、平面布置图、运输工具、出版物等。 设置时可根据具体情况改变符号的方向。 ISO 7001：1990（027）
A12		紧急出口 Emergency exit	表示紧急情况下安全疏散的出口或通道。 用于公共场所、建筑物、服务设施、方向指示牌、平面布置图、运输工具、出版物等。 设置时可根据具体情况将符合改为其镜像。 颜色的使用按 GB 13495 的规定。

序号	图形符号	名 称	说 明
A13		楼 梯 Stairs	表示上下共用的楼梯。不表示自动扶梯。 用于公共场所、建筑物、服务设施、方向指示牌、平面布置图、出版物等。 设置时可根据具体情况将符号改为其镜像。 ISO 7001：1990（011）
A14		上楼楼梯 Stairs up	表示仅允许上楼的楼梯。不表示自动扶梯。 用于公共场所、建筑物、服务设施、方向指示牌、平面布置图、出版物等。 设置时可根据具体情况将符号改为其镜像。
A15		下楼楼梯 Stairs down	表示仅允许下楼的楼梯。不表示自动扶梯。 用于公共场所、建筑物、服务设置、方向指示牌、平面布置图、出版物等。 设置时可根据具体情况对符号改为其镜像。

序号	图形符号	名　称	说　明
A16		自动扶梯 Escalator	表示自动扶梯。不表示楼梯。 　　用于公共场所、建筑物、服务设施、方向指示牌、平面布置图、出版物等。
A17		电　梯 Elevator； lift	表示公用电梯。 　　用于公共场所、建筑物、服务设施、方向指示牌、平面布置图、出版物等。 ISO 7001：1990（021）
A18		残疾人设施 Facilities for disabled person	表示供残疾人使用的设施，如轮椅、坡道等。 　　用于公共场所、建筑物、服务设施、方向指示牌、平面布置图、出版物等。 　　设置时可根据具体情况将符号改为其镜像。

· 451 ·

序号	图形符号	名　称	说　明
A19		卫 生 间 Toilet	表示卫生间。 　用于公共场所、建筑物、服务设施、方向指示牌、平面布置图、运输工具、出版物等。 　设置时可根据具体情况将符号中男、女图形的位置交换。
A20		男　性 Male；Man	表示专供男性使用的设施，如男厕所、男浴室等。 　用于公共场所、建筑物、服务设置、方向指示牌、平面布置图、运输工具、出版物等。 ISO 7001：1990（006） 替代 GB 3818—83（6）
A21		女　性 Female	表示专供女性使用的设施，如女厕所、女浴室等。 　用于公共场所、建筑物、服务设施、方向指示牌、平面布置图、运输工具、出版物等。

序号	图形符号	名　称	说　明
A22		男更衣 Men's locker	表示专供男性更衣或存放衣帽等物品的场所，如男更衣、试衣室等。 　用于公共场所、建筑物、服务设施、方向指示牌、平面布置图、出版物等。 替代 GB 10001－88（33）
A23		女更衣 Women's locker	表示专供女性更衣或存放衣帽等物品的场所，如女更衣、试衣室等。 　用于公共场所、建筑物、服务设施、方向指示牌、平面布置图、出版物等。
A24		饮用水 Drinking water	表示可以饮用的水。 　用于公共场所、建筑物、服务设施、方向指示牌、平面布置图、运输工具、出版物等。

· 453 ·

序号	图形符号	名称	说明
A25		邮　箱 Mailbox	表示可以投寄信件的邮政信箱。不表示邮箱以外的其他邮政业务、设施。 　　用于公共场所、建筑物、服务设施、方向指示牌、平面布置图、时刻表、出版物等。
A26		邮　政 Postal service	表示出售邮票或邮资各种邮件的场所；如邮局（邮电局）、商店、宾馆中办理此业务的部门。 　　用于公共场所、建筑物、服务设施、方向指示牌、平面布置图、信息板、运输工作、时刻表、出版物等。
A27		电　话 Telephone	表示供人们使用电话的场所。 　　用于公共场所、建筑物、服务设施、方向指示牌、平面布置图、信息板、运输工具、时刻表、出版物等。 ISO 7001：1990（008）

序号	图形符号	名称	说明
A28		手续办理(接待) Check—in; Reception	表示办理手续或提供接待服务的场所，如宾馆、饭店等服务机构的前台接待处，机场的手续办理处等。 用于公共场所、建筑物、服务设施、方向指示牌、平面布置图、信息板、出版物等。
A29		问　讯 Information	表示提供问讯服务的场所。 用于公共场所、建筑物、服务设施、方向指示牌、平面布置图、信息板、运输工具、出版物等。 引用 GB 7058—86 (1)
A30		货币兑换 Currency exchange	表示提供各种外币兑换服务的场所。 用于公共场所、建筑物、服务设施、方向指示牌、平面布置图、信息板、出版物等。 ISO 7001：1990 (020)

・455・

序号	图形符号	名 称	说 明
A31		结 帐 Settle accounts	表示用现金或支票进行结算的场所，如宾馆、饭店的前台结帐处，商场等场所的付款处等。 　　用于公共场所、建筑物、服务设施、方向指示牌、平面布置图、出版物等。
A32		失物招版 Lost and found; Lost ptoperty	表示丢失物品的登记或认领场所。 　　用于公共场所、建筑物、服务设施、方向指示牌、平面布置图、信息版、运输工具、出版物等。 ISO 7001：1990（049）
A33		行李寄存 Left luggage	表示临时存放行李的场所。 　　用于公共场所、建筑物、服务设施、方向指示牌、平面布置图、信息版、出版物等。 ISO 7001：1990（028）

序号	图形符号	名称	说明
A34		行李手推车 Loggage trolley	表示供旅客使用的行李手推车的存放地点。 用于公共场所、建筑物、服务设施、方向指示版、平面布置图、信息板、出版物等。
A35		洗 衣 Laundry	表示洗衣场所或服务。不表示干衣、熨衣。 用于公共场所、建筑物、服务设施、方向指示牌、平面布置图、信息板、时刻表、出版物等。
A36		干 衣 Drying	表示干衣场所或服务。不表示洗衣、熨衣。 用于公共场所、建筑物、服务设施、方向指示牌、平面布置图、信息板、时刻表、出版物等。

序号	图形符号	名　称	说　明
A37		熨　衣 Ironing	表示熨衣场所或服务。不表示洗衣、干衣。 用于公共场所、建筑物、服务设施、方向指示牌、平面布置图、信息板、时刻表、出版物等。
A38		理发（美容） Barber	表示提供理发、美容服务的场所，如理发厅（馆）等。 用于公共场所、建筑物、服务设施、方向指示版、平面布置图、信息板、时刻表、出版物等。 引用 GB 7058－86（23）
A39		西　餐 Restaurant	表示提供西式餐饮服务的场所，如西餐厅等。不表示中餐。 用于公共场所、建筑物、平面布置图、信息板、运输工具、时刻表、出版物等。 ISO 7001：1990（031）

序号	图形符号	名　称	说　明
A40		中　餐 Chinese restaurent	表示提供中式餐饮服务的场所，如中餐厅、中餐馆等。不表示西餐。 　　用于公共场所、建筑物、平面布置图、信息板、运输工具、时刻表、出版物等。
A41		快　餐 Snack bar	表示提供快餐服务的场所。不表示酒吧、咖啡。 　　用于公共场所、建筑物、平面布置图、信息板、运输工具、时刻表、出版物等。
A42		酒　吧 Bar	表示饮酒及其他饮料的场所。不表示咖啡、快餐。 　　用于公共场所、建筑物、服务设施、平面布置图、信息板、时刻表、出版物等。

序号	图形符号	名 称	说 明
A43		咖 啡 Coffee	表示喝咖啡及其他饮料的场所。不表示酒吧、快餐。 用于公共场所、建筑物、服务设施、方向指示牌、平面布置图、信息板、运输工具、时刻表、出版物等。
A44		花 卉 Flower	表示出售各种花卉的场所，如商店的售花部或花店等。 用于公共场所、建筑物、服务设施、方向指示牌、平面布置图、信息板、时刻表、出版物等。 引用 GB 7058—86（24）
A45		书 报 Book and newspaper	表示出售各种书报的场所，如书报厅、书店等。 用于公共场所、建筑物、服务设施、方向指示牌、平面布置图、信息板、运输工具、时刻表、出版物等。 引用 GB 7058—86（19）

序号	图形符号	名 称	说 明
A46		会议室 Conference room	表示供召开会议的场所。 用于公共场所、建筑物、服务设施、方向指示牌、平面布置图、信息牌、出版物等。
A47		舞 厅 Dance hall	表示供跳舞娱乐的场所。 用于公共场所、建筑物、服务设施、方向指示牌、平面布置图、信息板、运输工具、时刻表、出版物等。
A48		卡拉"OK" Karaoke bar	表示供卡拉"OK"娱乐的场所，如卡拉"OK"歌厅等。 用于公共场所、建筑物、服务设施、方向指示牌、平面布置图、信息板、运输工具、时刻表、出版物等。

序号	图形符号	名　称	说　明
A49		电　影 Cinema	表示供观赏电影的场所，如电影院、电影观赏室等。 　　用于公共场所、建筑物、服务设施、方向指示牌、平面布置图、信息板、运输工具、时刻表、出版物等。
A50		桑拿浴 Sauna	表示提供桑拿浴设施的场所，如桑拿浴室等。 　　用于公共场所、服务设施、方向指示牌、平面布置图、信息板、时刻表、出版物等。
A51		按　摩 Massage	表示提供按摩服务的场所，如按摩室、按摩间等。 　　用于公共场所、服务设施、方向指示牌、平面布置图、信息板、时刻表、出版物等。

序号	图形符号	名称	说明
A52		游泳 Swimming	表示供游泳娱乐或比赛的场所，如游泳池、游泳馆等。 用于公共场所、建筑物、服务设施、方向指示牌、平面布置图、信息板、时刻表、出版物等。
A53		棋　牌 Chess and cards	表示供棋牌娱乐或比赛的场所，如棋版室、棋牌间等。 用于公共场所、服务设施、方向指示牌、平面布置图、信息板、时刻表、出版物等。
A54		乒乓球 Table tennis	表示供乒乓球娱乐或比赛的场所，如乒乓球室，乒乓球馆等。 用于公共场所、建筑物、服务设施、方向指示牌、平面布置图、信息板、运输工具、时刻表、出版物等。

序号	图形符号	名称	说明
A55		台球 Billiards	表示供台球娱乐或比赛的场所，如台球厅、台球室等。 　　用于公共场所、建筑物、服务设施、方向指示牌、平面布置图、信息板、时刻表、出版物等。
A56		保龄球 Bowling	表示供保龄球娱乐或比赛的场所，如保龄球馆等。 　　用于公共场所、建筑物、服务设施、方向指示牌、平面布置图、信息板、时刻表、出版物等。
A57		高尔夫球 Golf	表示供高尔夫球娱乐或比赛的场所，如高尔夫球场等。 　　用于公共场所、建筑物、服务设施、方向指示牌、平面布置图、信息板、时刻表、出版物等。

序号	图形符号	名称	说明
A58		壁球 Squash/ Racket ball	表示供壁球娱乐或比赛的场所，如壁球室等。不表示乒乓球、网球、羽毛球等。 　　用于公共场所、建筑物、服务设施、方向指示牌、平面布置图、信息板、时刻表、出版物等。
A59		网球 Tennis	表示供网球娱乐或比赛的场所，如网球场等。不表示乒乓球、壁球、羽毛球等。 　　用于公共场所、建筑物、服务设施、方向指示牌、平面布置图、信息板、时刻表、出版物等。
A60		健身 Gymnasium	表示供健身锻炼的场所，如健身房、健身中心等。 　　用于公共场所、建筑物、服务设施、方向指示牌、平面布置图、信息板、时刻表、出版物等。

序号	图形符号	名　称	说　明
A61		运动场所 Sporting activities	表示供体育活动而设置的场所。 　用于公共场所、建筑物、服务设施、方向指示牌、平面布置图、信息板、时刻表、出版物等。 ISO 7001：1990（029）
A62		安　静 Silence	表示应保持安静的场所。 　用于公共场所、建筑物、服务设施、出版物等。
A63		允许吸烟 Smoking allowed	表示允许吸烟的场所。 　用于公共场所、建筑物、服务设施、运输工具、出版物等。 ISO 7001：1990（002）

序号	图形符号	名称	说明
A64		禁止吸烟 No smoking	表示不许吸烟的场所。可安放在饭店的客房或需要禁止吸烟的场所。

《星级饭店客房客用品配备与质量要求》

(该附件为送审报批的最终定稿,在正式发布时,仍会有个别变动。本附件仅供参考,采用时请以旅游行业的正式文本为准)

中华人民共和国旅游行业标准

星级饭店客房客用品配备与质量要求

Guestroom supplies and amenities
in star—rated hotel

(注:前言略)

1 范围

本标准提出了星级饭店客房客用品的品种、数量、规格、包装、标志和技术指标。

本标准适用于我国各档次、类别的星级饭店，尚未评定星级的旅游涉外饭店可参照本标准的执行。

2 引用标准

见附表 A（标准的附录）。

3 定义

本标准采用下列定义。

3.1 星级饭店 Star-rated hotel

经旅游行政管理部门依照 GB/T 14308 进行评定，获得星级的旅游涉外饭店。

3.2 客房客用品 guestroom supplies and amenities

客房中配备的，与宾客生活、安全密切相关的各种日用品和提示用品。其中日用品的基本特征是一次性、一客一用或一天一换。

4 一、二星级饭店的配备要求

4.1 毛巾

4.1.1 浴巾

每房二条。

4.1.2 面巾

每房二条。

4.1.3 地巾

每房一条。

4.2 **软垫**

每床一只。

4.3 **床上用品**

4.3.1 床单

每床二条。

4.3.2 枕芯

每床二条。

4.3.3 枕套

每床二只。

4.3.4 毛毯

每床一条。

4.3.5 床罩

每床一条。

4.3.6 备用薄棉被（或备用毛毯）

每床宜备一条。

注：视地区而定。

4.3.7 衬垫

每床可备一条。

4.4 **卫生用品**

4.4.1 香皂

每房不少于二块。

4.4.2 浴液、洗发液

每房二套。

4.4.3 牙刷

每房二把。

4.4.4 牙膏

每房二支。
4.4.5 漱口杯
每房二只。
4.4.6 浴帽
每房二只。
4.4.7 卫生纸
每房一卷。
4.4.8 卫生袋
每房一只。
4.4.9 拖鞋
每房二双。
4.4.10 污物桶
每房一只,放于卫生间内。
4.4.11 梳子
每房宜备二把。
4.4.12 浴帘
每房一条。
4.4.13 洗衣袋
二星级每房二只。
4.5 **文具用品**
4.5.1 文具夹(架)
每房一只。
4.5.2 信封
每房普通信封、航空信封各不少于二只。
4.5.3 信纸、便笺
每房各不少于三张。
4.5.4 圆珠笔

每房一支。
4.6 服务提示用品
4.6.1 服务指南、电话使用说明、住宿须知
每房各一份。
4.6.2 电视节目表、价目表、宾客意见表、防火指南
每房各一份。
4.6.3 揭示牌、挂牌
应分别有"请勿打扰"、"请打扫房间"、"请勿在床上吸烟"的说明或标识。
4.6.4 洗衣单
二星级每房备二份
4.7 饮品、饮具
4.7.1 茶叶
每房可备袋装茶四小袋，也可用容器盛装。
4.7.2 茶杯（热水杯）
每房二只。
4.7.3 暖水瓶
每房不少于一只。
4.7.4 凉水瓶、凉水杯
每房可备一套。
注：视地区而定。
4.8 其他
4.8.1 衣架
每房不少于八口。
4.8.2 烟灰缸
每房二只。
4.8.3 火柴

每房二盒。

4.8.4 擦鞋用具

以擦鞋纸为主,每房二份。

4.8.5 纸篓

每房一只,放于卧室内。

4.8.6 针线包

每房一套。

5 三星级饭店的配备要求

5.1 **毛巾**

5.1.1 浴巾

每房二条。

5.1.2 面巾

每房二条。

5.1.3 地巾

每房一条。

5.1.4 方巾

每房二条。

5.2 **软垫**

每床一只

5.3 **床上用品** 5.3.1 床单

每床不少于二条。

5.3.2 枕芯

每床二个。

5.3.3 枕套

每床二只。

5.3.4 毛毯

每床一条。

5.3.5 床罩

每床一条。

5.3.6 备用薄棉被（或备用毛毯）

每床备一条。

注：视地区而定。

5.3.7 衬垫

每床一条。

5.4 **卫生用品**

5.4.1 香皂

每房不少于二块。

5.4.2 浴液、洗发液、护发素

每房二套。

5.4.3 牙刷

每房二把。

5.4.4 牙膏

每房二支。

5.4.5 漱口杯

每房二只。

5.4.6 浴帽

每房二只。

5.4.7 卫生纸

每房一卷，及时补充。

5.4.8 卫生袋

每房一只。

5.4.9 拖鞋

每房二双。

5.4.10 污物桶

每房一只，放于卫生间内。

5.4.11 梳子

每房二把。

5.4.12 浴帘

每房一条。

5.4.13 防滑垫（若已采取其他防滑措施可不备）

每房一块。

5.4.14 洗衣袋

每房二只。

5.4.15 面巾纸

每房可备一盒。

5.5 **文具用品**

5.5.1 文具夹（架）

每房一只。

5.5.2 信封、明信片

每房普通信封、航空信封和国际信封各不少于二只。明信片二张。

5.5.3 信纸、便笺、传真纸

每房信纸、便笺各不少于三张，传真纸宜备二张。

5.5.4 圆珠笔

每房不少于一支。

5.5.5 铅笔

每房宜备一支，与便笺夹配套。

5.5.6 便笺夹

每房一只。

5.6 **服务提示用品**

5.6.1　服务指南、电话使用说明、住宿须知、送餐菜单
每房各一份。

5.6.2　电视节目、价目表、宾客意见表、防火指南
每房各一份。

5.6.3　提示牌、挂牌
应分别有"请勿打扰"、"请打扫房间"、"请勿在床上吸烟"、"送餐服务"的说明或标识。

5.6.4　洗衣单、酒水单
每房备洗衣单二份，酒水单一份。

5.7　**饮品、饮具**

5.7.1　茶叶
每房备二种茶叶，每种不少于二小袋。也可用容器盛放。

5.7.2　茶杯（热水杯）
每房二只。

5.7.3　暖水袋
每房不少于一只。

5.7.4　凉水瓶、凉水杯
每房备一套。
注：视地区而定。

5.7.5　小酒吧
烈性酒不少于三种，软饮料不少于五种。

5.7.6　酒杯
每房不少于二只，配调酒棒。

5.8　**其他**

　　5.8.1　衣架
每房西服架四只、裤架四只、裙架四只。

5.8.2　烟灰缸

每房不少于二只。

5.8.3 火柴

每房不少于二盒。

5.8.4 擦鞋用具

以亮鞋器为主,每房二件。

5.8.5 纸篓

每房一只,放于卧室。

5.8.6 针线包

每房一套。

5.8.7 杯垫

小酒巴必备,其他场合,酌情使用。

5.8.8 礼品袋

每房备二只。

5.8.9 标贴

每房可备二只。

5.8.10 晚安卡

每房一卡。

6 四、五星级饭店的配备要求

6.1 毛巾

6.1.1 浴巾

每房二条。

6.1.2 面巾

每房二条。

6.1.3 地巾

每房一条。

6.1.4 方巾

每房不少于二条。

6.1.5 浴衣

每床一件。

6.2 软垫

每床一只。

6.3 床上用品

6.3.1 床单

每床不少于二条。

6.3.2 枕芯

每床不少于二只。

6.3.3 枕套

每床不少于二只。

6.3.4 毛毯

每床一条。

6.3.5 床罩

每床一条。

6.3.6 备用薄棉被（或备用毛毯）

每床备一条。

注：视地区而定。

6.3.7 衬垫

每床一条。

6.4 卫生用品

6.4.1 香皂

每房不少于二块，备皂碟。

6.4.2 浴液、洗发液、护发素、润肤露

每房二套。

6.4.3 牙刷

每房二把。

6.4.4 牙膏

每房二支。

6.4.5 漱口杯

每房二只。

6.4.6 浴帽

每房二只。

6.4.7 卫生纸

每房二卷,及时补充。

6.4.8 卫生袋

每房一只。

6.4.9 拖鞋

每房二双。

6.4.10 污物桶

每房一只,放于卫生间内。

6.4.11 梳子

每房二把。

6.4.12 浴帘

每房一条。

6.4.13 防滑垫(若采取其他防滑措施可不放)

每房一块。

6.4.14 洗衣袋

每房二只。

6.4.15 面巾纸

每房一盒。

6.4.16 剃须刀

每房可备二把。可配备须膏。

6.4.17 指甲锉
每房可备一把。

6.4.18 棉花球、棉签
每房宜备一套。

6.4.19 浴盐（泡沫剂、苏打盐）
五星级可配备。

6.5 **文具用品**

6.5.1 文具夹（架）
每房一只。

6.5.2 信封、明信片
每房普通信封、航空信封和国际信封各不少于二只，明信片二张。

6.5.3 信纸、便笺、传真纸
每房信纸、便笺各不少于四张，传真纸宜备二张。

6.5.4 圆珠笔
每房不少于一支。

6.5.5 铅笔
每房宜备一支，与便笺夹配套。

6.5.6 便笺夹
每房一只。

6.6 **服务提示用品**

6.6.1 服务指南、电话使用说明、住宿须知、送餐菜单
每房各一份。

6.6.2 电视节目表、价目表、宾客意见表、防火指南
每房各一份。

6.6.3 提示牌、挂牌
每房备"请勿打扰"、"请打扫房间"、"请勿在床上吸

烟"、"送餐服务"各一份,正反面内容宜一致。

6.6.4　洗衣单、酒水单

每房备洗衣单二份,酒水单一份。

6.7　饮品、饮具

6.7.1　茶叶

每房备两种茶叶,每种不少于二小袋,也可用容器盛放。

6.7.2　茶杯(热水杯)

每房二只。

6.7.3　暖水瓶

每房不少于二只。

6.7.4　凉水瓶、凉水杯

每房一套。

注:视地区和客源需要而定。

6.7.5　小酒吧

烈性酒不少于五种,软饮料不少于八种。

6.7.6　酒杯

不同类型的酒杯每房不少于四只,配调酒棒、吸管和餐巾纸。

6.7.7　咖啡

五星级宜备咖啡一小盒及相应的调配物,也可用容器盛放。

6.7.8　冰桶

每房一只,配冰夹。

6.7.9　电热水壶

五星级宜备。

6.8　其他

6.8.1　衣架

优质木制品为主，每房西服架、裤架、裙架各不少于四只。五星级另可配备少量缎面衣架或落地衣架。

6.8.2 烟灰缸

每房不少于二只。

6.8.3 火柴

每房不少于二盒。

6.8.4 擦鞋用具

以亮鞋器为主，每房二件，宜配鞋拔和擦鞋筐。

6.8.5 纸篓

每房一只，放于卧室。

6.8.6 针线包

每房一套。

6.8.7 杯垫

每杯配备一只。

6.8.8 礼品袋

每房配备二只。

6.8.9 标贴（或标牌）

每房不少于二只。

6.8.10 晚安卡

每床一卡。

7 基本质量要求

7.1 毛巾

全棉、白色为主，素色以不褪色为准，无色花，无色差，手感柔软，吸水性能好，无污渍，无明显破损性疵点。符合FZ/T62006的规定。普通毛巾纱支：地经纱21s/2，毛经纱21s/2，纬纱21s；优质毛巾纱支：地经纱32s/2，毛经纱32s/

2,纬纱 32s。

  注：21s＝29tex，32s＝18tex.

7.1.1 浴巾

  a）一、二星级规格：1200mm×mm，重量不低于 400g。

  b）三星级规格：1300mm×700mm，重量不低于 500g。

  c）四、五星级规格：1400mm×800mm，重量不低于 600g。

7.1.2 面巾

  a）一、二星级规格：550mm×300mm，重量不低于 110g。

  b）三星级规格：600mm×300mm，重量不低于 120g。

  c）四、五星级规格：700mm×350mm，重量不低于 140g。

7.1.3 地巾

  a）一、二星级规格：650mm×350mm，重量不低于 280g。

  b）三星级规格：700mm×400mm，重量不低于 320g。

  c）四、五星级规格：750mm×450mm，重量不低于 350g。

7.1.4 方巾

  a）一、二星级规格：300mm×300mm，重量不低于 45g。

  b）四、五星级规格：320mm×320mm，重量不低于 55g。

7.1.5 浴巾

  棉织品或丝绸制品。柔软舒适，保暖。

7.2 **软垫**

  平整，弹性适宜，无污损。

7.2.1 一、二星级

  规格：不小于 1900mm×900mm。

7.2.2 三星级

  规格：不小于 2000mm×1000mm。

7.2.3 四、五星级

  规格：不小于 2000mm×1100mm。

7.3 床上用品

763.1 床单

全棉,白色为主,布面光洁,透气性能良好,无疵点,无污渍。应符合 FZ/T6200T 的规定。

a) 一、二星级:纱支不低于 20s,经纬密度不低于 6060,长度和宽度宜大于软垫 600mm。

b) 三星级:纱支 20s 以上,经纬密度不低于 6060,长度和宽度宜大于软垫 700mm。

c) 四、五星级:纱支不低于 32s,经纬密度不低于 6080,长度和宽度宜大于软垫 700mm。

注:20s=29tex,32s=18tex. 6060=236/236,6080=236/318.5。

7.3.2 枕芯

松软舒适,有弹性,无异味。

a) 一、二星级:规格不小于 650mm×350mm。

b) 三星级:规格不小于 700mm×400mm。

c) 四、五星级:规格不小于 750mm×450mm。

7.3.3 枕套

全棉,白色为主,布面光洁,无明显疵点,无污损,规格与枕芯相配。

a) 一、二星级:纱支不低于 20s,经纬密度不低于以上 6060。

b) 三星级:纱支 20s 以上,经纬密度 6060 以上。

c) 四、五星级:纱支不低于 32s,经纬密度不低于 6080。

7.3.4 毛毯

素色为主,手感柔软,保暖性能良好,经过阻燃、防蛀处理,无污损。规格尺寸与床单相配。应符合 FZ61001 的规定。

a) 一、二星级：毛混纺或纯毛制品。

　　b) 三星级：纯毛制品为主。

　　c) 四、五星级：精纺纯毛制品。

7.3.5　床罩

　　外观整洁，线型均匀，边缝整齐，无断线，不起毛球，无污损，不褪色，经过阻燃处理，夹层可使用定型棉或中空棉。

　　a) 一、二星级：装饰布面料为主。

　　b) 三星级：优质装饰布面料为主。

　　c) 四、五星级：高档面料，以优质装饰布或丝绸面料为主。

7.3.6　薄棉被（或备用毛毯）

　　优质被芯，柔软舒适，保暖性能好，无污损。

7.3.7　衬垫

　　吸水性能好，能有效防止污染物质的渗透，能与软垫固定吻合，可使用定型棉或中空棉。

　　a) 一、二星级：规格不小于1900mm×900mm。

　　b) 三星级：规格不小于2000mm×1000mm。

　　c) 四、五星级：规格不小于2000mm×1100mm。

7.4　**卫生用品**

7.4.1　香皂

　　香味纯正，组织均匀，色泽一致，图案、字迹清晰，无粉末颗粒，无软化腐败现象，保质期内，应符合GB8113的规定。

　　a) 一、二星级：每块净重不低于18g，简易包装。

　　b) 三星级：每块净重不低于25g，其中至少一块净重不低于35g，精制包装，印有中英文店名及店标，或用精致皂盒盛放。

c）四、五星级：每块净重不低于30g，其中至少一块净重不低于45g，豪华包装，印有中英文店名及店标，或用豪华皂盒盛放。

7.4.2　浴液、洗发液、护发素、润肤露

粘度适中，无异味，包装完好，不溢漏，印有中英文店名及店标，保质期内。应符合GB 11432、ZBY 42003、GB11431的规定。

a）一、二星级：每件净重不低于20g，简易包装或简易容器盛放。

b）三星级：每件净重不低于25g，简易包装或简易容器盛放。

c）四、五星级：每件净重不低于35g豪华包装或豪华容器盛放。

7.4.3　牙刷

刷毛以尼龙丝为主，不得使用对人体有害的材料，如聚丙丝。刷毛洁净柔软、齐整，毛束空满适宜；刷头、刷炳光滑，手感舒适，有一定的抗弯性能。标志清晰，密封包装，印有中英文店名及店标。其他技术指标应符合QB1659的规定。

a）一、二星级：简易包装。

b）三星级：优质牙刷，精致包装。

c）四、五星级：优质牙刷，豪华包装。

注：三星级（含三星级）以上的饭店不宜使用装配式牙刷。

7.4.4　牙膏

香味纯正，豪体湿润、均匀、细腻，色泽一致，使用的香精、色素必须符合GB 8372及其他有关规定。图案、文字清晰，无挤压变形，无渗漏污损。保质期内。

a）一、二星级：净重不低于6g。

b）三星级：净重不低于 8g。

　　c）四、五星级：净重不低于 10g。

7.4.5　漱口杯

　　玻璃制品或陶瓷制品，形体美观端正，杯口圆润，内壁平整。每日清洗消毒。

7.4.6　浴帽

　　以塑料薄膜制品为主，洁净，无破损，帽沿松紧适宜，耐热性好，不渗水。

　　a）一、二星级：简易包装。

　　b）三星级：纸盒包装为主，宜印有中英文店名及店标。

　　c）四、五星级：精致盒装，印有中英文店名及店标。

7.4.7　卫生纸

　　白色，纸质柔软，纤维均匀，吸水性能良好，无杂质，无破损，采用 ZBY 39001 中的 A 级和 A 级以上的卫生纸。

7.4.8　卫生袋

　　不透明塑料制品或防水纸制品，洁净，不易破损，标志清晰。

7.4.9　拖鞋

　　穿着舒适，行走方便，具有较好的防滑性能，至少印有店标。

　　a）一、二星级：一次性简易拖鞋，有一定的牢度。

　　b）三星级：以纺织品为主，视原材料质地，一日一换或一客一换。

　　c）四、五星级：高级优质拖鞋，一客一用。

7.4.10　污物桶

　　用于放置垃圾杂物，污物不泄漏，材料应有阻燃性能。

7.4.11　梳子

梳身完整、平滑、厚薄均匀，齿头光滑，不宜过尖。梳柄印有中英文店名及店标。

  a) 一、二星级：简易包装。

  b) 三星级：精致包装。

  c) 四、五星级：豪华包装。五星级可分粗、细梳齿。

7.4.12 浴帘

  以塑料薄膜或伞面绸为主，无污损，无霉斑。

7.4.13 防滑垫

  橡胶制品为主，磨擦力大，防滑性能良好。

7.4.14 洗衣袋

  塑料制品或棉麻制品为主，洁净，无破损，印有中英文店名及店标。

7.4.15 面巾纸

  白色为主，纸质轻柔，取用方便，采用 ZBY 32032 中的 A 等品。

7.4.16 剃须刀

  刃口锋快平整，剃刮舒适，安全，密封包装，印有中英文店名及店标。

7.4.17 指甲锉

  砂面均匀，颗粒细腻，无脱砂现象，有套或套封。

7.4.18 棉花球、棉签

  棉花经过消毒处理，棉头包裹紧密，密封包装。

7.4.19 浴盐（泡沫剂、苏打盐）

  香味淡雅，含矿物质，发泡丰富。

7.5 **文具用品**

7.5.1 文具夹（架）

  完好无损，物品显示醒目，取放方便，印有中英文店名及店标。

  a）一、二星级：普通材料。

  b）三星级：优质材料。

  c）四、五星级：高级材料。

7.5.2 信封、明信片

  信封应符合 GP/T 1416 的规定。印有店标及中英文店名、地址、邮政编码、电话号码、传真号码。明信片宜有旅游宣传促销意义。

7.5.3 信纸、便笺

  纸质均匀，切边整齐，不洇渗墨迹，印有店标及中英文店名、地址、邮政编码、电话号码、传真号码。

  a）一、二星级：纸质不低于 50g 纸。

  b）三星级：纸质不低于 60g 纸。

  c）四、五星级：纸质不低于 70g 纸。

7.5.4 圆珠笔

  书写流畅，不漏油，笔杆印有店名及店标。铅笔石墨铅笔，笔芯以 HB 为直，卷削后供宾客使用。

7.5.5 便笺夹

  完好无损，平整，使用方便，可印有中英文店名及店标。

7.6 服务提示用品

7.6.1 服务指南、电话使用说明、住宿须知、送餐菜单

  印刷美观，指示明了，内容准确，中英文对照。

7.6.2 电视节目表、价目表、宾客意见表、防火指南

  栏目编排清楚完整，中英文对照。

7.6.3 提示牌、挂牌

  印刷精美，字迹醒目，说明清晰，悬挂方便，中英文对照。

7.6.4 洗衣单、酒水单

无碳复写，栏目清晰，内容准确，明码标价，中英文对照。

7.7 饮品、饮具

7.7.1 茶叶

干燥洁净，无异味，须有包装或容器盛放，标明茶叶品类。

7.7.2 茶杯（热水杯）

以玻璃制品和陶瓷制品为主，形体美观，杯口圆润，内壁平滑。

7.7.3 暖水瓶

公称容量不少于1.6L，应符合GB11416中的优等品的质量规定。

注：标题名称与GB/T14308一致。

7.7.4 凉水瓶、凉水杯

凉水瓶须有盖，无水垢，内存饮用水。凉水杯按7.7.2。

7.7.5 小酒吧

酒和饮料封口完好，软饮料须在保质期内。

7.7.6 酒杯

玻璃制品为主，杯口圆滑，内壁平滑，应与不同的酒类相配。

7.7.7 咖啡

以速溶咖啡为主，干燥洁净，包装完好。

7.7.8 冰桶

洁净，取用方便，保温性能良好。

7.7.9 电热水壶

绝缘性能良好，公称容量不宜大于1.7L，须配备使用说明。应符合 JB 4189 的规定。

注：标题名称与 GB/T14308 一致。

7.8 其他

7.8.1 衣架

塑料制品或木制品为主，无毛刺，光滑。

7.8.2 烟灰缸

安全型。非吸烟楼层不安放。

7.8.3 火柴

采用 GB/T393 中的 MG－A 型木梗火柴，以优质纸盒或木盒为主，印有中英文店名及店标。火柴梗支、药头平均长度和火柴盒尺寸由饭店自行决定。非吸烟楼层不配备。

7.8.4 擦鞋用具

含亮鞋器、擦鞋皮、擦鞋布、擦鞋纸等，使用后起到鞋面光亮洁净的效果。

7.8.5 纸篓

存放非液体性杂物。

7.8.6 针线包

配有线、钮扣、缝衣针，搭配合理，封口包装。

7.8.7 杯垫

塑料制品或优质纸制品为主，无破损、印有中英文店名及店标。

7.8.9 标贴（或标牌）

标贴为不干胶制品，标牌为纸制品或塑料制品。精致美观，富有艺术性，可印有店标。

7.8.10 晚安卡

印刷精致，字迹醒目，中英文对照。

附录 A（标准的附录）

引 用 标 准

下列标准所包含的条文，通过在本标准中引用而构成为标准的条文。在标准出版时，所示版本均为有效。所有标准都会被修订，使用本标准的各方应探讨、使用下列标准最新版本的可能性。

GB/T 393—1994 日用安全火柴
GB/T 1416—1993 信封
GB 8113—1987 香皂
GB 8372—1987 牙膏
GB 11416—1989 日用保温容器
GB 11431—1989 润肤乳液
GB 11432—1989 洗发液
GB/T 14308—1993 旅游涉外饭店星级的划分及评定
FZ 62006—1993 毛巾
FZ/T 62007—1994 床单
JB 4189—1986 电水壶
QB 1659—1992 牙刷
ZBY 32032—1990 纸巾纸
ZBY 39001—1988 绉纹卫生纸
ZBY 42003—1989 护发素

《星级饭店价格行为规则》

第一条 为了适应发展社会主义市场经济的要求，规范星级饭店价格行为，促进正当竞争，保护经营者和消费者的合法权益，推动旅游饭店行业的健康发展，依据有关法律、法规，制定本规则。

第二条 在中华人民共和国境内的星级饭店经营者（以下简称经营者）的价格行为应当遵守本规则。

本规则所称的星级饭店，是指经国家或地方旅游行政主管部门评定星级（含预备星级）的旅游饭店。

第三条 星级饭店价格所包括的内容应严格执行国家的规定，各种服务项目应具有与其价格相符的服务内容，星级饭店的经营者不得只收费不服务或少服务多收费，不得随意收取任何名目的价外费用或以其它形式价外加价。

本规则所称的星级饭店价格，是指包括星级饭店客房、餐饮、娱乐、洗衣、通讯、商务等服务项目价格的总称。

（1）星级饭店客房服务价格应包括客房及客房内设施设备的使用，客房客用品及合理的水、电的消耗，饮用水的供应，饭店范围内的电话等服务项目的价格及服务费；

（2）餐饮服务价格应包括食品、饮料、酒水、送餐服务费及自带酒水的开瓶费等项目的价格及服务费；

（3）娱乐服务价格应包括设施的使用和相关服务项目的价格及服务费；

（4）通讯服务价格包括市内电话、国际国内长途电话、传真服务的价格及服务费；

（5）商务服务价格包括电报、书信邮寄、传真、复印、打字、票务预订等服务项目的价格及服务费；

第四条 星级饭店经营者的价格行为，应当遵循公开、公平、诚实信用、质价相符、正当竞争的原则，遵守国家的价格法规和政策，执行国家关于商品和服务实行明码标价的规定，自觉维护价格的正常秩序。

第五条 各级物价部门对星级饭店的各项目价格，须依据有关法律法规规定的权限会同旅游部门加强管理。

（一）属政府定价的，经营者应当执行政府制定的价格；

（二）属政府指导价的，物价部门应会同旅游部门依据饭店的星级体系制定星级价格标准，由经营者在政府指导价规定的范围内制定价格；

（三）属经营者定价的，经营者应当以提供服务的成本费用为基础，加法定税金扣和合理利润，依据市场供求和竞争情况制定价格。

合理利润是指不超过同一地区、同一期间、同一档次、同种商品或服务的平均利润的合理幅度并以正当的经营手段所获取的利润。但是，饭店经营者通过改善经营管理，运用新技术，降低成本，提高效益而实现的利润除外。

第六条 各地物价部门会同旅游局根据国家计委《关于制止牟取暴利的暂行规定》针对星级饭店债务负担重、能源消耗大、经营成本高的特点，区别于一般零售企业，制定本地区星级饭店餐饮服务的毛利率或进销差价。

第七条 星级饭店经营者制定服务项目价格时，应严格遵守国家和地方关于星级饭店餐饮毛利率的规定；饭店加收服务费要严格执行关于饭店加收服务费的有关规定。

第八条 政府有关各级部门和经营者在制定星级饭店价格时，应严格执行同质同价、优质优价的原则。提供同一商品或服务，不得对不同国籍或地区的消费者，规定不同价格和收费标准。但星级饭店在经营上是允许根据季节客流量、成团人数等因素制定多种形式的优惠折扣价格。

第九条 星级饭店在境内经营中，应以人民币标价、计价，与境内企业签订合同一律以人民币标价、结算。在境外的宣传促销和预定业务中可以用美元等可自由兑换货币报价、计价、签订合同。

第十条 星级饭店 以中外文对照的方式向消费者提供明晰、准确和全面的价格信息，并主动向消费者介绍各有关服务项目的内容和价格。

第十一条 经营者只能按价目表或价目标签所示的价格向消费者收费，消费者有权拒付其它任何标价之外的费用。

第十二条 服务项目的结算应当详实、准确，向消费者出具的结算票据要如实写明其消费的具体服务项目、单价和总结算。

第十三条 经营者要加强企业内部价格管理，建立、健全适应市场竞争的定价管理制度和效果检查制度。

（一）建立定价环境的调查制度。定价前，经营者要先对企业的市场环境做深入的调查，并对经营成本费用进行切合实际的分析；

（二）建立完整的定价制度。经营者要明确企业的定价方式和定价方法并建立和履行企业内部的价格审核和审定程序；

（三）建立定价效果的检查制度。经营者要对企业的价格执行情况进行定期或不定期检查。

第十四条 经营者的下列行为为不正当价格行为：

（一）不执行政府规定的价格或指导价、擅自涨价或乱收费用；

（二）与其它企业串通制定垄断价格、哄抬价格或进行恶性削价竞争；

（三）不按规定实行明码价或不按标价收费；

（四）用虚假价格欺骗或强加于消费者；

（五）其他不正当价格行为。

第十五条 经营者有违反本规则第十四条规定的不正当价格行为的，由政府价格主管部门的价格监督检查机购依法查处。

第十六条 经营者应当接受、服从和配合价格主管部门的监督检查。

第十七条 各省、自治区、直辖市政府价格主管部门可会同旅游局根据本规则制定具体实施办法。